교육실습 - 성찰적 접근

PRACTICE TEACHING: A Reflective Approach
by Jack C. Richards, Thomas S. C. Farrell

Copyright © 2011 by Cambridge University Press

All rights reserved.
This Korean edition was published by Dongin Publishing Co. in 2025
by arrangement with Cambridge University Press
through KCC(Korea Copyright Center Inc.), Seoul.

이 책은 (주)한국저작권센터(KCC)를 통한 저작권자와의 독점계약으로 도서출판 동인에서 출간되었습니다.
저작권법에 의해 한국 내에서 보호를 받는 저작물이므로 무단전재와 복제를 금합니다.

PRACTICE TEACHING
A Reflective Approach

교육실습
성찰적 접근

Jack C. Richards와 Thomas S. C. Farrell 지음
최수정 옮김

도서출판 동인

역자 서문

　　교사교육의 목표가 교사의 전문성 함양에 있음은 주지의 사실이다. 일찍이 Shulman(1986, 1987)은 교직이라는 전문화된 직군에 필수적인 지식 기반을 체계화하며, 전문가로서의 교사가 갖추어야 할 지식의 범주를 7가지[1]로 제시하였다. 이 중 교사 전문성을 논하며 Shulman이 가장 강조한 지식은, 교과의 내용(예, 영어)을 학습자가 이해할 수 있는 수준으로 변경하여 가르칠 수 있도록 하는 교사의 내용교수지식(pedagogical content knowledge)이다. Shulman은 교사가 지니고 있는 내용교수지식이야말로, 교사를 일반 내용 전문가와는 구별되도록 하는, 따라서 교사만의 전문성을 대표하는 가장 핵심적인 지식임을 강조하였고, 내용교수지식은 이후 지난 40여 년간 교사교육에 있어 주요 연구 주제이며 핵심 개념으로 자리 잡았다.

　　교사는 교육과정이 목표한 특정 내용을, 실제의 교실 환경에서 학생들과 상호작용하며, 수업을 계획하고 가르치며 평가하는 일련의 과정 속에서 끊임

---

[1] (교과) 내용 지식, 일반 교수학적 지식, 내용교수지식, 교육과정 지식, 학습자 특성에 관한 지식, 교육 맥락에 관한 지식, 그리고 교육 목적과 가치에 대한 지식.

없이 교수법적 추론과 의사결정 과정을 거치게 되는데, 이러한 과정 속에서 (교과) 내용 지식은 다양한 지식과 결합하여 교사만의 독특한 내용교수지식으로 변환된다. 따라서 예비교사를 위한 교사교육 과정에서 교사 전문성 함양을 담보하기 위해, 예비교사가 수업을 계획하고 실행하며 성찰하는 실제의 경험을 제공하는 것은 필수적이다. 한국 중등 예비교사교육 과정에서 이러한 경험은 (교과) 교수법이나 교재개발 수업에서 진행되는 모의수업과 교직 과정의 마지막에 진행되는 교육실습일 것이다. 모의수업이 대학이라는 안전한 공간에서, 제한된 짧은 시간 동안 교수 기술을 연습해 볼 기회를 제공한다면, 교육실습이야말로 예비교사로 하여금 살아 숨 쉬는 구체적인 교육 맥락에서 실제의 학생들과 마주하여 수업을 준비하고 가르치며 성찰하는 과정을 통해 내용교수지식을 발전시킬 수 있는 귀중한 시간이다. 이와 더불어, 교육실습 경험은 예비교사가 교수활동 외의 다양한 교사 업무를 경험하도록 하며, 교사로서의 효능감과 적성을 확인하고, 교사 정체성을 개발할 수 있는 매우 중요한 기회이기도 하다.

　이 책은 교사교육의 핵심이라고 여겨지는 교육실습과 관련된 다양한 이슈들을 영어과 교사교육에 있어 동시대의 이론을 바탕으로 깊이 있게 조명하여, 교육실습을 준비하는 예비교사 그리고 이들을 돕는 교사교육자와 협력교사 모두에게 유의미한 지침서를 제공한다. 특히 예비교사가 각 교과 및 교사교육 분야의 학자들이 수십 년간 구축해 놓은 규범적 지식을 답습하는 것을 넘어, 교수활동 경험을 통해 자신만의 이론과 원칙을 구성해 나갈 수 있도록, 매 장마다 실제 예비교사들의 경험담 및 다양한 토론 질문과 후속 활동을 제시하여 예비교사들의 성찰적 교수활동을 돕고자 하였다. 이 책은 또한 사회구성주의에 기반을 둔 교사교육 및 성찰적 실행에 관심이 있는 연구자에게도 의미 있는 통찰을 제공할 것이다.

　이 책을 번역하며 우리말 용어 선택에 주의를 기울였다. 영어교육 및 교사교육 문헌과 연구를 참고하여 독자에게 익숙한 용어를 사용하고자 하였으며, 필요시 독자의 이해를 돕기 위해 원어를 병기하기도 하였다. 또한 직역하기보다는 우리말의 어법에 맞도록 번역하여 독자의 이해를 돕고자 하였다.

    이 번역서가 출간되기까지 도움을 주신 도서출판 동인의 이성모 대표님에게 감사를 드린다. 편집 과정에서 원고를 세심히 작업해 주신 동인의 박하얀 선생님에게도 감사의 마음을 표한다. 무엇보다 번역 기간 동안 따뜻한 격려와 지원을 아끼지 않은 사랑하는 가족에게 존경과 감사의 마음을 전한다.

2025년 2월 3일
최수정

| 차례 |

- 도표와 표 목록 / 11

서론		13
1장	교육실습을 통해 가르치기 배우기	17
2장	교사학습의 본질	39
3장	교수활동의 상황적 맥락 이해하기	67
4장	협력교사와 일하기	89
5장	교수활동 계획하기	111
6장	효과적인 언어수업 가르치기	141
7장	교육실습에서의 수업참관	173
8장	효과적인 교실 학습 환경 만들기	201
9장	학습자 중심 교수활동 개발하기	225
10장	교실 담화와 소통	251
11장	나의 교수활동 탐구하기	281
12장	교육실습을 마친 후	301

- 참고문헌 / 321

| 도표와 표 |

표

1.1	모의수업의 장점과 단점	22
1.2	교육실습을 통해 가르치기 배우기	32
2.1	교육실습에서 교사학습의 여덟 가지 측면	60
3.1	교육실습에서 고려해야 할 상황적 요인	83
4.1	협력교사와 일하기	102
5.1	교수활동 계획하기	128
5.2	수업계획서	135
6.1	좋은 교수활동의 핵심 원칙	166
7.1	수업참관	193
7.2	멕시코 교사교육 프로그램의 참관 체크리스트	197
7.3	교사가 사용하는 질문 유형에 대한 체크리스트	199
8.1	효과적인 교실 환경 조성하기	221
9.1	학습자 중심 교수활동 개발하기	246
10.1	교실 담화와 의사소통 이해하기	273
11.1	교수활동 탐구	298

그림

7.1	SCORE 분석 I	182
10.1	교사의 활동 구역	272

서론

교육실습생에게

이 책은 교사교육 과정 – 디플로마(diploma), 학사 또는 석사 과정 – 의 일환으로 교육실습을 하고 있는 교육실습생들을 지원하고 안내하고자 쓰였다. 이 책 전반에 걸쳐 우리는 실습생들이 교육실습 과정 동안 수업을 계획하고, 가르치고 성찰하면서, 그리고 타 교사의 수업을 참관하면서 발견한 언어교수에 대한 자신의 신념과 이해 및 언어 학습자로서의 지식과 능력에 대해 탐구하도록 초대하고자 한다. 이 책은 실습생들이 교육실습을 통해 무엇을 기대하고 어떻게 준비할 수 있는지, 교육실습을 계획하고 관리하는 사람들과 어떻게 함께 일할 수 있는지, 그리고 교육실습 기간 동안 예비교사로서 행하는 다양한 활동을 통해 무엇을 배울 수 있는지를 더 잘 이해하도록 돕고자 계획되었다. 이 책에서 우리는 다양한 교육실습생, 협력교사, 교사교육자의 이야기를 제시하여, 예비교사들이 교육실습과 관련된 다양한 사람들의 경험과 자신의 경험을 비교할 수 있도록 할 것이다.

교사교육자와 협력교사에게

이 책에서 우리는 교육실습에 있어 "성찰적 접근법"을 채택하였다. 이는 교육실습을 통해 예비교사들이 언어교수의 본질과 교수에 대한 자신의 접근법에 대해 탐구하고 성찰할 수 있도록 하는 접근법을 말한다. 이 책은 어떻게 가르치는지에 대한 규범적 지침을 먼저 제시하기보다는, 제2언어 교수와 교사학습(teacher learning)의 본질에 대한 동시대의 관점을 설명하는 것으로 핵심 장들을 구성하였다. 나머지 장들은 예비교사들이 협력교사의 교실에서 일하며, 참관 및 실습을 통해 교수 능력을 개발하는 것과 관련된 이슈들을 다룬다.

  이 책 전반에 걸쳐 우리는 예비교사들에게 직접적으로 이야기하고자 하는데, 이는 이 책이 예비교사들에게 언어교수의 다양한 면들을 계획하고 학습하고 이해할 수 있는 근간을 제공할 목적으로 저술되었기 때문이다. 하지만, 이 책은 교사교육자가 교육실습 과목의 핵심 구성요소로서 사용할 수 있도록 쓰이기도 했다. 몇몇 장들은 교육실습이 시작되기 전에 가장 유용하게 사용되겠지만(예, 1장에서 4장), 교육실습 중에도 참고할 수 있을 것이다. 나머지 장들은 각 교사교육자/협력교사의 필요에 가장 알맞은 순서로 활용될 수 있을 것이다. 우리는 예비교사들이 실습하는 기간 동안, 각 장이 제기하는 다양한 이슈들을 다시 돌아보기를 제안하는데, 몇몇 토론 질문과 활동은 예비교사들이 각 장을 끝냈을 때, 그리고 다른 질문들은 어느 정도 시간이 흐른 후에 활용할 수 있을 것이다.

이 책에서 사용되는 용어들

이 책 전반에 걸쳐 우리는 다음의 용어를 채택하여 사용하기로 한다:

- *교육실습(practice teaching)*과 *교생실습(teaching practice)*: 우리는 이 두 용어를 영어교육 문헌에서도 사용되는 *practicum*과 동의어로 사용한다.

- *ESOL*: 이는 *English for Speakers of Other Languages*를 의미한다. 이 용어는 *ESL(English as a Second Language)*, *EFL(English as a Foreign Language)*, *ESP(English as a Special Purposes)*, 또는 *TESOL (Teaching English to Speakers of Other Languages)*로 불리는 상황에 적용된다.

- *교육실습생(The student teacher)*[2]: 교육실습을 하는 이를 지칭한다.

- *협력교사(The cooperating teacher)*: 예비교사들이 교수 경험을 하는 수업에서의 담당교사를 지칭한다. 때로는 *주임교사(master teacher)* 또는 *멘토교사(mentor teacher)*로도 불린다.

- *교사교육자(The supervisor)*: 교육실습 수업을 담당하는 교수 또는 교사훈련가(teacher trainner)를 지칭한다.

- *협력학교(The host school or institution)*: 교육실습이 일어나는 학교를 지칭한다.

---

[2] 역자 주: 본 번역서에는 교육실습생과 예비교사를 혼용하여 사용하기로 한다.

감사의 말

이 책은 지난 수년간 다양한 곳-특히 싱가폴, 홍콩, 캐나다, 한국과 미국-에서 예비교사, 교사, 협력교사 및 교사교육자와 일했던 우리의 경험을 바탕으로 한다. 이 책의 초고를 읽고 소중한 피드백을 제공한 다음의 동료들에게 감사를 전한다: Melchor Tatlonghari와 Linda Hanington(Regional Language Center, Singapore), Willy Renandya와 Anthony Seow(National Institute of Education, Singapore), Caroline Bentley와 Josie Gawron(Indonesia Australia Language Foundation, Bali, Indonesia), Neil England(Univesity of Sydney), Marlene Brenes Carvajal과 Verónica Sánchez Hernández (Benemérita Universidad Autónoma de Puebla, Mexico), Tim Steward (Kyoto University, Japan), Alan Hirvela(Ohio State University), Gloria Park(Indiana University of Pennsylvania), Margo DelliCarpini(The City University of New York), 그리고 Rob Dickey(Gyeongju University, Korea). Caroline, Josie, Marlene과 Veronica는 이 책 곳곳에 그들의 예비교사들의 이야기를 인용할 수 있도록 해주었다. Rose Senior(University of Western Australia)는 자신의 책, 『언어교수의 경험』(*The Experience of Language Teaching*)에서 교사의 이야기를 인용할 수 있도록 허락해 주었다. 우리가 함께 일했던 예비교사들은 이 책의 초고를 살펴봐 주었는데, 특별히 Mona Irwin, Nancy Harding, Sadia Asif와 Vidya에게 감사의 마음을 전한다.

1장
교육실습을 통해 가르치기 배우기

서론

교육실습은 대부분의 언어교수 교사교육기관의 일부이며, 예비교사가 대학 또는 TESOL 교육기관에서 학습한 학문적 이론과 "실제" 언어학습 교수현장 간의 연결고리를 제공하고자 한다(Brenes-Carvajal, 2009; Farrell, 2007). 아래 제시한 교사들의 이야기처럼, 많은 교사들에게 교육실습 경험은 교사교육 기관에서 수강한 가장 유의미한 과목 중 하나이다.

> 교육실습은 가르친다는 것의 느낌을 맛보게 했습니다. 수업에서 무엇을 기대할 수 있을지 알게 했고, 실제 수업에 더 잘 준비될 수 있도록 정신적으로도 준비시켜 주었습니다. - Mariana, 브라질

교육실습을 통해 제 협력교사를 참관할 기회를 얻었고, 이를 통해 수업에서 일어날 수 있는 문제들을 어떻게 대처할 수 있을지 생각할 수 있었습니다. - Yono, 일본

교육실습을 통해서 많은 것을 배웠습니다. 교육실습은 대학에서 학습한 이론을 실제 교수활동에 적용해 볼 수 있도록 하였고, 다양한 교수법을 시도해 볼 수 있는 시험대의 역할을 해주었습니다. - Mee-Ho, 한국

교육실습은 다양한 목표를 수행한다(Baird, 2008). 가장 분명한 목표는 예비교사에게 교사교육 수업에서 학습한 내용을 적용할 기회를 제공한다는 것이다. 대학에서의 수업은 언어교사에게 기대되는 이론적 지식-보통 제2언어 습득, 언어학, 담화분석과 같은 수업에서 얻을 수 있는 지식-뿐만 아니라, 교수법, 교재개발, 언어평가와 같은 분야의 수업에서도 얻을 수 있는 실제적 지식을 포함할 것이다. 이러한 수업 내용은 보통 예비교사들이 교사로서 이러한 지식을 실제 교수활동에서 활용할 것이라는 가정하에 선택된다.

하지만, 대학 수업은 실제 교수 경험을 그대로 재현할 수 없고, 실제 교수 현장에서는 교사교육 수업이 준비시켜 주지 않는 많은 일이 일어난다. 예를 들어, 교사교육 수업은 다음과 같은 일들에 예비교사가 준비되도록 대비시킬 수 없다. 미리 준비한 활동에 대해 학습자가 느끼는 어려움을 바탕으로 수업 난이도 조정하기, 가르치는 도중 교사 중심의 문법 연습 활동을 모둠 활동으로 바꾸기, 전체 학생들이 수업에 방해받지 않도록 산만한 학생 다루기(Farrell, 2007; Senior, 2006). 이와 비슷하게, 동료 튜터링(peer tutoring)이나 비계화 학습(scaffolded learning)[3]에 대해 대학에서 학습한 것이, 실제

---

[3] 역자 주: 언어학습 이론에 있어 사회적 구성주의 관점의 대표주자인 Vygotsky의 철학에 기반한 개념으로, 학습자의 성공적인 언어학습은 사회적 상호작용을 통해 성취되며, 이때 교사의 단계적인 지원(scaffold)과 자신보다 언어실력이 나은 동료들과의 협동이 핵심요소로 여겨진다. 10장에 좀 더 구체적인 설명이 제시되어 있다.

수업에서 이러한 활동을 운영하는 것과는 같지 않다. 교육철학에 대해 학습하는 것과 실제 교수 경험을 통해 자신만의 교육철학을 발전시키는 것 역시 별개의 문제다.

두 유형의 교육실습:
모의수업(microteaching)과 ESOL 수업 가르치기

보통 교육실습 기간에 두 유형의 교수 경험이 제공되곤 한다—첫 번째는 모의수업이고, 두 번째는 *ESOL 수업을 가르치는 것*이다. 이 책에서 다루는 대부분의 활동은 ESOL 수업 가르치기에 초점을 두지만, 이 중 몇 가지는 모의수업에도 적용될 수 있다. 먼저 각 접근법이 어떻게 구성되어 있는지 설명한 후 좀 더 자세히 각각을 설명할 것이다.

모의수업은 일반적으로 짧은 수업 또는 수업의 일부를 계획하고 이를 동료 예비교사들(또는 때때로 모의수업에서 학생 역할을 하기로 자원한 ESOL 학생들)을 대상으로 가르치는 것을 수반한다. 모의수업 후에는 교사교육자와 동료 예비교사들로부터 자신의 교수에 대해 피드백을 받는다. 보통은 교사-훈련 수업에서 모둠 활동의 일환으로 진행되는데, 이때 예비교사는 모둠으로 지정되어 수업의 일부를 계획하고 가르쳐야 한다. 이후 서로를 관찰하며 피드백을 제공한다. 어떤 프로그램—예를 들어 CELTA(Certificate in English Language Teaching to Adults)와 같은 프로그램—에서는, 학기 말에 예비교사들이 보통 60분 가량의 *전체* 수업을 가르치기도 한다. 이들이 가르치는—또는 함께 가르치는(만약 여러 예비교사가 수업의 일부를 맡아 각각 가르칠 경우)—수업은 보통 언어수업이지만, 때로 예비교사들이 선택한 다른 주제나 내용에 관한 수업의 일부일 수도 있다. 전체 수업보다는 짧은 수업-마이크로레슨(microlesson)으로 알려진-을 계획하고 시연하는 목적은, 일반적으로 예비교사가 특정 교수 기술이나 전략에 집중할 수 있고(예를 들어, 어떻게 수업을 시작할지, 단어는 어떻게 소개할지, 모둠 활동은 어떻게 진행시킬지 등), 이에 대해 잘 진행했는지 즉각적인 피드백을 받을 수 있기 때문인데, 이러한 즉각적인 피드백은 전체 수업을 가르칠 때는 제공받기 어려울 수도 있다(Wallace, 1991). 모의수업은 따라서 "축소된 교수활동"(teaching in miniature)으로 여겨지며, 예비교사들이 기본적인 교수 기술을 개발하고 연습할 수 있는 안전하고 스트레스 없는 환경을 제공하고자 하는 목적이 있다(Roberts, 1998).

    교육실습에 있어 두 번째 유형의 교수 경험은 ESOL 수업 가르치기이다. 이 유형이야말로 예비교사 교육실습 경험의 주요 부분을 차지하고, 만약 모의수업에 참여하지 않는다면, 예비교사에게는 유일무이한 교수 경험이 될 수 있다(Senior, 2006). 이때 예비교사의 교육실습은 보통 경험이 많은 교사(협력교사)의 ESOL 수업에서 그들과 함께 일하는 것을 수반하는데, 일정 시간 동안 수업의 일부나 수업 전체를 가르치는 것을 포함한다. 예비교사는 수업계획서를 협력교사와 공유하면서(또는 수업계획서 작성 시 협업하면서) 협력교사와 긴밀히 협력하며 작업하게 될 것이다. 협력교사는 또한 예비교사의 수업을 참관하고 피드백을 제공하게 된다. 때로 예비교사들은 실제 가르치는 직업을 이미 갖고 있기도 하다. 그럴 경우, 교사교육자는 보통 협력교사 역할을 하며 수업참관, 수업장학 및 리뷰과정을 통해 도움을 제공한다.

모의수업에서 활용되는 절차

모의수업은 교사-훈련 전략으로 오랜 역사를 가지고 있다. 일반적으로 사용되는 접근법은 *계획하기, 가르치기, 평가하기*의 일련의 과정에 기반하며, 세 가지 기본 특징을 가지고 있다:

1. 예비교사는 5~10분의 짧은 수업을 가르친다.
2. 수업은 매우 구체적이며 제한된 부분에 집중한다.
3. 수업 후 즉시 예비교사의 실행에 대한 평가를 제공한다.

이러한 과정 이후 *다시 계획하기, 다시 가르치기*와 *다시 평가하기*의 새로운 주기를 시작할 수 있다. Wallace(1991)와 다른 학자들이 주장하듯이, 이러한 관점에서 효과적인 교수활동이란 개별적으로 가르치고 연습할 수 있는 특정 기술과 역량을 익히는 것으로 여겨진다. 이 관점은 교수활동의 행동주의적 및 관리적 측면에 초점을 두고 있으며, 따라서 교수활동을 규범적으로 접근하는 경향이 있는데, 이는 보통 교수 경험이 전혀 없는 예비교사들에게 적합하다고 여겨지는 접근법이다. 이 접근법이 포함하는 모의수업 단계는 다음과 같이 요약될 수 있다(Wallace, 1991, p. 99-102):

- *정보 제시하기(The briefing)*: 교사교육자는 연습할 교수 기술을 제시하고(예, 모둠 활동 진행하기) 어떻게 이를 수행할 수 있을지 설명한다. 교사교육자는 구두 논의를 통해서, 책이나 체크리스트를 기반으로, 또는 시연(modeling)을 통해 이를 제시할 수 있다. 시연은 비디오를 활용할 수도 있고—수업 내용의 전사 자료와 함께 또는 자료 없이—또는 교사교육자가 특정 기술이나 테크닉이 어떻게 사용되는지를 직접 보여줄 수도 있다.

- *계획하기*(The planning): 예비교사는 연습하도록 부여된 교수 기술을 포함하여, 자신의 모의수업을 계획한다. 예비교사는 이때 수업의 목표에 대한 설명을 준비하여 참관자에게 수업의 맥락을 제공해야 한다.
- *가르치기*(The teaching): 예비교사는 이제 동료 또는 실제 ESOL 학습자들에게 모의수업을 진행한다. 수업은 보통 녹화된다. 참관자는 참관노트를 작성한다.
- *평가하기*(The critique): 예비교사가 진행한 수업이 논의 및 분석되고 평가된다. 예비교사는 보통 자신이 무엇을 하고자 했으며, 수업이 계획한 바대로 진행되었는지에 대해 설명한다. 만약 모의수업이 녹화되었다면, 전체가 녹화된 모의수업을 리뷰하고 각자가 관찰한 서로 다른 부분에 대해 토의한다. 교사교육자는 모의수업의 장단점에 대해 언급하고, 향후 더 발전시킬 부분에 대해 제안한다.
- *다시 가르치기*(The re-teach): 모의수업을 다시 가르친다. 이 단계에서 예비교사는 첫 모의수업에서 받은 피드백을 반영하고자 노력한다.

장점	단점
• 짧음, 따라서 전체 수업을 진행하는 것에 비해 스트레스가 덜함 • 교수활동의 한 부분에 집중할 수 있음 • 새로운 아이디어를 시도해 볼 기회 • 안전한 환경 • 피드백에 따라 "다시 시도"할 수 있는 기회	• 짧은 시간이 때로 스트레스가 될 수 있음 • "교사"가 학생들과 라포(rapport)를 형성하기 힘들 수도 있음 • 학생/교사가 가지는 성취 기준이 매우 높을 수 있음 • "탈맥락화"된 수업, 따라서 학생들을 수업에 참여시키기 어려울 수 있음

〈표 1.1〉 모의수업의 장점과 단점

모의수업의 장점

상기 기술된 것처럼 모의수업의 기본적 접근법은 초보교사에게 필수 역량으로 여겨지는 몇 가지 특정 교수 기술을 익힐 수 있도록 하는 데 있다. 이러한 교수 기술에는 질문하기, 실수 수정하기, 또는 수업 절차 설명하기 등이 포함된다(부록 A 참조). 이와 함께 예비교사는 안심할 수 있는 환경에서 가르치며, 모의수업을 통해 자신감을 기르고, 자신의 교수 스타일의 몇몇 부분에 대해서 자각할 수 있게 된다. 예를 들어, 예비교사는 특정 교수 기술을 시도해 보고, 모의수업 후 피드백을 받고 다시 시도해 볼 수 있기 때문에 처음부터 모든 것을 제대로 하지 않아도 된다는 것을 알게 된다. 이러한 경험의 유용성은 아래 제시된 예비교사들의 말을 통해 확인할 수 있다:

> 모의수업을 통해 동료 교사들의 수업을 관찰할 수 있었습니다. 이는 다양한 동료 교사들의 장점과 단점을 볼 수 있도록 해 주었습니다. - Sarah, 캐나다

> 새로운 교수 테크닉을 시도해 볼 수 있는 시험대를 제공해 주었어요. - Mark, 미국

> 제가 느낀 장점 중 하나는 2주 동안 동료들과 공유한 서로 다른 수업계획서가 모두 유용했다는 거예요. 그리고 모의수업 후 교사교육자의 피드백이야말로, 교사가 되어가는 저의 현 단계에서 가장 도움이 되었습니다. - Oswaldo, 스페인

모의수업의 단점

이 장에서 논의되는 모의수업에 대한 접근법은 교사의 교수 기술 목록을 구성하고 있는 특정한, 그러나 제한적인 일련의 기술과 역량에 초점을 두고 있다. 이 접근법은, 일단 "학습하게 되면" 학습된 기술은 실제 교수 현장에 전

환될 것이라는 가정에 기반하는데, 사실 증명하기는 어려운 가정이다. 이 가정은 또한 교수활동에 대한 규범적, 하향식 관점에 근간을 두는데, 이 관점은 이 책 전반에 걸쳐 설명하고 있는 교사 지식(teacher knowledge)에 대한 좀 더 광범위한 이해를 반영하지는 않는다. 모의수업을 통해 제대로 습득되기 어려운 교수활동의 면면에는 실제 교실 현장에서만 그리고 실제 학생들과의 상호작용을 통해서만 경험할 수 있는 것들을 포함하는데, 여기에는 예를 들어, 학생들이 어려워하는 것에 대응하는 방식, 내키지 않아 하는 학생들을 동기부여하는 방법, 학생들의 학습 스타일 선호도, 학습 동기 및 필요 파악하기, 자신만의 교수철학 개발하기, 교수활동 이론화하기 등이 있다. 또한, 5분에서 10분의 수업은 인위적으로 교수 시간을 제한하고, 때로 예비교사들은 시간이 너무 짧아서 수업을 서둘러 끝내야 한다는 압박감을 느낀다고도 말한다.

> 모의수업에서는 수업 운영이 제대로 실연되지 않습니다. 모의수업에서 우리는 동료들을 가르치고, 그들은 30명의 실제 학생들로 이루어진 학급을 제대로 대표할 수 없거든요. — Pamela, 싱가포르

> 동료들을 가르치는 비현실적 환경 때문에 제 수업이 모의수업 환경에서 성공했다 하더라도, 실제 수업에서 효과가 있을 것이라고 하기는 어려울 것 같습니다. — Stephanie, 미국

모의수업에 대한 좀 더 성찰적 접근법

모의수업의 전통적 접근법에 내재된 제한점 때문에, 그간 좀 더 성찰적인 접근법이 제안되어 왔다(예, Roberts, 1998). 성찰적 접근법에서 모의수업 경험은, 단순히 특정 교수 행동과 기술을 숙달할 기회를 제공하는 것이 아니라, 비판적 성찰의 과정을 통해 교수활동에 대한 더 깊이 있는 이해를 촉진시킬 경험을 제공하는 것을 목표로 한다. 이때 예비교사의 개인적 이해가 초점이

된다. 모의수업에 대한 피드백이 오류에 대한 수정으로만 여겨지기보다는, 예비교사가 수업 계획 시 내리는 결정 및 가르치는 도중에 내리는 결정과 생각에 대해 정보를 제공하는, 즉 예비교사의 사고 및 인지 과정을 알아내도록 하는 하나의 방법으로 여겨진다. 따라서 "가르치기 배우기"(learning to teach)에 있어 기술을 강조하는 관점과는 정반대로, 성찰적 모의수업 시간은 교수라는 활동 전체의 모든 다양한 면면에 대해 사고하도록 한다. Komblueth와 Schoenberg(1990)가 설명하듯이, "따라서 예비교사에게 주어진 임무는 좀 더 포괄적이고, 피드백 시간에 대한 기대감은 좀 더 크지만 덜 구체적이다"(p. 17). 모의수업에 대한 성찰적 접근은 따라서 교수활동에 대한 인지적, 정서적 측면에 대해 이해하고 성찰할 수 있는 예비교사의 능력이 모의수업의 주요 초점이 되는 그런 접근법이다. 교사교육자가 제공하는 피드백의 유형도 이러한 접근법을 반영할 것이다(4장 참조). 즉, 규범적이기보다는 본질적으로 성찰적이며, 대화와 성찰의 과정을 통해 교수활동에 대한 예비교사들의 이해를 깊어지게 하고자 한다(Miller, 2009).

성찰적 모의수업의 단계

1. 마이크로레슨 계획하기

마이크로레슨은 이전 섹션의 기술 접근법에서 설명한 것처럼 보통 5~10분 지속된다. 마이크로레슨의 초점이 교수 기술일 수 있지만, 교수활동의 다른 측면들과 관련된 목표를 포함할 수도 있다. 예를 들면:

- 학습을 흥미롭고 재미있게 만들기
- 수업을 학습자의 경험과 연관시키기
- 학습 전략에 대한 인식 높이기
- 독해 지문을 창의적으로 사용하기

- 학습자들의 위험 감수(risk-taking) 능력 향상시키기
- 동기 향상시키기
- 피드백 관리하기
- 학습자 입력(input) 활용하기
- 학습자 참여 독려하기
- 교사 자신의 교수 스타일 인식하기

교사교육자는 수업 목표, 교수 절차 및 자원과 같은 내용을 포함하는, 예비교사들이 따를 수 있는 수업계획서 형식을 안내서로 제공할 수도 있고, 또는 예비교사들이 수업계획서 형식을 결정할 수도 있다. 수업 계획은 개별적으로, 짝과 함께, 또는 모둠으로 진행될 수 있다. 모둠으로 계획하는 것의 장점은 교수와 학습에 대한 서로의 생각을 공유하고 비교하며, 수업계획서를 함께 조율할 수 있는 기회를 제공한다는 것이다. 계획 단계에서, 수업이 진행될 때 참관자가 중점을 두어 보게 될 수업의 특징이 정해지는데, 여기에는 교사, 학생, 교재 사용 등과 관련된 부분들이 포함되어야 한다.

2. 가르치기와 참관하기

예비교사는 자신의 모의수업을 가르치고, 참관자들은 참관 업무를 수행한다.

3. 수업에 대해 성찰하기

참관자들은 각자가 관찰한 것을 비교하기 위해 만난다. 이후 예비교사는 자신의 모의수업 경험에 대해 설명하는데, 이때 참관자들이 생각해 보기를 바라는 부분도 언급한다.

마지막으로 교사교육자가 모의수업에 대해 자신이 이해한 바를 전달한다. 여기에는 피드백 제공 시 필요한 성찰적 전략—4장에서 설명—도 포함되

어야 한다.

> 오늘 제 친구가 중간보고서 작성을 위해 저를 녹화했는데, 카메라가 있는 것을 알았는데도 보통 관찰될 때 느끼는 압박감을 느끼지 않았습니다. 이제는 저와 학생들 사이에 충분한 자신감이 있기에 교사교육자가 없더라도 그 상황을 잘 관리할 수 있다고 생각합니다. — Hada, 멕시코

모의수업을 통해 교사학습 모니터하기

만약 모의수업이 교생실습의 일부로 정기적으로 활용된다면, 각 예비교사에게 일련의 마이크로레슨을 가르치고 이 과정 동안 교수활동과 교사로서의 자신에 대해서 무엇을 배우고 있는지를 지속적으로 성찰할 수 있는 기회가 주어져야 한다(Farrell, 2008a). 이는 예를 들어, 교수 일지 작성하기, 수업 보고서 쓰기(11장 참조), 또는 모둠 토론하기 등과 같이 다양한 방식으로 행해질 수 있다.

모의수업에 있어 성찰적 접근을 촉진하기 위한 전략 중 하나는, 예비교사들을 네 명에서 여섯 명으로 구성된 소규모 모둠으로 함께 일하도록 하는 것이다. 각 모둠에서 한 명의 예비교사에게 자신의 모둠원들을 가르칠 하나의 동일한 수업이 주어진다. 내용은 언어능력과 관련될 필요는 없고, 예비교사들이 대학 수업에서 학습하는 것들일 수 있다(예, 문제해결식 과제). 10분의 모의수업 후, 예비교사들은 수업을 돌아보고 성찰한 후, 좀 더 광범위하고 일반적인 교수 관련 이슈를 바탕으로 모의수업에 대해 논의한다.

모의수업과 실제 ESOL 수업을 가르치는 것 사이의 연결고리를 제공하기 위해, 때로 예비교사가 자신의 마이크로레슨을 반 시간 수업으로, 그리고

이후 전체 수업으로 천천히 확장시켜 나가는 것도 가능하다—물론 이때 여전히 "안전하다고 여겨지는" 환경에서 동료들을 가르치면서 말이다. 이런 방식으로 모의수업의 다소 비현실적인 성격과 관련된 단점들에 대해 대처해 볼 수 있다. 예비교사들은 이제 수업 전체를 가르치는 연습을 하게 되었고, 실제 ESOL 수업을 하기에 더 잘 준비되었다.

ESOL 수업을 가르치는 데 활용되는 절차

실제 제2언어 교실에서 행해지는 교육실습이 많은 학·석사 TESOL 프로그램의 핵심(이 중 다수는 필수) 구성요소로 여겨지는데, 이때 교육실습을 조직화하는 절차는 각 교육기관마다 서로 다르다. 때로는 잘 조직화된 절차가 가동 중이고, 교사교육자와 협력교사가 교육실습 경험을 관리하는 데 함께 참여하기도 한다. 하지만 때로는 이러한 절차가 잘 발달되거나 정례화되어 있지 않고, 예비교사들은 적절한 행정 절차의 부재에 영향을 받을 수도 있다. 다음에 제시하는 이슈들은 일반적으로 ESOL 수업에서 교생실습을 준비하는 것과 관련이 있다.

교육실습을 진행할 교육현장 찾기

이상적으로는 예비교사가 학업하고 있는 교육기관이 매년 교육실습 현장과 협력교사를 준비해 놓을 수 있다. 어떤 교사교육 프로그램은 캠퍼스에 기반을 두고 있을 수 있는데(예를 들어, 일반인에게 수업을 제공하는 집중영어프로그램이나 언어 센터와 같은), 이 경우 연락과 소통이 비교적 간단하다. 비록 이런 방식이 편하기는 하나, 이런 유형의 프로그램은 예비교사가 졸업 후

하게 될 교수활동 유형을 반영하는 경험을 제공하지 않을 수도 있다. 다른 교육실습 프로그램은 교사교육자가 선택한 학교나 지역 교육기관에서 진행될 수 있다. 때로는 예비교사들 스스로 학교와 협력교사를 접촉하여 교육실습을 준비해야 하기도 한다. 이런 경우에는 보통 최근 교육실습을 마친 예비교사들이 교육실습 현장을 추천해 줄 정보원의 역할을 한다.

하지만, 정기적으로 예비교사를 받는 것은, 만약 교육실습 교육기관이 학비를 낸 학생들을 받는다면, 이 학생들이 수업의 일부를 예비교사가 가르치게 될 경우 정당한 수업을 받는다고 느끼지 않을 수도 있기 때문에, 협력학교에는 커다란 책임감을 안기기도 한다. 이런 이슈에 대처하고 예비교사가 위험 부담이 없이 수업을 가르칠 수 있도록 하기 위해, 때로 무료 수업이 만들어지기도 한다. 하지만 대체적으로 예비교사들은 학교의 일반 강좌 중 하나의 수업을 맡아 가르치게 될 것이다. 이때 협력교사는 학생들이 예비교사로부터 제대로 된 수업을 받을 수 있도록 보장할 책임을 가지고 있다.

협력교사와 함께 일하기

협력교사는 협력학교와의 친분을 통해 교사교육자가 미리 예비교사를 위해 지정해 두었을 수도 있고, 또는 예비교사 스스로 자신의 협력교사로 일하고자 하는 교사를 찾기 위해 학교에 직접 연락을 취해야 할 수도 있다. 많은 학교는 이러한 역할을 할 수 있는 경험이 많은 교사의 명단을 가지고 있다. 예비교사와 함께 일하는 것은 협력교사에게는 많은 추가 업무가 있기에(예를 들어, 예비교사의 수업계획서를 검토하거나 예비교사 수업에 대한 피드백을 주는 등) 상당한 책임감을 요한다. 게다가, 예비교사를 감독하는 역할은 보통 교사의 일반적 업무에 더해진, 따로 금전적 보상이 없는 일이고, 교사가 특별히 훈련을 받았거나 또는 준비가 되어 있지 않은 업무일 수도 있다.

협력교사가 예비교사와 일하는 방식은 다양하다. 가장 좋은 협력교사는 다양한 경험을 가지고 있고, 예비교사를 지도하는 것을 즐거워하며, 초보교사에게 필요한 지원과 방향성을 제공할 수 있는 전문가적 교사이다. 이들은 교수와 학습에 대한 예비교사의 관점을 공유하지 않을 수도 있지만, 다양한 관점을 기꺼이 듣고 고려하고자 한다. 이러한 협력교사들은 수업 시간 외에도 예비교사와 만날 수 있는 시간을 찾고, 격려와 지원뿐만 아니라 건설적인 비판을 제공한다(Baird, 2008). 다음은 한 협력교사가 사용한 접근법을 기술한 내용이다:

> 제 느낌은, 협력교사로서 예비교사를 지도하는 것은 단지 그들을 평가하는 것에 관한 것은 아니라고 생각합니다. 물론 이 역시 궁극적으로는 자격증을 받기 때문에 평가 과정의 일부겠지만요. 하지만 만약 평가가 주라면, 예비교사들은 학생들이 영어를 학습할 수 있도록 가르치는 것 대신 평가 형식에 있는 것을 그저 따르기만 할 것입니다. 점검표를 작성해야 하기는 하지만, 저는 그러한 점검표가 진짜 도움이 된다고 생각하지도 않고, 많이 믿지도 않습니다. 제가 보는 것은 예비교사가 교육과정과 전반적으로 연결되어 있는 수업계획서를 만들고자 하고, 열정과 창의성을 가지고 수업을 진행하는가입니다. 예비교사가 제가 중요하게 생각하는 특정 교수법을 따르는지는 관심이 없습니다. 하지만 예비교사가 자신이 믿고 설명할 수 있는 교수법을 따르는지는 신경을 씁니다. 따라서 피드백 시간에는, 예비교사가 자신의 수업을 어떻게 생각하는지와 학생들이 무엇을 배웠는지, 그리고 예비교사가 왜 그렇게 생각하는지를 묻습니다. – John, 독일의 협력교사

교육실습 경험 구성하기

ESOL 수업에서 가르치는 경험을 할 수 있도록 준비하는 것은 교육기관마다 서로 다른데, 대학에 기반을 둔 교사교육자가 예비교사의 교수 경험을 계획하고 구성하는 데 큰 역할을 할 수 있다. 하지만, 때로는 이러한 업무가 온전

히 협력교사에게 맡겨질 수도 있다. 전자의 경우라면, 예비교사는 할당된 수업을 가르쳐야 하고 특정 교수활동을 하도록 요구될 것이다. 후자라면, 협력교사가 예비교사의 교수활동 업무를 지정해 줄 것이다.

ESOL 수업에서의 교육실습을 통해 배우기

예비교사의 대학 교사교육 프로그램은, 이론과 연구에 기반한 최신 연구 결과와 가설들을 예비교사가 학습하며, 학문 연마를 통해 배우는 것에 초점을 둘 것이다. 교육실습에서는 예비교사가 무엇을 아느냐가 아니라 무엇을 할 수 있느냐에 초점이 있다. 효과적인 언어교사가 되기 위해 예비교사가 익혀야 하는 많은 교수 기술은, 예비교사가 대학에서 중점을 두어 학습한 것은 아니었을 것이다. 따라서 예비교사의 교육실습 경험은 무엇보다 언어 교수활동 과정에 대해 더 많이 배울 수 있는 기회이다. 만약 예비교사가 언어교수의 특정 분야에 관심이 있다면(유아교육이나 특수목적영어 가르치기와 같은), 이러한 수업을 진행할 수 있는 학교에서 교육실습을 마치기를 원할 수도 있다. 다른 예비교사들은 자신의 진로 계획에 도움이 될 유용한 경험을 갖기 위해, 자신에게 익숙하지 않은 상황에서 가르치기를 바랄 수도 있을 것이다 (Senior, 2006).

> 제 첫 교육실습 초반에, 저는 조금 긴장했지만, 학생들이 저를 편안하게 해주었어요; 저에게 정말 친절했습니다. ... 저는 정말 긴장했었거든요. ... 아이들의 이름을 묻는 것도 잊어버렸고, 계속해서 "미안한데, 이름을 다시 말해줄래요?"라고 했습니다. 이론은 실습과는 다르다는 것을 깨달았어요; 학생일 때와 교사가 된다는 것이 같지 않다는 것도요; 생각하는 방식이 완전히 바뀌었습니다. – Reina, 멕시코

ESOL 수업을 가르치는 데 있어, 예비교사의 교육실습 경험은 보통 협력교사

의 수업을 참관하는 것과 정기적으로 수업의 일부 또는 전체를 가르치는 것을 포함할 것이다. 협력교사와 대화하고, 수업을 참관하며, 자신의 교수 경험에 대해 성찰하는 것은, 교육실습에서의 학습 과정의 중요한 부분이다. 교육실습 경험을 통해 최대의 혜택을 얻기 위해, 예비교사는 스스로의 학습 방향을 정하고 적극적으로 이를 모니터 할 필요가 있다(11장 참조). 교사교육자와 협력교사가 예비교사의 교수활동에 지속적인 피드백을 제공하고 안내하겠지만, 예비교사 스스로가 교육실습 기간 동안 자신의 교사로서의 학습에 책임감을 가지고 임할 수 있으며, 그렇게 하는 방법이 이 책 전반에 걸쳐 논의될 것이다. <표 1.2>가 교육실습을 통해 가르치기 배우기를 요약해 놓았다.

1. 모의수업에 참여하기	• 동료 교사나 (때로는) ESOL 학생들에게 짧은 수업을 계획하고 가르치기
2. ESOL 수업 가르치기	• 경험이 많은 교사(협력 교사)의 ESOL 수업에서 함께 일하고, 일정 기간 동안 수업의 일부 또는 수업 전체 가르치기
3. 교육실습을 진행할 현장 찾기	• 대학에 기반한 프로그램 또는 지역사회의 학교나 교육기관 확인하기
4. 협력교사와 함께 일하기	• 협력교사가 예비교사의 교수 및 학습관을 공유하지는 않을 수도 있지만, 기꺼이 서로 다른 관점을 듣고 고려할 것임을 기억하기
5. ESOL 수업에서의 교육실습으로부터 배우기	• 언어교수의 *과정*에 대해 배우기 위해 협력교사의 수업을 참관하고 수업의 일부 또는 전체 가르치기

〈표 1.2〉 교육실습을 통해 가르치기 배우기

요약과 결론

예비교사의 교육실습 수업은 모의수업과 ESOL 수업 가르치기를 모두 포함할 수 있고, 두 유형의 경험 모두 교사학습에 유용한 기회를 제공할 것이다. 하지만, 교실 경험 그 자체만으로는 교사개발의 근간으로 부족하다. 실제 경험을 비판적으로 성찰하고 검토하는 것이 가르치기 배우기에 있어 필수적이다(Senior, 2006). 스스로의 교수 경험을 돌아보고 자신의 교수활동을 동료 예비교사, 협력교사 및 교사교육자와 논의하며, 예비교사는 자신의 수업과 교수활동의 효과를 모니터할 수 있고, 교사로서 자신감과 능력을 개발할 수 있을 것이다. 이러한 과정에서 대화는 중요한 역할을 하고, 따라서 예비교사와 협력교사 사이의 소통 채널을 확립하는 것은 매우 중요하다.

교육실습은 예비교사들이 기대할 만한 경험이다. 교육실습의 어떤 부분들은 어려울 수도 있지만, 여전히 예비교사의 학습과 전문적 성장에 매우 가치 있는 기회를 제공할 것이고, 언어교사로서 예비교사의 진로 개발에 필수적 첫 단계가 될 것이다. 비록 교육실습 수업이 예비교사가 대학교육 과정에서 수강하는 학문적, 이론기반의 수업만큼 중요하다고 여겨지지 않을 수도 있지만, 궁극적으로는 예비교사가 학문적 수업에서 학습한 내용과의 연관성을, 그리고 예비교사의 언어교수와 학습에 대한 이해를 확인하는 시험대가 될 것이다. 또한 교사 채용의 관점에서 살펴본다면, 전형적인 사립어학원 원장이라면 일반적으로 다른 수업의 성적보다 예비교사의 교생실습 결과에 더 관심이 있을 것이다. 교생실습은 예비교사의 학문적 수업과 똑같이 평가되지 않을 수도 있지만, 많은 면에서 예비교사가 교사교육 기간 동안 경험한 모든 것 중에서 가장 중요한 학습임이 분명하다. 우리가 이 책에서 제공하는 정보와 활동들이 예비교사의 교육실습 경험을 건설적이고 기억에 남는 것으로 만들 수 있기를 바란다.

추천 참고 도서

Crookes, G. (2003). *The practicum in TESOL: Professional development through teaching practice*. New York: Cambridge University Press.

Senior, R. (2006). *The experience of language teaching*. Cambridge: Cambridge University Press.

Ur, P. (1996). *A course in language teaching*. Cambridge: Cambridge University Press.

토론 질문

1. 교육실습 기간 동안 무엇을 배우기를 기대하는가?
2. 교육실습에 대해 어떤 걱정거리가 있는가?
3. 교육실습을 어떻게 잘 준비할 수 있는가?
4. 한 협력교사는 교생실습에 임하는 예비교사들에 대해 다음과 같은 기대를 가지고 있다:
    a) 높은 수준의 언어실력과 필요시 관련된 정보와 자료를 찾을 수 있는 능력
    b) 다양한 교수·학습 접근법, 교수법 및 테크닉을 알고, 이들을 일하는 교수 맥락에 맞게 활용하는 능력
    c) 매일의 교수활동 루틴에 필요한 조직화 및 관리 능력
    d) 학생들과 긍정적인 라포 형성
    e) 교사로서 발전하기 위해, 협력교사인 나와 열린 마음으로 자신의 교수활동 탐구
    f) 교직에 입문하며, 교사로서 자신의 전문성 및 이에 필요한 모든 것 이해하기

상기 제시한 내용은 예비교사로서 여러분들이 교육실습에 기대하는 바를 어느 정도를 반영하는가? 위의 목록에 더 추가할 수 있는가?
5. 교사교육 수업에서 학습한 이론이 교육실습 기간 동안 어떤 면에서 유용할 것이라고 생각하는가?
6. 교육실습 경험을 통해 교수활동의 어떤 부분을 익히기를 희망하는가?

후속 활동

1. 교육실습을 마친 두 명 또는 그 이상의 예비교사를 인터뷰할 때 사용할 수 있는 일련의 질문을 준비하라. 이들을 인터뷰하고 결과를 공유하라.
2. 개별적 또는 소모둠으로 협력교사와 논의 시 활용할 수 있는 일련의 질문을 준비하라. 이 질문들은 다음에 초점을 둔다: 수업 내용 및 예비교사 교육실습 수업의 목표, 학생들, 협력교사의 기대, 그리고 협력교사와 예비교사의 상호작용과 소통. 시간이 된다면, 질문 1과 2에 대한 자신의 답을 살펴보고 협력교사와 논의할 때 활용하기 위해 메모하라. 가능한 신속히 협력교사와 이러한 논의를 시작하라.
3. 부록 A에 제시된 교수 기술 목록을 살펴보라. 모의수업의 초점으로 사용할만한 다른 교수 기술을 제안할 수 있는가?
4. 이 장 전체에서, 그리고 부록 B에 제시된 교육실습에 대한 비네트(vignettes)를 살펴보라. 이 비네트에 제시된 예비교사들은 모의수업과 교육실습 경험을 통해 무엇이 가장 도움이 되었다고 생각했는가?

부록 A: 모의수업의 초점으로 활용할 수 있는 교수 기술과 교수 행동의 예

- 수업이 목표를 실현한 정도

- 예비교사가 한 질문의 수
- 수업에서 학생들이 한 질문의 유형
- 예비교사는 학생들의 질문에 어떻게 대응했는가
- 예비교사는 학생들의 수행에 어떻게 대응했는가
- 학생들이 이해했는지 확인하기 위해 사용한 방법
- 예비교사는 어떻게 자신의 질문에 답할 학생들을 선정했는가
- 수업 절차에 대한 설명
- 시각 매체의 활용
- 테크놀로지의 활용
- 짝 활동, 모둠 활동 조직
- 제스처와 눈맞춤 활용
- 목소리 활용
- 수업 계획의 증거
- 수업 들어가기와 마무리하기
- 계획한 수업을 위한 적절한 교재의 선정
- 활동과 활동 사이의 전환
- 활동의 흐름
- 어휘 제시 방법
- 문법 제시 방법
- 수업에서 교사 발화의 양
- 수업에서 학생 참여의 양

부록 B: 교육실습 경험에 대한 비네트

모의수업은 비교적 안전한 환경 속에서 예비교사들이 수업을 준비하고 실제로 가르치는 것에 첫걸음을 떼도록 하는 기회를 제공합니다(안전한 환경이란, 예비교사들이 실

제 생애 첫 수업에서 학생들 앞에 서야 하는 날 느끼는 그런 스트레스를 느낄 만큼은 아닌 환경을 말합니다). - Mona, 캐나다

모의수업은, 수업에 대한 기억이 여전히 생생할 때, 협력교사와 동료들로부터 피드백을 들을 기회를 제공해 주었습니다. 비디오를 활용하지 않았지만, 직전에 수업을 가르쳤기에 그들이 설명하는 것들을 매우 확실하게 기억할 수 있었어요. 보통은 동료들의 의견이, 전지전능한 협력교사로부터 듣는 비평보다는 받아들이기 더 쉬웠습니다. - Robert, 한국

교육실습은 제가 이전에 시도해 보지 않은 다양한 교재를 사용할 기회를 주었습니다. OHP(overhead projector)를 어떻게 사용하는지, 녹음기를 어떻게 시작하는지, 그리고 OHP를 위한 자료를 어떻게 만드는지를 배울 수 있었습니다. 이 모든 것이 경험 많은 교사에게는 작은 일들이겠지만, 저에게는 처음엔 꽤 어려운 일이었습니다. - Michelle, 인도

동료 앞에서 모의수업을 하는 것의 가장 큰 단점은, 이러한 모의수업이 매우 인위적인 환경에서 진행된다는 겁니다. 실제 교수는 매우 역동적인 과정이고, 실제 상황의 어떤 부분들은 모의수업에서는 절대 구현될 수 없다는 것을 경험을 통해 알고 있습니다. 특히, 모의수업은 유럽 중심의 개념을 반영하고 있고, 따라서 그 보편성은 다소 의심이 된다고 생각합니다. - Vidya, 캐나다

이제 우리는 이론적 기반을 갖추었고, 실제를 경험하게 되었습니다. 교육실습에서 습득한 경험과 그 모든 것들을 통해, 시간이 지나면서 우리는 좋은 교사가 될 수 있을 거라고 생각해요. - Anica, 멕시코

교육실습을 시작하면서 가장 큰 어려움은 각 활동을 마치는 데 시간이 얼마나 오래 걸릴지를 이해하는 것이었습니다. 이러한 어려움의 가장 큰 이유는 제가 수업계획서를 짤 때, 수업 중 교정해야 하거나 부수적인 일들-항상 일어나게 마련인-에 대한 상황을 위해 시간을 따로 배분해 놓지 않았기 때문이었습니다. 이제는 수업계획서를

짤 때 좀 더 의식적으로 실수를 교정할 수 있는 시간을 만들어 놓습니다. - Mark, 인도네시아

"지속적인 성찰"이라는 개념이 모의수업을 이해하는 데 좋다고 생각합니다. 모든 예비교사는 자신의 수업에 대해 성찰하고(짝끼리 또는 소모둠으로), 향후 수업을 위해 변화가 필요한지를 고려해야 한다고 생각합니다. - Nancy, 캐나다

2장
교사학습의 본질

서론

예비교사의 교생실습 교과는, 모의수업 및 제2언어 수업에서 가르치는 경험을 통해, 그리고 이러한 교수 경험에 대해 교사교육자, 동료 예비교사 및 협력교사와 논의하며 성찰하는 것을 통해, 예비교사의 교수 능력을 향상시킬 기회를 제공하는 것을 목표로 한다. 가장 의미 있는 경험은 예비교사가 실제 교실에서 교육실습을 할 때의 경험이다(Richards & Crookes, 1988). 하지만, "교육실습"이라는 단어는 "가르치기 배우기" 또는 우리가 이 책 전반을 통해 언급할 "교사학습"이라는 개념에 대해 잘못된 인상을 줄 수도 있다. 이는 "교육실습"이, 언어교사로서의 발달은 기본적으로 일련의 특정 교수 기술을 습득하는 것과 관련이 있고, 이러한 기술은 연습을 통해 천천히 개발되고 향상된다는 것을 암시하기 때문이다. 물론 1장에서 살펴 본 바와 같이 교수활동의 어떤 부분은 숙련된 행동(skilled performance)으로 간주될 수도 있지만, 이 책은 교사 역량과 전문성의 구성요소 및 궁극적 교사학습의 목표에 대해 좀 더 광범위하고-바라건대-좀 더 의미 있는 관점에 입각하여 쓰였다. 이 장에서 우리는 언어교수에 있어 역량과 전문성의 본질 및 교사학습과 관련된 여덟 가지의 서로 다른 측면을 살펴볼 것이다. 우리가 이 장에서 제시하는 설명이, 이 책 전반을 아우르는 교육실습에 대한 접근법의 근거가 될 것이다.

언어교사의 담화 능력 개발하기

ESOL 수업에서 영어는 학습 목표이자 교수활동의 매개언어이다. 따라서, 예비교사의 영어능력 및 수업에서 영어를 사용하는 능력은 예비교사가 영어를 얼마나 잘 가르칠 수 있는지에 중요한 역할을 한다(Richards & Farrell, 2005). 이는 예비교사 교수활동의 주요 면면-예를 들어, 좋은 언어 모델을 제시하는 것, 수업에서 지속적으로 영어를 사용하는 것, 영어로 수업을 진행하고 설명하는 것, 그리고 학습자 언어에 정확한 피드백을 제공하는 것-에 영향을 미칠 것이다. 수업의 이러한 부분을 영어로 유창하게 수행하는 것을 배우는 것은 모국어가 영어가 아닌 예비교사들에게 교사학습의 중요한 부분이다. 이러한 비원어민 교사들 그리고 영어가 모국어인 교사들 모두에게, 상기 제시한 것 외의 다른 담화 능력, 즉 언어학습의 기회를 제공할 수 있도록 수업 담화를 잘 관리하는 능력 역시 습득할 필요가 있다. 이러한 담화 능력은 교수활동에 있어 다음의 측면들과 관계가 있다:

- 자신의 교수활동에 대해 협력교사나 교사교육자와 논의할 때 언어교수의 메타언어(즉, 영어교육 분야에서 사용되는 기술적 용어)를 이해하고 사용

하는 것(아래 참조)
- 학습자들에게 적절한 수준으로 언어 입력을 제공하는 것(10장 참조)
- 적절한 "교사 언어"-즉 학생들이 이해할 수 있으며, 너무 단순화하거나 부자연스럽지 않은 언어-를 사용하는 것
- 학생들이 자신의 언어 자원-문법적 그리고 담화적 자원-을 발전시키고 확장할 수 있는 기회를 제공하는 것
- 학습자들간의 상호적이며 협력적 언어사용의 기회를 제공하는 것(8장 참조)

언어교사가 된다는 것은 보통 교사들끼리 사용하는, 영어교사라는 직업의 핵심을 정의해 주는 전문화된 담화를 습득하는 것을 포함한다. 이는 수백 개의 특수 용어들과 친숙해지는 것을 의미하는데, 여기에는 우리가 스스로의 교수 활동에 대해 이야기할 때 매일 사용하는 다음과 같은 것들이 포함된다- *학습자 중심, 담화표지, 절, 유한동사, 진행형, 학습자 자율성, 대안평가, 블랜디드 학습, 과업기반 교수, 음소, 유럽공통참조기준*. 이러한 적절한 담화를 사용할 수 있다는 것은(그리고 이러한 담화가 의미하는 바를 이해하는 것은) 언어교수라는 직업의 일원으로서 받아들여질 수 있는가의 평가 기준 중 하나이다. 이는 아래 제시하는 예비교사가 관찰한 내용에 강조되어 있다:

> 제 협력교사는 교수활동에 관해 이야기할 때, 종종 저희가 대학 수업에서 사용하는 것과는 다른 용어를 사용하십니다. 예를 들어, 문법 연습을 위해 협력교사는 "거꾸로 연결하기"(back-chaining)[4]나 "개념 확인"(concept checking)을 추

---

[4] 역자 주: 영어 연습을 위한 교수 테크닉 중 하나로, 특히 학습자들에게 어려운 긴 문장(또는 구나 절)을 연습시킬 때 많이 활용된다. 교사는 긴 문장을 몇 개의 작은 파트로 나눈 뒤, 목표 문장의 뒷부분부터 따라 하도록 연습시키고, 학습자들이 이를 성공적으로 해내면 이후 문장 전체로 늘려 나간다.

천하셨는데, 그녀가 이러한 테크닉을 실제 활용하는 것을 보기 전까지는 이들이 무엇을 의미하는지 몰랐습니다. — Anna, 캐나다

언어교사의 정체성 개발하기

언어교사가 되기 위해 학습해야 할 것 중 하나는 언어교사가 무엇을 의미하는지를 아는 것—즉, 언어교사로서의 정체성을 가지는 것—이다. 정체성은 예비교사가 교사학습 과정에서 학습자 및 협력교사와 상호작용하며 수행하게 되는 서로 다른 사회문화적 역할을 의미한다. 이 역할은 고정된 것이 아니며 교실 안의 사회적 과정을 통해서 생겨난다. 예비교사의 정체성—즉 예비교사가 스스로를 어떻게 느끼는지, 그리고 다른 사람들이 예비교사를 어떻게 생각하는지—은 예비교사의 살아온 생애, 문화, 근로 조건, 나이, 성별, 그리고 학교 및 교실 문화와 같은 많은 요소에 의해 형성될 것이다(Burns & Richards, 2009). 정체성이라는 개념은 우리가 개인으로서 스스로를 어떻게 바라보는지, 그리고 다양한 상황 속에서 우리의 역할을 어떻게 수행하는지를 반영한다. 교사훈련 과목에서 또는 대학 기반 교사교육 프로그램에서 예비교사로서의 정체성은, 새로운 담화 유형—즉, 대학 교실에서의 새로운 역할뿐만 아니라 교수와 학습에 대해 이야기하는 새로운 방식—을 습득하는 것을 통해 생겨난다. 또한 교육실습을 통해, 예비교사가 서서히 교사라는 역할을 받아들일 때 예비교사 정체성은 더 발전될 것이다. 때로 교육실습 과정 중, 예비교사는 학생으로서의 역할과 교사로서의 역할 사이의 긴장감으로 불편함을 경험할 수도 있다(Thornbury, 1991).

이러한 과도기는 늘 쉬운 것만은 아니며, 스트레스와 불안감을 만들어 낼 수도 있다. 아래 제시된 이야기처럼, 많은 ESL 교사에게 교사 정체성은,

이민자나 난민 그리고 영어가 현재 상황으로부터의 탈출을 의미하는 사람들에게 권한을 부여하고자 하는 교사의 염원을 부분적으로 반영할 수도 있다 (Cooke & Simpson, 2008):

> 제 협력교사를 참관하기 위해 수업에 처음 들어갔을 때, 학생들의 다양한 민족적 배경에 꽤 충격을 받았고 이러한 상황을 어떻게 다룰 수 있을지, 그리고 영어교사로서 나의 역할은 무엇인지에 대해 고민하게 되었습니다. 수업을 가르치고 학생들을 더 잘 알게 되면서, 제 역할은 학생들이 영어를 잘 말할 수 있도록 가르치는 것뿐만 아니라 그들이 교실 밖의 삶을 어떻게 헤쳐나갈 수 있을지를 -왜냐면 그들 모두 이제 새로운 나라(미국)에 왔으니까요-가르치는 것임을 깨달았습니다. 수업에서 그리고 수업이 끝난 후에도, 학생들에게 미국에 대해 더 많이 설명하면서 저는 문화 대사의 역할도 해내야 한다는 것을 깨닫게 되었습니다. 학생들 모두를 저의 집에 초대하기도 했습니다. — Eva, 미국

> 교육실습을 시작하고 ESL 학생들을 실제 수업에서 가르치면서, 비록 제가 비원어민 교사이지만 더 이상 아웃사이더라고 느끼지 않았습니다. 이 학생들 앞에서 이제 교사로서 저를 증명하고, 영어를 사용할 수 있는 능력뿐만 아니라(비록 아직도 약간의 악센트는 있지만) 다양한 교수 테크닉을 알고 있음을 보여줄 기회를 가지게 되었고, 학생들은 교사로서 저를 받아들이기 시작했습니다. 이제서야 영어교사라고 느끼기 시작하고 있어요. — Momoko, 일본

교사학습은 따라서 언어교수에 대한 기술과 지식에 대해 더 잘 알아가는 것뿐만 아니라 언어교사가 된다는 것의 의미에 대해 알아가는 것을 포함하는데, 이는 원어민 예비교사와 비원어민 예비교사에게 다르게 영향을 미칠 수도 있다. 예를 들어, 만약 예비교사가 영어 원어민이라면 실제로 그들에게는 자격이 부여되지 않은 정체성("원어민 교사라면 무조건 전문가라는 잘못된 신드롬")으로 인해 학생들로부터 신임을 받게 될 것이다. 반면, 비원어민 예비교사들은 영어교사로서 신뢰를 확립해야 함을 느끼게 될 수도 있다. 아래 예비

교사의 경험처럼 말이다.

비원어민 교사로서 처음 대학의 언어학습 기관에서 가르치기 시작했을 때, 저는 제 언어실력에 대해 걱정했습니다. 고급작문 수업을 가르치는 협력교사 반에 배정이 되었거든요. 이 작문 수업에서 사용하는 방식은 글쓰기의 장르 접근법에 기반했습니다. 다행히 이 부분은 교사교육기관에서 다루었기에, 이 접근법과 연관된 개념을 이해하는 데 어려움은 없었어요. 예를 들어, 각각의 장르를 학습하면서, 학생들은 장르의 문법적 부분은 거의 집중하지 않으면서, 읽기, 지문이해, 그리고 쓰기 활동을 수행해야 했습니다. 비록 중간고사에서 문법에 기반한 시험을 필수로 치러야 하긴 했지만요. 제가 그 수업을 혼자 맡게 되었을 때－그리고 제 협력교사는 매우 개방적인 분이라는 걸 알았기에－저는 학생들에게 장르의 개념과 특징을 알려줄 새로운 방법을 실험해 보았습니다. 처음에는 교재가 익숙하지 않아 다소 힘들었어요. 제가 작문을 배울 때는 일반적 수준에서 언어의 다양한 면들에 초점을 두었다면, 지금은 장르의 특정 부분을 다룰 특정한 활동들을 계획해야 했습니다. 수업이 진행되면서 저는 수업에 더 자신감이 생겼고, 가르칠 때 제 수업에 너무 몰입한 나머지 제가 비원어민 교사라는 사실을 잊어버리기까지 했습니다. ― Raul, 캐나다

교수 기술 목록 개발하기

교사학습에 있어 우선순위는 언어수업을 진행할 때 필요한 기본적 수업 기술에 대한 자신감과 능력을 키우는 것이다. 모의수업은 이러한 기술 몇 가지를 연습할 수 있는 안전한 환경을 제공하는 것을 목표로 한다. 이 관점에서 교수활동은 다음과 같은 다양한 루틴과 절차 목록을 개발하는 것을 포함한다: 수업 시작하기, 과업 소개하고 설명하기, 학습 구성 준비하기(모둠 활동, 짝

활동, 전체 학습), 학생들의 이해도 확인하기, 학생들의 연습 활동 지도하기, 언어사용 모니터하기, 하나의 과업에서 새로운 과업으로 전환하기, 그리고 수업 끝내기(부록 A 참조).

이러한 기술은 다양한 학습자와 함께 서로 다른 주제를 가지고 수많은 다양한 상황에서 가르치는 것을 통해 습득된다. 시간이 지나면서, 예비교사는 경험을 통해 이러한 기술을 능숙하게 그리고 덜 신경 쓰며 수행하게 될 것이고, 따라서 수업의 다른 부분들에 집중할 수 있을 것이다. 연구에 따르면, 교사가 경험과 지식을 쌓아가게 되면서, 교수활동에 융통성이 생기고 즉석에서 하는 교수활동도 발전시키게 된다. Senior는 다음과 같이 덧붙인다:

> 수업에서 하고자 의도했던 것들에서 꽤 많이 벗어나서 가르칠 때도 있듯이, 언어교사들은 매일의 교수활동을 하며 다양한 방식으로 계획했던 것들에서 조금 벗어나서 교수활동을 한다. 교사들은 "회피하기", "추가적인 이것, 저것 활용하기", 또는 "갑자기 떠오를 때 다루기"에 대해 늘 이야기하곤 한다. 사실 교사들은 한 수업에서-대략 10번 또는 20번 정도-이러한 방식으로 행동한다. (Senior, 2006, p. 157)

경험이 많은 교사는 따라서 초보교사보다는, 기꺼이 이미 존재하는 절차 대신 자신들만의 해법을 활용하거나, 즉석에서 하는 교수활동을 하고자 한다 (Borg, 2006). 이들은 어떤 문제가 생길지 예측할 수 있고, 그러한 문제를 해결할 절차도 알고 있으며, 시간을 덜 쓰면서 루틴과 절차들을 더 효율적으로 다룰 수 있다. 예비교사의 교육실습 경험은, 교수활동의 이러한 다양한 면들을 활용하는 데 유창성을 개발하며, 즉석에서 하는 교수활동을 경험할 기회이다. 여기 한 예비교사가 자신의 교수활동에 있어 중요한 전환점에 대해 다음과 같이 설명한다:

처음 교육실습을 나갔을 때 초등학교의 2레벨 학생들에게 영문법을 가르쳐야 했습니다. 그 수업에서 저는 문법 교수에 있어 연역적 방식의 교수법-즉 교사는 문법 규칙을 설명한 후, 학생들의 학습을 평가하는 방법으로 빈칸 채우기 유형의 문법 연습을 하도록 하는 방식-을 따르는 협력교사와 일하도록 배정받았습니다. 제가 영어를 배울 때 비슷한 방식으로 배웠기에, 이 방식을 따르는 데 문제가 없었고, 요청된 방식대로 가르쳤습니다. 그리고 나서 교육실습 5주 차 즈음에-저와 학생들이 서로에게 익숙해졌을 즈음에-저는 협력교사에게 문법 교수방식을 바꿔서, 학생들이 스스로 문법 규칙을 발견하도록 하는 귀납적 방식을 활용해 볼 수 있을지를 여쭈어보았습니다. 비록 좀 회의적이셨지만, 제가 자신감이 생기고 있다는 것을 보시고는 새로운 것을 시도해 보도록 해 주셨습니다. 그래서 새로운 접근법으로 기본 시제를 가르치기 시작했어요. 너무나 기쁘게도 학생들은 전반적으로 스스로 문법 규칙을 발견해 낼 수 있었습니다. 협력교사가 제 수업에 매우 감명을 받으셔서, 본인의 수업에 새로운 접근법을 시도해 보겠다고 하셨습니다. 일단 처음에는 학생들이 이미 익숙해져 있고, 또 완전히 귀납적 방식으로 바꾸면 혼돈을 가져올 테니, 원래 하던 방식대로 연역적 방식의 활동을 하시겠다고 하셨어요. 하지만 이제는 학생들의 영어학습에 귀납적 방식이 매우 도움이 된다는 것을 알게 되셨습니다. - Diana, 캐나다

교육실습을 통해, 하나의 언어학습 분야(읽기, 쓰기, 문법)를 다양한 방식으로 가르칠 수 있다는 걸 알게 되었기에 매우 도움이 되었습니다. 정식 교사가 되었을 때, 필요하면 참고하거나 변경하여 사용할 수 있는 교수활동 아이디어를 가지게 되었다는 생각에 좀 더 안정감을 느낍니다. - David, 홍콩

전문지식을 적용하는 방법 배우기

교육실습은 일반적으로 예비교사교육 또는 전공 수업에서 학습했거나 학습하

고 있는 지식을 적용해 보는 기회라고 여겨진다(Brenes-Carvajal, 2009). 전공 수업은 이론적 지식을 제공하고, 교생실습은 이론과 실제를 연결하는 기회를 제공한다. 하지만, 예비교사가 TESOL 프로그램에서 학습하게 될 수업은 일반적으로 두 유형이다. 하나는 학문 분야의 *전문지식*(*disciplinary knowledge*) 영역에 속하고, 다른 하나는 *내용교수지식*(*pedagogical content knowledge*)의 영역에 해당된다. 전문지식은 영어교육 분야의 일원으로 인정받기 위해 필수적으로 여겨지는 일련의 지식을 의미한다. 이러한 지식은 전문가로서 인정받고 지위를 얻도록 하며, 이는 전문교육을 통해 얻을 수 있는데 실제 기술로 환원되지는 않는다. 예를 들어, 언어교수법의 역사, 현대언어학 이론, 심리언어학, 비판적 교수법, 사회언어학과 같은 수업은 전문지식의 영역에 속하지만, 수업에서 실제적 적용을 하도록 고안된 것은 아니다.

반면, *내용교수지식*(Shulman, 1987)은 언어교수의 근간을 제공하는 지식을 말한다. 언어교수와 언어학습 그 자체에 관한 연구로부터 얻은 지식이며, 언어교수에 있어 실제적인 문제들에 대한 해답을 얻는 데 적용되는 지식이다. 여기에는 교육과정 기획, 평가, 성찰적 교수, 유아교육, 언어의 네 기능(four skills) 가르치기 등이 포함된다. 따라서 학습자의 필요를 이해하고, 그들의 학습 문제를 진단하며, 적절한 교수 목표를 세운 후 과업을 선정하고 만들기 위해서는, 관련 있는 내용교수지식의 기초가 잘 다져진 교사가 그러한 지식이 없는 교사보다 더 잘 준비될 것이다. 따라서, 교육실습은 예비교사들이 대학 수업에서 습득한 내용교수지식을 활용할 기회를 제공한다:

> 교생실습 중에 학생들과 사실에 입각한 글쓰기를 할 때, 저는 대학 수업에서 교수님이 가르치셨던 방식이 떠올랐어요. 교수님은, 예를 들어, '청소년 범죄'와 같은 주제에 대해 학생들이 아이디어를 낼 수 있도록 작은 스토리 차트를 활용하셨죠. 저는 이 아이디어를 조금 변경하여, 연습지에 여러 개의 칸을 추가했고, 각 칸에는 주제(예를 들어, 이 경우에는 *버스 운전자*)에 대한 질문을 넣었습니다. 학생들은 질문에 답하면서 자신도 모르게 사실적 글쓰기를 위한 답을 얻게

되었죠. 그리고 그 칸들은 학생들의 답이 자연스럽게 올바른 문단 순서로 흐를 수 있도록 배열되어 있었습니다.

교수님이 시각적 조직도(visual organizer)를 활용하시는 것도 교육실습 기간 동안 제게 큰 도움이 되었어요. 특히, 학생들이 체계적이고 효과적인 방식으로 자신의 생각을 정리할 수 있도록 제가 돕는 데 도움이 되었습니다. 그래서, 교육실습에서 묘사적 글쓰기에 관한 수업을 할 때, 학생들에게 묘사적 글쓰기의 세 유형-사람, 장소와 이벤트, 그리고 사건에 대한-벤다이어그램을 그리도록 했어요. 이 차트는 특히 학생들이 이 세 유형의 묘사적 글쓰기 주제가 겹칠 수도 있음을, 그리고 그럴 경우, 사람과 장소나 사람과 사건을 합쳐서, 또는 세 가지 모두를 합쳐 묘사적으로 글을 쓸 수 있어야 한다는 것을 학생들이 이해하도록 해 주었습니다.

저는 이 아이디어를 읽기 수업에 적용하여, 학생들이 라벨(label)을 사용하여 칠판에 줄거리를 순서대로 정리하도록 했습니다. 소설의 주요 파트별로 라벨을 만들었고, 학생들을 모둠으로 나누어 각 부분에 대해 요약한 후 해당 라벨 아래에 요약본을 붙이도록 했습니다. 그런 다음, 각 모둠이 돌아가면서 칠판으로 가서 각 파트의 요약본을 읽었고, 이렇게 함으로써 전체 소설의 요약본을 읽을 수 있었습니다. - Emily, 싱가포르

오늘날 교실에서 교사가 갖추어야 할 전문지식의 또 다른 중요한 구성요소는 "테크놀로지 내용교수지식" 또는 TPCK(technological pedagogical content knowledge)(Mishra & Koehler 2006)으로 명명되었는데, 이는 교수활동에 테크놀로지를 활용하고 통합할 수 있는 능력을 말한다. Reinders(2009)에 의하면, 이 능력은 교사의 테크놀로지 전문성 수준에 따라 다음을 포함할 수 있다: "먼저 특정 테크놀로지를 활용할 수 있는 것; 두 번째는 특정 테크놀로지를 활용하여 교재와 활동을 *만들어 낼* 수 있는 것; 세 번째는 테크놀로지를 사용하여 *가르칠* 수 있는 것"(p. 231). 교수활동 시 테크놀로지의 활용은 최근 더 중요해지고 있는데, 이는 교사가 학생들의 테크놀로지 지식에 뒤처지지 않아야 하기 때문이다. 오늘날의 학습자들에게는 정보에 대한 접근성이

더 쉽고, 스스로의 학습을 관리하는 데 더 많은 도구가 활용가능하다. Reinders(2009)는 "오늘날 교사의 어려움은 학습자들이 테크놀로지를 활용하여 학습할 때 좀 더 자기주도적이며 독립적으로 학습해 나갈 수 있는 능력을 개발하도록 돕는 것"이라고 설명한다.

학습은 상황적 맥락에 영향을 받는다는 것을 이해하기

교육실습은 다양한 상황에서 행해진다. 예비교사들은, 어린 학습자 또는 성인을 대상으로 가르치거나, 공립 또는 사립학교에서, 동일한 언어 수준을 가진 학생들을 또는 혼합반에서, 일반영어를 가르치거나 또는 특수목적영어를 가르칠 기회를 가지게 될 것이다. 각 교수 상황은 교수와 학습에 지대한 영향을 줄 수 있는 서로 다른 규칙, 특징, 가치관, 기대, 역학 관계를 반영한다. 하나의 학습자 집단은 다른 집단과는 매우 다른 특징을 가진다. 이는 "상황학습"(situated learning)이라고 알려져 있다. 예비교사들은 특정 교수 환경에서 효과적인 것이 다른 교수 상황에서는 효과적이지 않거나, 또는 같은 방식으로 작동하지 않음을 알게 될 것이다.

따라서 교사학습은 학교 맥락에서 효과적으로 기능하기 위해 이해할 필요가 있는 "숨은 교육과정"(hidden curriculum)을 발견하는 것을 포함한다. 특정 교수 상황에서 효과적으로 가르치기 위해, 예비교사는 적절한 상황 지식을 습득할 필요가 있는데, 이러한 지식은, 예를 들어 호주의 교사가 중국에서 일할 때 또는 그 반대의 경우에 효과적인 교사가 되는 것을 배울 수 있도록 해주고, 싱가포르 교사가 일본에서 효과적인 EFL 교사가 되는 것을 배울 수 있도록 한다. 서로 다른 교수 상황은 서로 다른 학습의 가능성을 만들어 내는데, 이는 교사가 반드시 알고 있어야 하는 것이다. 다시 말해, 교사는 학교의 상황과 학교 문화, 학생들의 기대와 학습 스타일, 그리고 그들의 문화적, 언어적 배경을 이해하도록 노력해야 한다(3장 참조).

Senior(2006)는 교실 상호작용의 기준은 문화마다 서로 상이하고, 서구의 교육 배경을 가진 교사는 보통 교실에서 편안한 수업 분위기를 확립하고자 하는데, 이는 다른 문화적 배경을 가진 교사들에게는 전형적이지 않을 수도 있다고 설명한다. 서구권의 교사는 다양한 방식으로 편안한 수업 분위기를 만들고자 한다:

> (서구권의) 교사들은 수업에 들어서며 성인 학생들이 앉아서 교사를 맞이하도록 하고, 자신을 이름으로 부르도록 하며, 손을 들지 않고도 답을 말할 수 있도록 한다. 이들은 책상 끝에 걸터앉아, 가벼운 이야기를 건네며 출석을 부를 수도 있다. [이들은] 수업의 분위기를 띄우기 위해, 그리고 자신의 수업이 공식적인 학습 환경보다는 좀 더 편안한 분위기라는 개념을 강조하기 위해 자주 농담조로 이야기를 한다. (Senior, 2006, p. 82)

교사학습은 따라서 협력학교의 특정 가치관, 실행 규칙, 그리고 사회 참여 패턴을 이해하는 것을 포함한다. 교육실습에서 협력교사는 예비교사가 협력학교의 상황에 맞게 행동할 수 있도록 방향을 잡아 줄 매우 중요한 역할을 한다.

> 교육실습을 통해, 모든 ESL 수업은 그 수업만의 독특하고 서로 다른 정체성을 가지고 있다는 것을 깨닫게 되었습니다. 교사교육 수업에서 학습한 것들(예를 들어, 협동학습에 대해 배운 것들)이 제가 가르치는 곳-대부분의 학생들이 특정 종교적 배경을 가지고 있던 학교-에는 적용할 수 없다는 것을 깨닫게 되었어요. 모둠 활동은 할 수 없었고, 사실 학교는 제가 여학생과 남학생을 함께 짝 활동 또는 모둠 활동에 섞는 것을 허락하지 않았습니다. 이 부분이 제 교육실습

에서 정말 어려운 부분이었습니다. - Andrew, 캐나다

제가 교생실습을 위해 수업에 들어갔을 때, 마치 한국에 와 있는 것 같았어요. 20명 중 18명이 한국 학생이었고, 나머지 두 학생도 일본 출신이었거든요. 수업 첫 날, 교사 책상에 앉았던 적이 있는데, 학생들의 얼굴에서 깜짝 놀란 것을 볼 수 있었습니다. 학생들은 한국에서 교사가 책상에 걸터앉는 것을 본 적이 없었고, 이제 막 캐나다에 도착해서 캐나다 문화—교사가 책상에 앉아도 되는—에 익숙하지 않았거든요. 전 바로 책상에서 일어나 칠판 옆에 섰고, 이후에는 제가 문화적 내용에 대해서 알려주고자 하는 것이 아니라면 다시는 교사 책상에 앉지 않기로 기억해 두었습니다. - John, 캐나다

언어교사의 인지 능력 개발하기

교수활동의 중요한 부분 중 하나는 전문화된 사고(thinking) 기술이다. 교수활동은 매우 다양한 유형의 사고와 의사결정(decision-making)을 수반하고, 교사들은 교수활동 전, 교수활동 중, 그리고 교수활동 후에 복잡한 인지 과정을 거친다. 교사 사고의 중요한 한 부분은, 수업을 계획할 때 활용되는 과정이다. 이 과정은 교사의 "교수법적 추론"(pedagogical reasoning)이라고 불리는데, 이는 다음의 능력을 말한다.

- 수업 내용으로 잠재성이 있는지 분석하고(예, 실물교재(realia), 글, 광고, 시, 사진 등), 이를 교수 자료로 활용할 방법 찾기
- 선택한 내용을 바탕으로 개발할 수 있는 특정 언어 목표 정하기(예, 말하기, 어휘, 독해, 쓰기 등의 영역에서)
- 발생할 수 있는 문제 및 이를 해결할 방법 예측하기

- 시간, 순서, 그리고 활동 제시 방법 결정하기 (Shulman(1987)에서 가져옴)

    Shulman(1987)은 이 능력을, 교사가 교수활동의 주제를, 교수법적으로 강력하며 학생들의 수준과 능력에 적합한 형태로 바꾸는 그런 변형의 과정으로 설명한다. 경험이 많은 교사는, 수업을 계획하거나 수업을 적절히 개작하기로 할 때, 그리고 수업에서 활용할 교재와 내용을 위해 인터넷이나 다른 자원을 찾을 때 언제나 이런 능력을 활용한다. 이는 교수활동의 가장 기본적인 측면 중 하나인데, 다시 말해, 경험을 통해 습득되며, 가르칠 내용을 이해하고, 학습자들이 배워야 할 것과 이를 어떻게 학습하도록 도울 수 있을지를 아는 것을 말한다.

    교사는 또한 다른 인지 능력을 활용하는데, 예를 들어 자신의 교수활동을 모니터하고, 수업에 대해 즉석에서 결정을 내릴 때—이때 수업이 얼마나 목표를 잘 달성하고 효과적이었는지, 그리고 수업계획서, 수업 활동, 시간 및 다른 요소들을 조정하는 것이 필요한지 평가한 후—역시 이러한 인지 능력을 사용한다.

> 때때로 교사는 수업 중반 즈음에, 하고자 계획했던 것을 하지 않기도 하는데, 이는 교사가 학생들의 흥미와 관심의 측면에서 뭔가 역동적인 것이 수업 중 일어나고 있다고 판단할 때이다. 한 교사는 이러한 경험에 대해, "학생들이 실제 경험하고 있는 것에 대해, 불현듯 통찰력을 가지게 된 경우"라고 설명하기도 했다. 이러한 순간이 생기면, 교사는 이 기회가 놓치기에는 너무 소중하다는 것을 알기에, 보통 수업의 방향에 대해 임시적 주도권을 내려놓고 학생들을 따를 준비가 되어 있다. (Senior, 2006, pp. 155-156)

교육실습은 따라서 예비교사가 자신의 교수법적 추론 능력을 발전시키고, 실제 가르치는 동안 자신의 교수활동을 성찰하고 변경할 수 있는 능력을 개발하는 중요한 과정이다. 아래 예비교사가 설명한 것처럼 말이다.

> 교육실습 기간 동안 수업을 가르치기 시작했을 때, 협력교사는 제가 연습할 수 있도록 수업계획서를 짜보도록 하셨습니다. 협력교사가 미리 볼 수 있도록 수업의 목표를 기술해야 했어요. 이후 협력교사는 수업에서 일어날 수 있는 문제나 이슈를 예측해 보라고 하셨습니다. 수업에 대해 제가 걱정하고 있는 것을 얘기하면, 그녀는 제 스스로 문제를 해결해 보라고 하셨어요. 이 과정은, 제가 수업이 어떻게 진행될지 그리고 수업을 마치고 어떤 목표를 달성할 수 있을지를 좀 더 확실하게 보도록 해서 매우 유용했습니다. 이러한 과정을 마치고 나서, 때로 협력교사는 만약 제가 그 수업을 가르치지 않았더라면, 그녀가 어떻게 그 수업을 가르칠지 자신의 수업계획서를 보여주셨습니다. 이 모든 과정은 사실 꽤 힘들었는데, 이는 제가 가르칠 내용뿐만 아니라, 어떻게 가르칠지 그리고 수업의 효과를 어떻게 평가할지도 미리 계획해야 한다는 걸 깨달았기 때문이에요. 협력교사가 어떻게 이 모든 것을 머릿속으로 다 하는지 궁금해요. 전 제 계획을 노트에 써서 수업 중 제 옆에 두는 것을 선호하거든요. 하지만, 협력교사가 조언한 것처럼, 수업을 진행하면서 조정하는 것을 두려워하지는 않습니다. ─ Gloria, 캐나다

학습자 중심 교수활동 개발하기

어떤 면에서 교수활동은 교사 수행(performance)의 한 유형이라고 간주될 수도 있지만, 교수활동의 목표는 당연히 학습을 촉진하는 것이다. 초보교사들은 보통 초기에는 학습자들에게 미치는 자신의 교수활동 영향력보다는 교사로서

자신의 수행에 대해 더 관심이 있다. 하지만 경험이 쌓이면서, 교사는 교수활동을 교사 수행의 측면보다 학습자 참여의 관점에서 생각하게 된다. 학습자 중심 교수활동은 다음과 같은 것들에 반영되어 있다: 학습자가 수업에 참여하는 정도, 수업 중 학습자 참여와 상호작용의 양, 학습자 관점에서 내용을 제시하고 학습자의 필요를 다루는 능력, 학습자 피드백에 따라 교사가 수업을 얼마나 잘 변경할 수 있느냐와 교사가 어떻게 학습자의 어려움에 대응하는가(9장 참조).

수업에 대한 이러한 서로 다른 관점은 아래 제시한 두 예비교사가 "여러분의 관점에서 효과적인 언어수업은 어떻게 구성되어 있나요?"라는 질문에 어떻게 대응하는지에 잘 나타나 있다.

> 제게는 제가 세운 수업 목표를 성취하고 계획한 활동을 빼지 않고 하는 것이 중요합니다. 수업의 다양한 단계-예를 들어 제시 단계, 연습 단계, 자유로운 표현 단계-를 모두 해내는 데 성공했다고 느끼는 것이 필요해요. - 교사 A

> 제게 제일 중요한 것은 학생들이 즐거워하는 것과 유용한 연습을 하는 것입니다. 그리고 제 수업이 학생들의 수준에 맞는 것도 중요합니다. 너무 쉽거나 너무 어렵지 않아서 수업에 온 것이 정말 유익했다고 학생들이 느낄 수 있었으면 좋겠습니다. - 교사 B

처음 수업을 가르칠 때는 교사로서 자신의 수행에 몰두하게 되고, 자신의 자신감 또는 역량과 능력이 있음을 보여주고자 하며, 목표, 순서 및 계획을 반영하는 수업을 만들고자 노력하는 것이 당연하다. 이때는 새로운 것들을 시도하고 시행착오를 겪는 시기이고, 예비교사의 역할과 정체성이 개발되고, 많은 새로운 어려움을 극복해야만 하는 시기이다. 1년 차 교사들에 관한 연구를 살펴보면, 교사 수행이 주요 관심사인 생존과 숙달의 단계에서, 교사가 학생들의 학습과 이에 대한 자신의 교수활동 영향력에 좀 더 관심을 가지는 후기 단계로 전환하는 것을 볼 수 있다. 교육실습의 어려움은 이러한 전환이 일어나도록 만들어야 하고, 예비교사의 초기 교수 경험이, 고착된 교수 스타일—예비교사에게 편안함을 주지만, 사실 학습자에게 자신의 잠재력을 성취할 기회를 제공하는 데 실패한 그런 교수 스타일—을 낳지 않도록 하는 것에 있다. 이에 대한 전략은 9장에서 다룰 것이다.

> 교육실습을 시작했을 때, 제 수업의 모든 부분을 계획해서 수업의 어떤 부분도 운에 맡기지 않도록 다짐했습니다. 저에게 수업계획서는 모든 사소한 디테일까지 쓰여 있는 연극 대본과 같았고, 교사는 "대본"에 따라 "연극을 할" "연기자" 여서, "대본"을 매우 중요하게 생각했습니다. 그리고 저는 좋은 수업이란, 적절한 계획을 바탕으로 숙고하여 만든 수업이라고 생각해요. 그래서 수업 계획은 실습 경험이 거의 없는, 특히 저와 같은 초보교사에게는, 좋은 수업을 만들어 내는 데 너무나 중요하다고 생각합니다. 그래서 혼자서 가르치기 시작했을 때, 수업계획서에 너무나 집중하고 이를 따르는 데 몰두한 나머지, 학생들이 학습을 하고 있는지 모니터하는 것을 잊어버렸습니다. 어느 날 문법 활동을 계획했는데, 이 활동은 수업의 몇몇 학생들을 5분가량 전체 학급 앞에서 미리 준비시켜야 했습니다. 그러느라 저는 다른 학생들을 완전히 잊어버렸죠. 마침내 '준비된' 몇몇 학생들이 제가 준비시킨 것을 했을 때(사실 제가 계획한 5분보다 더 많은 15분이 걸렸어요), 다른 학생들은 수업에 관심이 전혀 없어 보였습니다. 하지만 저는 학생들이 참여하도록 밀어 붙였죠. 다행히도 협력교사가 저를 관찰하고 있었고, 그녀가 이 모든 것을 지적하며, 수업계획서를 따르는 것보다 학생들이 수업 시간에 어떻게 반응하는지를 더 생각해 보라고 조언해 주셨습니다. 이때부터 저는 수업을 하는 동안 학생들이 진짜 배우는 것이 무엇인지 제 자신에게 질문하기 시작했습니다. 제 협력교사가 저를 일깨워주신 것처럼, 이것이 우리가 가르치는 이유거든요. – Carrie, 미국

Senior(2006)는 학습자 중심 교수의 핵심은 학습자 공동체처럼 기능하는 교실을 만드는 것에 있다고 제안한다.

우리는 언어수업이 하나의 공동체처럼 작동한다는 것을, 즉 각각의 수업이 시간이 지나면서 구축해 온 일련의 공유된 이해를 바탕으로 작동한다는 것을 때때로 잊게 되는 것 같다. 각 언어수업의 전반적 특징은 그 교실의 모두에 의해서 만들어지고 발전되고 유지된다. (Senior, 2006, p. 200)

효과적인 교사는 학습자들 사이에 공동체 의식을 만들기 위해 다양한 전략을 활용하는데, 여기에는 모둠 기반의 활동하기, 학생들의 공통된 흥미나 관심사 다루기, 좌석 배치를 규칙적으로 변경해서 학생들이 다양한 급우들과 일할 수 있도록 하기, 따뜻하고 친근한 수업 분위기를 만들기 위해 유머나 다른 방법 활용하기, 그리고 학생들은 교실에서 학습 요구뿐만 아니라 사회적 요구도 가지고 있음을 인지하기가 포함된다.

실제로부터 이론화하는 법 배우기

유능한 교사가 활용하는 교수 기술과 전문화된 사고 능력은 교사 발전의 필수적 부분이다(Borg, 2006). 하지만, 교사학습은 교수활동이 무엇인지에 대해 좀 더 깊이 있는 이해를, 즉 자신의 교수 경험을 통해 아이디어, 개념, 이론, 그리고 원칙을 발전시키는 것도 포함한다. 실제 교수 경험으로부터 지식, 신념, 이해의 개인적 체계를 개발하는 것은 *실제의 이론화(theorizing of practice)*로 알려져 있다. 이는 교수활동에 대한 개인의 실제적 경험에 기반한 이해와 언어교수 분야에서 개발된 교수활동에 대한 이론적 이해를 연결 짓는 것을 의미한다. 이러한 방식으로 교사가 만든 신념 체계는, 자신의 교수 경험을 이해하도록 돕고, 교실에서 취하는 실제 교수활동의 원천이되기도 한다. 실제의 이론화라는 개념을 더 잘 이해하기 위해, 이론과 실제의 관계를 생각하는 두 가지 방식을 대조하는 것이 유용할 것이다. 첫 번째는 *이론의 적용*이다. 이는 교사교육 수업에서 학습한 개념, 정보 및 이론과 실제 수업에서의 교수활동을 연결짓는 것, 즉 이론을 실제에 적용하는 것을 의미한다. 따라서, 예를 들어 과업기반 교수나 협력학습의 원리를 학습한 후, 예비교사는 이러한 원리를 자신의 교수활동에 적용할 방법을 찾고자 할 수 있다.

반면, *실제의 이론화*는 언어교수와 학습의 본질을 더 잘 이해하고자, 자신의 교수활동을 돌아보고 그 기저의 의미를 파악하고자 하는 것을 수반한다. 예비교사가 활용하는 정보는 교수 경험, 학습자들이 어떻게 학습을 하는지 또는 그렇지 않은지에 대한 관찰, 그리고 수업 중 일어난 일에 대한 예비교사의 성찰이다. 이러한 성찰을 통한 이론화는 다양한 형식을 취할 수 있다. 예를 들어, 왜 수업에서 특정 방식으로 일들이 일어났는지에 대한 설명(explanations), 또는 이러한 일들에 대한 일반화(generalizations), 이후 취할 후속 조치에 기반이 될 원칙(principles), 그리고 교사의 개인적 교수철학(personal teaching philosophy) 등이 있다.

다음에 제시하는 예비교사들의 내러티브와 일지에서 가져온 예들은, 이들이 실제로부터 이론화하기를 시작하고 있음을 보여준다.

설명과 일반화하기

아이들은 실수하는 것을 걱정하지 않고 위험을 감수하는 데 훨씬 더 잘 준비되었기에 성인보다 훨씬 더 나은 언어학습자이다.

언어를 배우기 시작할 때, 모방을 하며 자연스러운 방식을 따르는 것이 좋다. 하지만 학습자의 수준이 높다면, 문법에 대해서 더 잘 알 필요가 있다.

언어학습의 기본은, 자신이 말하고 싶은 것을 어떻게 말할지를 아는 것이지, 왜 특정한 방식으로 그것을 말해야 하는지를 아는 것은 아니다.

학습자들은 모둠으로 일할 때 더 잘 학습하는데, 이는 그들이 서로에게 배울 수 있고 교사가 수업을 진행할 때보다 더 많이 이야기할 수 있는 기회를 가지기 때문이다.

오류 수정은 학생들이 항상 교사에게 의존하도록 하는 것보다, 자신의 언어를 모니터하도록 할 때 가장 효율적이다.

원칙과 교수철학 개발하기

실제로부터 이론화하는 데 있어 또 다른 단계는, 교사가 수업을 계획하거나 자신의 교수활동을 평가할 때 사용하는 원칙, 그리고 자신의 결정을 안내할 개인적 철학을 체계적으로 만들어 낼 때이다. 아래에 한 교사가 자신의 교수활동에서 활용하는 몇 가지 신념과 원칙을 설명하는 예시가 제시되어 있다.

성격이 긍정적인 것은 중요하다고 생각해요. 전 교사는 긍정적인 사람이어야 한다고 생각합니다. 그리고 엄청난 안내를 보여주어야 합니다. 교사가 좋은 태도를 가지고 있다면 이를 학생들에게 보여줄 수 있고, 수업에서 편안한 분위기를 만들 수 있다고 생각합니다. 그러면 학생들은 수업에 오는 것을 싫어하지 않고 즐거운 수업을 하게 될 거예요. 어떤 형태든 수업계획서를 준비하는 것은 중요하다고 생각하는데, 이는 교사가 처음부터 끝까지 무엇을, 어떻게 가르칠지를 알아야 하기 때문이죠. 그리고 학생들도 고려해야 합니다. 학생들의 현재 수준이나 배경 등을요. 학생들이 이전에 무엇을 배웠는지에 대해 제가 알지 못했던 상황이 있었는데, 정말 힘들었습니다. 그래서 수업을 가르칠 때, 저는 다음과 같은 질문을 합니다. *어떻게 학생들이 배워야 할 것을 가장 쉽게 이해할 수 있도록 가르칠 수 있을까?* — Pauline, 홍콩이 교사의 철학은 교사의 태도, 그리고 교실에서 학습이 일어날 수 있도록 격려하는 환경을 만들 필요를 강조한다. 이 교사는 수업 계획의 필요성을 강조하는데, 이때 수업 계획의 정당성은 교사를 돕는 것이 아니라 학생들을 돕는 데에 기반한다.

실제로부터의 이론화에 대한 다른 예로는, 교사가 자신의 교수활동과 의사결정을 안내하는 가정이나 신념에 대해 성찰할 때 자주 언급하는 원칙이 있다. 예를 들어:

- 학생들이 계속해서 수업에 몰두할 수 있도록, 그들이 관심 있어 하는 것을 따르라.
- 언제나 전체 학급을 대상으로 가르쳐라 - 최상위 학생들만이 아니라.
- 독립적 학습을 독려할 수 있는 방법을 찾으라.
- 학습이 재미있도록 하라.
- 모든 수업에서 오래 기억할 만한 가치가 있는 내용을 구성하라.
- 학습자의 인지적 처리 역량을 다루라.
- 학습자 책임이나 자율성을 촉진하라.

교육실습은 예비교사의 이론, 신념 및 원칙을 구체화하고 시험해 볼 수 있는 기반을 제공하고, 이러한 과정을 통해 얻은 이론화는 타 교사뿐만 아니라 스스로의 교수활동을 해석하고 평가하는 근간을 제공한다. <표 2.1>은 교육실습에서 교사학습의 여덟 가지 측면을 요약한 것이다.

1. 언어교사의 담화 능력 개발하기	• 영어실력 및 교실에서의 영어사용 능력 개발하기
2. 언어교사의 정체성 개발하기	• 학습자와 협력교사와의 상호작용을 통해 사회문화적 역할 협의하기

3. 교수 기술 목록 개발하기	• 언어수업을 운영하는 데 필요한 기본적 수업 기술에 대한 자신감과 능숙도 발전시키기
4. 전문지식을 적용하는 방법 배우기	• 교사양성 과정 및 대학 수업에서 얻은 지식 적용하기
5. 학습은 상황적 맥락에 영향받는 것을 이해하기	• 교수와 학습에 영향을 주는 다양한 규칙, 특징, 가치관, 기대, 역학 관계 성찰하기
6. 언어교사의 인지 능력 개발하기	• 교사들이 수업 전, 수업 중, 수업 후에 활용할 수 있는 다양한 사고 및 의사결정 능력 발달시키기
7. 학습자 중심 교수활동 개발하기	• 학습자 참여를 독려하는 관점에서 교수활동에 대해 생각해 보기
8. 실제로부터 이론화하는 법 배우기	• 교수 경험을 기반으로 아이디어, 개념, 이론 및 원칙 개발하기

〈표 2.1〉 교육실습에서 교사학습의 여덟 가지 측면

요약과 결론

효과적인 교수활동에는 다양한 측면이 있다. 이 장에서는 이 중 여덟 가지가 논의의 대상이었다. 언어교수 분야에서 교사의 언어사용은 교사 전문 능력의 핵심이고, 이는 효과적인 교실 언어를 사용하는 능력뿐만 아니라, TESOL 담화를 습득하는 것을 포함한다. 이는 또한 언어교사의 정체성을 구축하는 과정의 일부이기도 하다. 어떻게 가르칠지를 안다는 것은, 일련의 다양한 교수기술에 익숙해지는 것뿐만 아니라, 이러한 기술들을 유연하게 사용하는 법을 안다는 것이다. 훌륭한 교사는 또한 이론적 학습을 통해 견고한 지식 기반을 갖추고 있으며 이를 실제 교수활동에 적용하는 능력도 갖추고 있다. 이러한 지식을 활용할 때, 이들은 교수법적 추론 능력이라고 알려진 고도의 분석과 사고의 과정을 거친다. 훌륭한 교사는 또한 그들이 일하고 있는 상황적 맥락에서 작동하는 기준에 민감해야 한다. 효과적인 수업은 학습자 중심 교실 환경을 만들어 낼 수 있는 교사의 능력을 반영한다. 자신의 교수활동을 성찰하는 것은, 교사로 하여금 스스로의 발전을 지속할 수 있는 이론과 개념을 개발할 수 있도록 한다.

교육실습은 교사 지식, 기술 및 인식의 다양한 측면들을 개발하고자 한다. 교육실습을 통해 제공된 활동-수업 계획하기, 출판된 교재 개작하기, 수업의 다양한 부분 가르치기, 협력교사 참관하기, 협력교사와 함께 자신의 수업 검토하기, 그리고 수업 보고서, 내러티브, 또는 일지 쓰기를 통해 자신의 교수활동 돌아보기와 같은 활동-은 예비교사의 능력, 자신감, 그리고 교수활동 및 교사로서 자신에 대한 이해를 개발할 기회를 제공할 것이다.

추천 참고 도서

Borg, S. (2006). *Teacher cognition and language education: Research and practice.* London: Continuum.

Freeman, D., & Richards, J. C. (Eds.). (1996). *Teacher learning in language teaching.* Cambridge: Cambridge University Press.

Richards, J. C., & Schmidt, R. (2010). *Longman dictionary of applied linguistics and language teaching* (4th ed.). Harlow: Pearson.

Thornbury, S. (2006). *An A-Z of ELT.* Oxford: Macmillan.

토론 질문

1. 교사가 언어를 사용하는 방식-예를 들어 교사의 "담화 능력"-이 어떻게 교실에서의 언어학습을 지원한다고 생각하는가? 자신의 경험을 바탕으로 예를 제시할 수 있는가?
2. 예비교사들은 자신이 교육받은 방식대로 가르치며, 새로운 교수법을 받아들이기 어려워한다는 이야기가 있다. 여러분은 자신이 언어를 배운 방식이 여러분의 교수법 및 교수활동에 영향을 주었다고 생각하는가?
3. 교사교육 수업이 여러분의 언어교사로서의 정체성에 영향을 주었다고 느끼는 점에는 어떤 것들이 있는가? 이외에 교사로서의 정체성에 영향을 준 것에는 무엇이 있는가?
4. CELTA 프로그램에서 가져온 부록 A의 목록을 검토하라. 현재 여러분의 교육실습 상황에서 그리고 교사개발의 현시점에서, 여러분에게 가장 중요한 것은 무엇인가?
5. 지금까지 여러분이 습득한 내용교수지식이 어떻게 여러분의 교수활동에 도움이 되었는지를 보여주는 특정 예시 두, 세 가지를 제공하시오.
6. 학습자 중심 교수방식이, 여러분 수업의 특징이 될 수 있는 방법을 논의하시오.
7. 부록 A의 비네트를 읽고 다음 질문에 답하시오. 왜 저자는 교실 수업 경험을 통해서 배우는 것이, 대학 강의를 통해 배우는 것보다 더 강력하고 효과적이라 느낀다고 생각하는가? 왜 저자는 "구조화하기"가 예비교사가 숙달할 중요한 기술이라고 생각하는가?

후속 활동

1. 자신이 최근 가르쳤거나, 또는 참관한 두 수업을 떠올려 보라. 이 수업들

에 명백하게 나타난 하나의 원칙을 찾은 후, 이 원칙을 교실에서 일어난 일과—특히, 어떻게 이 원칙이 수업 내용 및 교수방식을 명확하게 하는지의 측면에서—연결지어 보라.
2. 자신의 개인적 원칙 중 하나와, 어떻게 이 원칙이 자신의 교수 접근법에 영향을 주는지에 대해 짧은 글을 작성하라. 이를 타 예비교사와 공유하고 비교하라.
3. 두 개의 서로 다른 ESL 프로그램의 상황적 맥락을 비교하고, 어떻게 상황적 요소들이 각 프로그램의 독특성에 기여하는지 논의하라.

부록 A: CELTA(Certificate in English Language Teaching to Adults)에서 요구되는 지식과 능력

(https://www.teachers.cambridgeesol.org/ts/digitalAssets/104480_celta8_251103.pdf에서 가져온 시험의 요약)

학습자와 교사, 그리고 교수와 학습의 상황적 맥락

- 문화적, 언어적, 교육적 배경
- 성인학습자로서 영어를 학습하는 동기
- 학습 및 교수 스타일
- 영어 학습 및 교수 맥락
- 영어변이형
- 다언어주의와 모국어 역할

언어 분석과 인식

- 언어와 언어사용에 있어 형식과 의미를 설명하기 위해 ELT에서 사용되는 기본적 개념과 용어
- 문법-문법적 틀: 어휘, 문장, 문단, 그리고 텍스트와 관련된 규칙과 규범
- 어휘: 단어를 "안다"는 것의 의미; 단어 간의 의미론적 관계
- 음운론: 영어 음소의 형성과 묘사; 이음말(connected speech)의 특징
- 언어들 간의 비슷한 점과 다른 점의 실용적 중요성
- 언어 인식(language awareness)을 위한 참고 교재
- 학습자의 언어 지식을 개발하기 위한 주요 전략과 접근법

언어능력: 읽기, 듣기, 말하기, 그리고 쓰기

- 읽기
  - 읽기 능력을 묘사할 때 사용되는 기본 개념과 용어
  - 읽기의 목적
  - 의미 이해하기
  - 읽기에 잠재적 장애물
- 듣기
  - 듣기 능력을 묘사할 때 사용되는 기본 개념과 용어
  - 듣기의 목적
  - 듣기 텍스트의 특징
  - 듣기에 잠재적 장애물
- 말하기
  - 말하기 능력을 묘사할 때 사용되는 기본 개념과 용어
  - 구어 영어의 특징

- ○ 언어 기능
- ○ 준언어적(paralinguistic) 특징
- ○ 음소적 체계
- 쓰기
  - ○ 쓰기 능력을 묘사할 때 사용되는 기본 개념과 용어
  - ○ 문자텍스트의 구성요소와 특징
  - ○ 쓰기 교수의 단계
  - ○ 초보자 읽기와 쓰기
  - ○ 영어 철자법과 구두법
  - ○ 학습자의 읽기/듣기와 쓰기/말하기 능력을 발전시키기 위한 주요 전략과 접근법

다양한 교수 상황에 맞는 수업 계획과 자료

- 성인 영어학습자를 효과적으로 가르치기 위한 수업 계획하기의 원칙
- 성인 영어학습자를 효과적으로 가르치기 위한 수업 계획하기
- 수업 계획 평가
- 수업 계획 시 교재와 자원(컴퓨터 및 여타 테크놀로지 기반 자원 포함)을 선택, 개작, 그리고 평가하기
- 성인 대상 영어교수를 위한 상업적 자원 및 출판되지 않은 교재에 대한 지식

부록 B: 교육실습으로부터 배우기

교육실습을 마쳤을 때, 12주간의 교육실습 기간 동안 너무나 많은 것을 배웠다는 것을 깨달았습니다. ESL 교수활동에 필요한 실용적 기술에 관해서라면, 아마 4년간 대학 수업에서 배운 것보다 지난 12주간 훨씬 더 많이 배웠을 거예요. 제가 배운 주요

기술 중 하나는 교실 루틴과 절차를 확립하는 것이었습니다. 교육실습에서 첫 수업을 했을 때, 당연히 "제대로 된" ESL 수업을 어떻게 구성하는지에 대해 잘 몰랐습니다. 하지만 이는 꽤 빨리 바뀌었습니다. 첫 수업을 경험하고 나서, 수업이 성공적이고 제대로 작동하기 위해서는, 순서가 정해진 루틴과 절차가 매우 필수적이라는 것을 알게 되었거든요. 언제나 인사, 그리고 "주말은 어떻게 보냈나요?" 또는 "이렇게 미친 듯한 캐나다 날씨 어때요?"와 같은 질문으로 수업을 시작하는 것을 배웠습니다. 이렇게 함으로써, 전체 학급을 쉽게 집중시킬 수 있었을 뿐만 아니라 재미있는 분위기도 만들 수 있었는데, 이는 학생들을 차분하게 하는 방법으로도 항상 효과적이었습니다.

학급 전체를 통제한 후 다음 단계는, 지난 수업의 내용을 검토하고 요약하는 것입니다. 이렇게 하는 것을 통해, 학생들이 "학습 모드"로 들어가고 진지해진다는 것을 알게 되었어요. 리뷰를 하고, 몇 가지 사전 활동을 하면 과업을 소개하고 설명합니다. ESL 교사는 새로운 과업에 대해 한번 이상 설명해야 한다는 것을 어렵게 배웠습니다. 많은 학생들이 처음 설명했을 때 항상 모든 것을 다 이해하지는 못하거든요. (만약 유인물을 만들지 않았다면) 칠판에 과업의 단계를 제시하면, 학생들이 무엇을 해야 할지에 대한 시각적 개요가 있기에 도움이 된다는 것도 알게 되었습니다.

다음 단계는 학생들을 모둠으로 나누는 겁니다. 짝끼리 하도록 구성하는 게 쉬운데, 학생들을 모둠으로 구성할 때 가장 좋은 방법은 3명으로 구성하는 것이라는 걸 시간이 지나며 알게 되었어요. 제 경험으로는 가장 의미 있는 토론과 학습의 기회가 3명으로 이루어진 모둠 활동에서 가능한 듯했습니다. 경험을 통해 제가 배운 것 중 또 다른 하나는, 특정 학생들이 언제나 같은 모둠에 있거나 하지 않도록 교사가 미리 모둠 형성에 대해 생각해 놓아야 한다는 것입니다. 이러한 것들은, 제 학부 수업에서 여러 차례 다뤄진 Vygotsky의 근접발달영역(zone of proximal development) 이론을 떠올리게 했죠. 학생들이 모둠이나 짝 과업을 마치면, 전체 활동으로 이 활동을 마무리하는 것이 유용하다는 것도 알게 되었어요. 전체 활동을 진행하는 방식은, 먼저 학생들에게 자원하여 답하도록 하고, 이후에 특정 학생들이 답하도록 했습니다. 과업을 마치고 나면, 수업을 끝내거나, 또는 다른 과업으로 전환할 시간이죠. – Ruben, 캐나다

3장
교수활동의 상황적 맥락 이해하기

서론

교생실습은 다양한 상황적 맥락에서 행해질 수 있다. 예를 들어, 예비교사는 캠퍼스 기반 ESL 프로그램, 지역 공립학교, 커뮤니티 칼리지 또는 사립어학원에서 가르칠 수 있다. 교수 상황에 따라, 예비교사가 가르치는 학습자는 어린이, 청소년, 성인일 수 있으며, 이들은 다양한 사회적, 경제적, 문화적, 교육적 배경을 대표할 것이다. 서로 다른 교수 맥락은 서로 다른 개념의 가르치기 배우기의 과정을 제시한다(Zeichner & Grant, 1981). 캠퍼스 기반 교수 경험(예, 언어 센터에서)은 캠퍼스 밖의 학교에서 일어나는 교수 경험과 상당히 다를 수 있다. 학생들은 이민자가 아닌 학부 유학생일 것이다. 프로그램은 잘 훈련된 직원과 우수한 지원 시스템을 갖추고 있을 텐데, 이는 캠퍼스 밖의 프로그램에서 항상 찾을 수 있는 조건은 아니다(Richards & Crookes,

1988). 어떤 상황에서 가르치게 되든, 예비교사는 교수 기술뿐만 아니라 협력 학교의 교실 안팎에서 교사에게 기대되는 실천 규범도 발전시켜야 한다. 여기에는 정해진 교육과정의 역할, 학교 문화, 교실의 루틴, 학교의 수업 계획 절차 등을 이해하는 것과 함께, 학생, 학교 관계자들 및 동료와 상호작용하는 법을 배우는 것도 포함된다.

성공적인 교육실습 경험을 준비하고자 한다면, 실습 시작 전 실습하게 될 학교나 기관에 대해서, 예를 들어 그곳에서 제공되는 언어 프로그램의 종류, 함께 일하게 될 교사와 학생의 유형, 그리고 어떤 시설과 학습 자원을 이용할 수 있을지에 대해 가능한 많은 것을 파악하도록 해야 한다. 이 장에서 우리는 예비교사가 교육실습을 진행하는 학교나 기관이 어떻게 그들의 교수 경험에 영향을 주는지 살펴볼 것이다.

교수활동의 상황적 요소

모든 교수 상황은 다르다. 따라서 가르치기 배우기는, 각 교수 상황의 특징이 무엇인지와 이러한 특징이 교수 및 학습의 성격에 어떠한 영향을 주는지 이해하는 것을 수반한다. 아래 제시된 예비교사들이 보여주는 것처럼 말이다.

> 제가 일하고 있는 학교를 사랑해요. 제가 만난 선생님들은 정말 친절하시고 많은 도움을 주십니다. 협력교사도 제가 수업에서 편안히 느낄 수 있도록 최선을 다해 주십니다. — Judy, 미국

> 제가 가르치는 학교의 선생님들은 서로 거의 접촉이 없는 것 같습니다. 수업만 하고 바로 가버리는 파트타임 선생님들이 많아요. 학교 선생님들 사이에 강한

동료애는 없다는 느낌을 받았습니다. - Robert, 한국

제가 함께 일하는 선생님은 모든 것에 매우 엄격하세요. 학교에는 교사들이 따라야 하는 절차가 많은 듯하고, 저는 선생님들이 하는 방식과 똑같이 일을 해야 합니다. - Andrew, 캐나다

처음 몇 주는 정말 순조로웠어요. 이후 다른 수업에서 가르쳐야 했는데, 학생들이 함께 일하기 너무 어렵다는 것을 알게 되었습니다. 학습에 관심이 없는 것 같았습니다. - Anna, 일본

교수활동은 교실 내의 역동성과 관계, 그리고 특정 상황에 맞는 규칙과 행동을 이해하는 것이 필요하다. 이러한 이유로 교수활동은 때로 "상황적"(situated) 활동으로 묘사된다. 학교는 일을 처리하는 자신들만의 방식이 있다. 어떤 학교에서는 교재가 교육과정의 핵심이고 교사는 미리 정해진 교육과정을 따른다. 다른 학교에서는, 교사가 교과목 안내서를 바탕으로 자신들이 적절하다고 생각하는 방식으로 이를 수업에서 구현한다. 어떤 교육기관은 직업적 사명감이 강하고, 교사는 서로 협력하도록 독려된다. 이는 학교가 기능하는 방식의 다양한 면에 반영된다.

여기서 "상황"이라는 개념은 매우 광범위한데, 이는 이 개념이 학교의 목표와 사명, 운영 방식과 "학교 문화", 학교의 물리적 자원들(교실 시설, 미디어, 다른 테크놀로지 자원 포함), 교육과정과 교과목, 교과서와 시험의 역할, 그리고 교사와 학생들의 특징과 같은 이슈들을 포함하기 때문이다. 이 중 일부는 "구조적 영향력"과 관계가 있고(즉, 일반적으로 교실과 학교 안의 삶과 관련된 것들), 다른 것들은 "개인적 영향력"의 영역에 속한다(예, 예비교사가 학교에서 상호작용하게 되는 사람들-예를 들어 가르치게 될 학생들, 협력교사와 학교의 다른 교사들, 그리고 때로 학생들의 학부모-로부터 오는 영향력). 특정한 교수 상황에서 가르치는 것을 배운다는 것은, 따라서 사회화

과정이라고 생각될 수 있다. Calderhead(1992)가 언급한 것처럼, 가르치기 배우기는 "특정 목표, 공유하는 가치관, 그리고 행동 규범을 가진 직업 문화에 사회화"(p. 6)되는 것을 의미한다. 이 과정에 예비교사가 준비할 수 있는 다양한 실용적 방법이 있다.

> 예전에 서로 다른 두 학교에서 일했는데, 이 두 곳의 업무 문화는 거의 완전히 정반대였어요. 두 학교 모두 학교장의 성격이 근무 환경을 형성하는 데 많은 영향을 미쳤습니다. 첫 학교에서는 캠퍼스 내에 규율이 거의 없었고, 대부분의 고참 교사들이 신임 교사들 위에 군림했습니다. 두 번째 학교는 엄격하지만, 매우 훌륭한 교사이신 교장선생님 지휘하에 있었습니다. 따라서 학교 전체 분위기는 학생중심적이었습니다. — Vidya, 캐나다

학교 예비 방문

예비교사가 일하게 될 학교나 교육기관에 예비 방문하는 것은 학교의 성격 및 학교 프로그램과 관행에 대해 배울 수 있는 귀중한 기회이다. 협력학교는 학교에 대한 유용한 정보를 제공하는 웹사이트를 가지고 있을 수도 있다. 학교 방문을 위해 알아두어야 하는 프로토콜이 있을 수도 있는데, 이는 누구에게 먼저 연락해야 하는지(예, 교장선생님 또는 행정직원), 어떻게 연락을 취해야 하는지(면대면으로 또는 편지로), 그리고 소개서가 필요한지 등을 다룬다. 보통 이런 유형의 방문은 반나절 정도가 충분하고, 다음을 포함한다:

- 교장선생님과의 짧은 미팅
- 협력교사와의 미팅(가능하다면 다른 교사들과도)

- 몇몇 수업 참관하기
- 학교 배치도와 자원에 익숙해지기
- 예비교사로서 만나게 될 학생들 몇 명과 대화해보기

다음의 예비교사들이 얘기하는 것처럼, 이러한 방문은 많은 정보를 제공할 것이다.

> 제가 학교에 들어갔을 때 가장 놀라웠던 것은, 모든 것이 매우 잘 정리되어 있다는 것이었어요. 복도 바로 옆에 학교 지도가 있었고, 따라서 제가 어디로 가는지 즉시 볼 수 있었습니다. 그리고 곧 있을 행사들에 대해 교사와 학생들을 위한 공지가 어디에나 있었는데, 학교 여기저기에 흩어져 있는 것이 아니라 모든 공지가 게시판에 게시되어 있었습니다. 교무실도 쉽게 찾을 수 있었어요. 교무실은 잘 정돈되어 있었고, 각 교사를 위한 작은 칸막이들이 있었습니다. 교생실습 기간 동안 저에게도 칸막이 하나가 배정되었는데 정말 좋았어요. — Zubeda, 터키

> 학생들은 여기저기 뒤섞여 있었는데, 계속해서 뭔가 문제가 있는 듯 보였습니다. 다음 수업에 가려고 그러는 것이 아니라, 학생들끼리 싸우는 듯 보였어요. 그래서 교생실습을 하기 전부터 최악의 상황이 일어날까 두려웠습니다. 심지어 교장선생님도 스트레스를 받으신 듯 보였어요. — Clarence, 싱가포르

예비 방문을 위해 주도면밀하게 준비하는 것은 중요한데, 이는 학교에 좋은 인상을 남기고 제한된 방문 시간을 가장 잘 활용하기 위해서다. 또한 협력학교, 교과목, 학생들, 그리고 교생실습 동안 맞닥뜨릴 중요한 이슈들에 대해 예비교사가 더 잘 배울 수 있도록, 미리 일련의 질문을 준비해가는 것도 좋다. 이러한 질문은 다음을 포함할 수 있다.

- 행정적 차원에서 학교는 어떻게 조직화되어 있는가?
- 학교의 각 부서는 주임교사가 있는가, 그리고 레벨 코디네이터와 스킬 코디네이터가 있는가?
- 레벨 코디네이터는 읽기 코디네이터, 쓰기 코디네이터처럼 각 기능(skills) 분야에 기반을 두는가, 아니면 1레벨 코디네이터, 2레벨 코디네이터처럼 수준(level)에 기반하는가?
- 코디네이터의 역할은 무엇인가?
- 예비교사는 교직원 회의에 참여하는가?
- 예비교사는 쉬는 시간 그리고/또는 점심시간 임무가 있는가?
- 학생들과 현장실습을 가야 하는가?
- 복사기나 컴퓨터 측면에서, 예비교사에게 어떤 자원이 이용가능한가? 컴퓨터를 사용할 수 있는 사무실이 따로 있는가? 예비교사가 사용할 수 있는 다른 자원들이 있는가?
- 교생실습 기간 동안 복사를 하기 위해 누구에게 가야 하는가?
- 예비교사는 교생실습 기간 동안 어디에 배정되는가? 교무실에 있게 되는가, 또는 예비교사를 위한 장소가 따로 있는가?
- 같은 학교에 얼마나 많은 예비교사들이 배치되었는가?
- 예비교사가 숙지해야 할 주요 학교 규칙은 무엇이며, 학생들과 상호작용할 때 주의해야 할 규칙은 무엇인가?
- 수업 시간에 영어를 사용하는 것과 관련하여, 예비교사가 알고 있어야 하는 규칙이 있는가?

교장선생님과 교사들은 매우 바쁜 사람들이고, 따라서 예비교사의 질문에 할애할 시간이 아주 조금밖에 없다는 것을 기억하는 것은 중요하다. 예비 방문이 심문과 같은 시간이 되지 않도록 유의하라!

학교 또는 교육기관

학교의 물리적 배치, 자원 및 자원 센터 그리고 이들을 사용할 때의 규칙을 숙지하는 것은 교생실습을 준비하는 중요한 첫 단계이다. 이와 함께, 학교의 인적 자원, 즉 행정직원, 교사 및 학생들에 대해서도 가능한 많이 알아보는 것이 필요하다. Williams 외(2001)는 학교의 문화를, 매우 개인주의적 학교 문화-교사는 스스로를 각자의 목표를 성취하기 위해 개별적으로 일한다고 여기는 문화-에서, 협력적 문화-교사들은 팀으로 일하고 서로 기꺼이 돕고자 하는 문화-의 연속선상에 존재한다고 설명한다. Morris도 비슷하게 설명한다:

> 학교는 조직이며, 따라서 학교는 문화, 기풍 또는 환경을 구축하는데, 이는 변화 및 혁신의 도입을 권장하는 데 호의적이거나 또는 그렇지 않을 수 있다. 비교적 열린 분위기를 가진-즉 교사들은 서로 협력하고, 교장과 시니어 교사들은 교사들에 대해 지원하는 분위기의-학교는 변화를 도입하고자 할 것이다. 반대로 교장은 행정적 업무에 초점을 두고, 교사들은 각자 또는 교과에 기반을 둔 모둠으로만 일하며, 문제를 논의하거나 해결하고자 하는 장치가 없는 그런 학교는 변화할 가능성이 적다. (Morris, 1994, p. 109)

이는 당연히 민감한 문제이며, 첫 방문을 통해 쉽게 파악할 수 있는 것은 아니다. 하지만, 수업 안팎에서 교사와 학생들을 관찰하고 대화해 보면서, 협력학교 교사들의 전문성과 개인적 특성에 대한 감을 잡을 수도 있다. 교사와 교장은 예비교사가 학교의 규칙, 절차와 루틴을 이해하도록 도움을 줄 것이다. 이들 중 몇 가지는 학교 홈페이지에, 또는 학교에 대한 정보를 담은 유인물에 명시되어 있을 수도 있다. 다른 정보들은 처음에는 얻기 어려울 수도 있는데, 이는 학교의 "숨은 교육과정"-즉 명시되지는 않았지만, 학교에서 작동되는 가치관, 규칙, 기대, 그리고 행동 기준-의 일부이기 때문이다(부록 참조).

예비교사의 교육실습 경험의 성격과 기간에 따라, 예비교사는 학교의 관행 및 학교 문화의 다른 측면들을 이해하기 위해, 다음의 이슈들에 대한 정보를 알아보아야 한다.

- 예비교사에 대한 학교의 기대는 어떠한가?
- 교사에 대한 복장 규정이 있는가?
- 학생에 대한 복장 규정이 있는가?
- 해당 학교의 학생들은 이전에 예비교사로부터 수업을 받는 것에 대해 어떤 반응을 보였나?
- 교육실습은 언제, 그리고 얼마나 자주 하게 될 것인가?
- 협력교사 외에 다른 사람들도 상대하게 되는가?
- 교생실습 기간 동안 어떤 유형의 문제와 맞닥뜨리게 될 것인가?
- 문제가 생겼을 때, 조언을 얻기 위해 누구를 찾아가야 하는가?
- 아플 경우, 내가 따라야 하는 학교의 절차는 무엇인가?
- 학생들을 다룰 때, 어떤 훈육 절차를 따라야 하는가?
- 스포츠나 현장학습과 같은 비교과 활동을 해야 하는가?
- 학부모와도 상호작용하는가?
- 교생실습 수행에 대해 누가 전반적인 피드백을 주는가?

아래에 예비교사의 걱정거리 중 하나가 제시되어 있다.

규칙이 얼마나 엄격한지(규칙이 있다고 가정할 때) 알고 싶습니다. 제가 참관한 한 교사는, 학생들에게 "수업 시간에는 영어만 사용하세요!"라고 상기시키곤 했었는데, 실제로는 이에 대해 지나치게 고압적이지는 않으셨거든요. – Mona, 캐나다

예비교사가 가르치거나 돕게 될 영어수업

예비교사가 가르칠 환경은 서로 매우 다를 수 있다. 어떤 곳에서는 학교 정책이 정해진 교육과정과 연결된 교과서를 따라야 하는 것일 수도 있지만, 다른 학교에서는 교사가 자신만의 교육과정을 구성하고 교수 자료를 만들 자유를 가지고 있을 수도 있다. 영어수업은 교과의 목표와 내용, 교사의 교수 스타일과 접근법, 학습자, 그리고 자원에 따라 다양한 형태를 취한다. 따라서, 대학 글쓰기 프로그램에서 교육실습을 진행하는 두 예비교사는 서로 매우 다른 경험을 할 수도 있다. 또한 예비교사는 교사가 디자인한 과목 또는 과목의 일부를 가르치게 되기 때문에, 교과 개요나 교수요목, 교재나 교과서를 미리 학습하고, 교사의 접근법을 이해하는 것이 중요하다. 초기의 학교 방문에서 중점을 두어야 할 이슈는 다음을 포함한다:

- 어떤 수업을 가르치게 될 것인가?
- 교과 개요나 교수요목이 있는가?
- 어떤 교재와 자원을 사용하게 될 것인가?
- 수업은 어디서 하는가(예, 교실, 미디어랩, 세미나실)?
- 수업은 테크놀로지를 사용하는가(예, 컴퓨터, 비디오, 미디어랩)?
- 수업 첫날부터 수업 전체를 가르치게 되는가, 또는 수업의 일부를 가르칠 것인가?

- 수업에서 시험과 평가의 역할은 무엇인가?
- 과제와 숙제의 역할은 무엇인가?
- 학교 교재를 사용할 것인가 또는 자신만의 교재를 준비하도록 기대되는가?

아래에, 예비교사들이 자신이 담당하게 될 과목에 관해 이야기한 내용이 제시되어 있다:

> 공학도를 위한 입문 과목을 가르쳐야 했습니다. 이전에 ESP 과목을 가르친 적이 없었고, 교재는 매우 생경했습니다. 협력교사가 교재를 제공해 주셨는데 매우 자세했고, 수업계획서, 과제, 그리고 중간, 기말시험을 포함한 교재였어요. 대부분의 학생들이 중동 출신이었고, 제가 한 번도 중동에 가본 적도 없고, 중동 출신의 사람들과 상호작용한 경험이 없기에 그 문화권에 대해 익숙지 않다는 점도 고려해야 했습니다. 그래서 두 가지를 신속히 학습해야 했어요: 즉, 교재 그리고 학생들의 문화적 배경에 익숙해지기. 전 대부분의 시간 동안 너무나 압도되고 위축되었는데, 너무나 좋은 협력교사와 함께여서 행운이었다고 생각해요.
> – Oliver, 영국

> 교생실습에서 장르-기반 접근법을 따르는 쓰기 과목이 주어졌습니다. 협력학교 전체가 이러한 쓰기 교수법을 받아들이기로 했거든요. 다행히도 교사교육 수업에서 이에 대해 학습했기에, 수업을 가르칠 때 저자의 어휘 선택 – 예를 들어 "행동"이나 "감정을 나타내는" 어휘에 – 에 집중하도록 했습니다. 기술적 용어를 사용하지 않으려고 최선을 다했지만, 협력교사는 제가 자주 그런 용어를 사용한다는 것을 관찰했고, 이에 대해 바로 알게 되었습니다. 협력교사의 충고를 따랐고, 학생들의 이해를 돕기 위해 발단, 전개, 결말과 같은 글의 구조만을 강조했습니다. – Mark, 싱가포르

교생실습 기간 동안 제 협력교사의 읽기 수업을 인계받아 가르쳐야 했는데, 제

가 독해 수업을 하는 한, 제가 원하는 방식대로 가르칠 수 있는 완전한 자유가 주어졌습니다. 그래서 지문의 이해에 초점을 둔 수업이었다 하더라도, 자유가 주어졌기에 학생들이 집중할 수 있도록 읽기 활동(스키밍5)과 스캐닝6))을 넣기로 했습니다. 협력교사가 주로 하는 방식처럼 학생들이 텍스트의 문단을 바로 읽도록 하는 대신, 텍스트를 다섯 부분으로 나누었습니다. 학생들을 다섯 개의 모둠으로 지정하고, 각 모둠은 하나의 문단을 읽도록 했는데, 이때 읽고 있는 문단에 대해 2개의 질문에 답하도록 했습니다. 첫 번째 질문은 학생들이 문단을 읽고 특정 디테일을 찾도록 했고(스캐닝), 다른 질문은 문단의 주제를 찾도록 했습니다. 이 활동은 학생들이 먼저 개별적으로 한 후, 각 모둠에서 공유하도록 했어요(예, 문단 요약하기). 그리고 나서 전체 학급이 모여 이야기를 종합하도록 했습니다. 이 활동의 주목표는 학생들이 전체 문단을 단조롭게 읽는 것 대신, 대안의 길을 제공하는 것이었습니다. 협력교사는 이 방식을 꽤 좋아하시는 듯했고, 교육실습 기간 동안 새로운 방식을 실험해 보도록 독려하셨습니다. – Walter, 캐나다

어떤 경우에 예비교사는, 대학이나 교사교육 수업에서 주로 학습한 교수법과 전략이 협력교사가 사용하거나 추천하는 것은 아니라는 사실을 알게 될 것이다. 이는 대학에서 학습한 것들 모두를 버려야 함을 의미하지는 않는다. 경험이 많은 교사교육자는 이에 대해 다음과 같이 말한다:

> 예비교사가 이론과 실제를 조율하는 법을 이해하기만 한다면, 어떤 교수법(또는 전략)이든 효과적이라면 그건 좋은 교수법입니다. 협력학교는, 교실에서 학습이 일어나도록 하기 위해 효과적인 교수방식을 알고 있으며, 혁신적인 그런 예비교

---

5) 역자 주: 스키밍(skimming)은 빠르게 읽기 위한 읽기 전략의 하나로, 독해 시 지문을 꼼꼼하고 세세히 읽는 것이 아니라 지문 전체의 주제 또는 핵심을 신속히 파악하기 위해 훑어 읽는 것을 말한다.
6) 역자 주: 스캐닝(scanning)은 스키밍과 마찬가지로 빨리 읽기 위한 전략이지만, 이때 스캐닝은 지문 내에서 독자가 필요한 구체적인 특정 정보를 찾는 것이 목적이다.

사를 환영할 겁니다. — Anthony, 교사교육자, 싱가포르

예비교사가 가르칠 학습자들

예비교사로서 주된 관심사는 가르치게 될 학습자들에 대해 가능한 많이 알아보는 것일 것이다. 이민자, 대학생, 청소년 또는 성인일까? 그들은 왜 수업을 수강하며, 어떤 유형의 학습자들일까? ESL 교실의 특징은 학습자의 다양성인데, 수업은 보통 매우 다양한 삶의 경험, 필요, 그리고 기대를 가진 사람들로 구성되어 있다. 아래 제시된, 교생실습 시 함께하게 될 학습자 유형은 전형적이다.

Mee Gyung은 한국에서 온 18살 학생이다. 부모님이 그녀가 영어를 학습해서 미국의 대학에 입학하고 다시 한국으로 돌아가 좋은 직업을 갖기를 원하셨기에 미국에 오게 되었다. 그녀는 1년간 언어학교에서 학습한 후, 이 언어학교가 부속된 사립대학으로 옮기게 될 것이다.

Abdullah는 사우디아라비아 출신의 석유 전문가이고, 근처 대학의 부속 어학원 수업에 등록했다. 그는 사업을 위해 해외 출장을 갈 수 있도록 영어실력을 향상시키고자 한다.

Georgio는 한 달 전 캐나다로 이민 온 콜롬비아 출신의 이민자다. 캐나다 정부가 모든 종신영주권을 받은 이민자들에게 공짜로 영어 프로그램을 제공하기에, 그는 정부가 운영하는 프로그램(LINC로 불리는)에 등록해서 새로운 고향에 정착하고 궁극적으로 좋은 직업을 갖고자 한다.

중국 출신의 Whei Neng은 이미 미국 대학의 학부 프로그램에 조건부 입학허가를 받았지만, 언어교육기관의 모든 레벨을 성공적으로 마치고 충분한 TOEFL 성적을 받아야 한다. 그녀는 도착한 후 1레벨부터 시작하여 거의 모든 수업에 참여했지만, 숙제를 끝내지는 않았고, 때로 영어를 학습하는 데 동기부여가 되지 않음을 느낀다.

상기 제시한 바와 같은 다양한 필요와 기대를 가진 학습자들이 협동적으로 학습할 수 있고 응집된 학습공동체를 형성할 수 있는 교실 문화를 만드는 것은 시간이 걸린다(Senior, 2006). 협력교사는 이러한 수업 문화를 만들고자 해왔을 것이며, 예비교사는 이러한 노력에 함께하고 일부가 되면 된다(8장 참조).

이와 함께 영어수업에 대한 학습자의 기대가 무엇인지, 그리고 이러한 기대가 예비교사의 것과 같은지를 이해하는 것은 중요하다. 이에 대해 Brindley는 다음과 같이 기술한다.

> 학습자와 교사가 처음 만나면, 학습 과정에 대해서뿐만 아니라 특정 수업에서 무엇을 어떻게 학습할지에 대해 서로 다른 기대를 가지고 있을 수 있다. 따라서 오해가 생길 가능성이 존재한다. 그렇기에 교수-학습 과정에 참여한 모든 이들이 서로의 기대를 인식할 수 있도록, 수업 초기부터 협의할 수 있는 장치가 구성되는 것이 매우 중요하다. (Brindley, 1984, p. 95)

학습자들의 필요와 목표를 확인하는 절차는 9장에서 논의한다. 예비교사가 함께 일할 학생들과 관련된 또 다른 이슈는, 예비교사라는 정체성이다. 학급은 예비교사를 어떻게 인식할 것인가? 학생들은 예비교사를 "훈련받고 있는 전문가"로 판단하며, 일반 교사와 같은 수준의 존경심을 보일 것인가? 따라서, 새로운 학생들을 만난다는 것은 초보교사에게는 다소 어려운 경험일 수 있다. 가능한 많이 학습자에 대해 미리 알아 놓는 것은 교생실습에 있어 필수적 준비작업이며, 학교에서 만나는 사람들과의 대화를 통해, 예비교사는 다음과 같은 질문을 확실히 해둘 필요가 있다:

- 협력학교에서는 어떤 학생들이 ESL 수업에 참여하는가?
- 어떤 학생들을 가르치게 될 것인가?
- 학생들은 왜 수업을 듣는가?
- 이러한 학생들은 보통 수업에서 어떻게 수행하는가?
- 이들은 일반적으로 동기부여가 잘 되어 있는가?
- 이번이 학생들이 예비교사로부터 수업을 듣는 처음인가?
- 학생들은 특별히 선호하는 교수법과 교재가 있는가?
- 숙제를 주어도 되는가, 그리고 학생들이 숙제를 제대로 하지 않을 때 어떻게 하는가?
- 정해진 교과서가 있는가, 어떤 부분을 다룰지 예비교사가 정할 수 있는가?
- 학생들은 교과서에 대해 어떻게 생각하는가-아주 자세하고 철저히 교과서를 따르기를 기대하는가?
- 학생들은 일반적으로 수업에서 능동적이고 잘 참여하는가?
- 좌석 배치는 어떻게 해야 하는가? 예비교사가 이 배치를 변경할 수 있는가?
- 예비교사는 어떻게 짝과 모둠을 구성할 수 있는가, 또는 이러한 구성은 이미 만들어져 있는가?

아래에 제시된 이야기는 예비교사들이 보통 많이 하는 걱정거리이다.

누군가가 참관하고 평가하는 실제 교수 현장에서 가르친 것과 대학 수업에서 동료 교사들과 함께 모의수업을 하는 것은 전혀 같지 않기에, 저는 정말 긴장했었습니다. ― Anita, 멕시코

협력교사

협력교사는 예비교사의 교육실습 경험을 촉진하는 데 매우 중요한 역할을 한다(Farrell, 2008b). 협력교사는 자원하여 그런 역할을 할 수도 있지만, 학교의 경험이 많은 교사에게 일반적으로 기대되는 역할일 수도 있다. 협력교사로 일하는 것은 추가 업무를 의미하기에, 그들과 일하게 된 것은 언제나 특권으로 간주되어야 한다. 협력교사와의 첫 번째 미팅은 따라서 중요한 미팅이며, 협력교사의 기대 및 어떻게 협력교사가 교육실습 경험을 조율하고 관리할 계획을 가지고 있는지를 알아 볼 기회이다. 협력교사와의 첫 대화는 보통 예비교사가 하게 될 교수활동과 교생실습 기간 동안 협력교사와 예비교사가 함께 하게 될 계획들에 초점이 있다.

협력교사와 논의할 이슈는 보통 다음을 포함한다:

- 협력교사의 교생실습에 대한 기대는 무엇인가?
- 협력교사는 예비교사와 어떤 근무 관계를 형성하기를 원하는가?
- 협력교사는 예비교사가 어떻게 교육실습을 준비해야 한다고 생각하는가?
- 예비교사가 예측해야 하는 것들은 무엇인가?
- 협력교사의 수업에서 이전에 교육실습과 관련하여 문제가 있었던 적이 있는가?
- 학교의 다른 교사와, 또는 다른 수업에서 일할 것인가?

아래는 예비교사들이 자신의 협력교사에 대해서 한 이야기들이다.

> 처음 만날 때부터 제 협력교사는 정말 훌륭하셨습니다. 그녀는 모든 것을 다 준비해 놓았고, 심지어 본인이 구입한, 저를 위한 폴더까지 마련해 놓으셨습니다. 첫날부터 제 시간을 책임져 주셨고, 어디든 데리고 다니셨습니다. 회의에, 점심식사에, 그리고 심지어 집까지요. 정말 훌륭하셨습니다. – Mee Soo, 한국

> 제 협력교사는 제게 기대하는 바를 처음부터 명확하게 하셨습니다. 제가 수업에서 따르길 원하는 체계가 있었고, 이를 위해 필요한 모든 정보를 제공하신다고 하셨습니다. 그리고 실제로 그렇게 하셨어요. 수업의 자세한 부분들, 수업계획서, 그리고 시험에 대한 지침서까지 주셨습니다. 유일하게 제게 부탁한 것은, 수업을 진행할 때 계획에서 너무 많이 벗어나지 않는 것이었는데, 이는 지난 20년간의 교수활동을 통해 마련해 놓은 자신의 체계를 유지하길 원하셨기 때문이에요. 저는 가능한 아주 비슷하게 따랐고, 교생실습 동안 협력교사와는 아주 잘 지냈습니다. – Lynn, 호주

학교 내 타 교사들과의 교류

협력교사 외에도, 예비교사는 학교나 교육기관의 타 교사들과 교류할 기회가 있을 수 있다. 비록 교직원 중 일부는, 예비교사가 짧은 기간 동안만 학교에 있기에 이들에게 특별히 책임감을 느끼지 않을 수도 있지만, 다른 교사들은 기꺼이 예비교사들과 시간을 보내고, 조언과 지원을 할 것이며, 때때로 자신의 수업을 참관하도록 초대할 수도 있다. 협력학교에서 타 교사들을 만나면, 다음과 같은 내용을 논의할 수 있다.

- 그들의 예비교사들과의 경험은 어떠한가?
- 그들이 예비교사였을 때의 경험은 어떠했는가?
- 예비교사들에게 어떤 조언을 할 것인가?
- 그들이 수업하는 것을 참관하는 것이 가능한가?
- 협력학교의 분위기/문화에 대해 그들은 어떻게 생각하는가?
- 그들은 예비교사가 교생실습 동안 어떻게 시간을 가장 잘 활용할 수 있을 거라고 생각하는가?
- 그들은 예비교사가 교생실습을 통해 무엇을 배울 수 있을 거라고 생각하는가?
- 교생실습 이후 일자리를 찾기 위해 어디를 알아볼 수 있는가?

<표 3.1>에는 예비교사가 교육실습 동안 고려해 볼 상황적 요인이 요약되어 있다.

1. 학교 예비 방문	• 학교의 성격 및 프로그램과 관행에 대해 배우기
2. 학교 또는 교육기관	• 학교의 물리적 자원(배치, 규칙) 및 인적 자원(관리자, 교사, 학생)에 대한 정보 찾기
3. 예비교사가 가르치거나 돕게 될 영어수업	• 교과 교육과정, 목표, 정책, 교과서 활용, 및 교사의 교수 스타일에 대해 알아보기
4. 예비교사가 가르칠 학습자들	• 학습자의 학습 스타일, 필요, 목표와 기대에 대해 알아보기
5. 협력교사	• 예비교사의 교육실습 경험을 관리하기 위한 협력교사의 기대와 계획에 대해 알아보기
6. 학교 내 타 교사들과의 교류	• 학교 내 타 교사들과 교류하는 것에 대해 알아보기

〈표 3.1〉 교육실습에서 고려해야 할 상황적 요인

요약과 결론

교생실습을 진행하는 각양각색의 상황은 교사학습의 다양한 기회를 만들고, 서로 다른 유형의 어려움을 제시한다. 교수 상황은 매우 다양하며, 대학에서의 수업은 예비교사가 협력학교에서 맞닥뜨리게 될 그런 상황을 정확히 예측해 오지 못했을 것이다. 따라서 예비교사가 협력학교 상황에 대해 더 많이 알게 되면, 그곳에서 가르치는 데 더 잘 준비가 될 것이다. 협력학교들은 서로 다른 전통적 관행, 그리고 교수와 학습에 대한 기대를 가지고 있고, 따라서 이러한 것들에 익숙해지는 것은 교생실습을 위한 중요한 준비이다. 예비교사는 대학 또는 교사교육 수업에서 학습하여 익숙한 교수 접근법과는 다른 교수법을 경험할 수도 있다. 교생실습은 알고 있는 것을 적용할 기회이며 동시에 실제 언어 교실에서만 배울 수 있는 것들을 체득하는 기회임을 기억하는 것이 중요하다. 예비교사는 학교를 예비 방문하는 것을 통해 - 학교 교사들과의 대화 및 그들의 수업을 참관하는 것을 통해 - 많은 것을 배울 수 있다. 교육실습에 대한 적절한 준비란, 가르치게 될 수업, 학습자, 그리고 따르거나 사용하도록 기대되는 교육과정과 교재에 대해 가능한 많이 파악하는 것을 의미한다. 협력교사의 기대를 이해하는 것 역시 매우 중요하다. 협력학교에 적응하고 속성으로 배워야 하는 그런 시기는 불가피하게 있기 마련이지만, 협력교사는 다른 예비교사들과 함께 일해 온 경험이 있고, 따라서 의심의 여지 없이 예비교사들이 순조롭게 교생실습에 임하도록 도울 수 있을 것이다.

추천 참고 도서

Gebhard, J. G. (2006). *Teaching English as a foreign or second language: A teacher self-development and methodology guide* (2nd ed.). Ann

Arbor: University of Michigan Press.

Randal, M., & Thornton, B. (2001). *Advising and supporting teachers*. Cambridge: Cambridge University Press.

Richards, J. C. (1998). *Beyond training*. New York: Cambridge University Press.

토론 질문

1. 서로 다른 문화권에서 학교는 어떻게 다른지 예를 들 수 있는가?
2. 익숙한 학교 환경에 대해 논의하라. 학교의 평가 관행이 어떻게 교수와 학습에 영향을 주는가?
3. 여러분이 거주하는 지역의 학교생활 어떤 부분이 타 문화권에서 온 방문자에게 특이하고 놀랍다는 인상을 주리라고 생각하는가?
4. 언어수업이 진행되는 방식과 관련하여, 다음의 학습자 집단은 어떤 서로 다른 기대를 가지고 있을 거라고 생각하는가? (어린아이들, 청소년 및 성인)
5. 여러분에게 익숙한 학교 환경에서 교과서는 어떤 역할을 하는가? 교과서는 어떻게 교수와 학습에 영향을 주는가?
6. 76-77쪽의 비네트에서, Oliver, Mark와 Walter는 인계받은 수업에서 서로 다른 경험을 했다. 각각에 대해 토론하고, 각 경우마다 여러분은 예비교사로서 어떻게 했을지 설명하라.
7. 부록에 제시된, 교생실습 기간 동안 근무한 학교에 관해 서술한 예비교사의 이야기를 먼저 읽으라. 첫 번째 이야기에서, Vic은 협력학교의 교사들로부터 어떤 도움도 받지 못하고, 환영받기보다는 묵인된다고 생각되는 상황에 맞닥뜨렸다. 이제 Vic의 이야기를, 협력학교가 예비교사를 환영했기에 교생실습 동안 매우 긍정적인 경험을 한 Ting의 이야기와 비교하라.

- Vic이 자신의 걱정을 협력교사와 공유했어야 한다고 생각하는가?
- 만약 Vic과 비슷한 상황에 처한다면 어떻게 할 것인가?
- Vic이 자신을 돕기 위해 다른 것을 할 수 있었다고 생각하는가?
- 어떤 협력학교는 다른 곳보다 예비교사들을 더 환영할 수 있다는 점을 고려하면, 예비교사는 협력학교에서의 시간을 가능한 의미 있게 만들기 위해 어떤 방법을 취할 수 있는가?

후속 활동

1. 배정받은 협력학교에 예비 방문한 날, 교장선생님과 협력교사에게 할 자신만의 질문 목록을 만들라.
2. 교생실습을 시작하면, 학습자들의 영어학습에 대한 기대 및 예비교사로서 여러분들에 대한 기대를 조사해 보라. 여러분들의 결과를 타 예비교사의 것과 비교하라.

부록: 예비교사들의 교수 환경에 대한 이야기

교육실습을 2~3주 하고 나서, 교사들 사이에 개인주의 문화가 있는 그런 학교에 있다는 것을 깨닫게 되었습니다. 이러한 개인주의 문화는 제가 첫날 학교에 들어서면서, 또 다른 예비교사와 함께 외딴 방에—둘 다 복사기 옆에—배정되었을 때부터 시작되었습니다. 이후 제가 어떤 교사의 수업도 참관할 수 없다고 전달받았습니다—참관이 제 교육실습 경험의 일부였음에도요. 교생실습 기간 내내, 모든 교사가 눈에 잘 띄거나 접근가능하지도 않았기에—그들과 같은 교무실을 사용하지 않아서—공유할 기회도 제한적이었습니다. 협력교사 외의 타 교사들과는 대화를 거의 하지 못했습니다. 그들은 항상 바빴고, 협력학교에는 학교에 오래 있었던 교사들, 새로운 교사들, 그리고 저와 같은 예비교사들 무리로 구분 지어져 있었습니다. 어쨌든, 협력교사는 자신의 임무를 다했고, 정기적으로 저를 평가했습니다. 그리고 자신의 수업을 "주었는데", 저는 아무도 참관하지 않는 교실에서 저 혼자서 가르쳐야 했어요. 전 정말 살아남기 위해서, 즉석에서 가르치면서 배워야 했습니다. 그리고 살아남았고, 지금까지 몇몇 학생들과는 연락하고 지냅니다. 협력학교에서는 저희가 예비교사로서 그 누구로부터도 환영받지 못했고, 모두에게 그저 묵인되었다는 느낌을 받았습니다. 제 교생실습 기간 동안 저는 스스로 배웠다고 생각했기에, 마침내 협력학교에서 나올 수 있어서 정말 좋았습니다. - Vic, 싱가포르

교육실습을 위해 학교에 갔던 첫날을 기억해요. 학교를 예비 방문했었기 때문에, 어디를 가서 몇 시에 누구를 만나야 할지를 알았습니다. 정각에 도착해서 교감선생님께 갔고, 선생님께서는 모든 종류의 학교 팸플릿과 학교 지도 및 규칙, 규율이 담긴 폴더를 저를 위해 준비해 놓으셨어요. 그리고 제가 교생실습을 하는 동안 사용할 수 있는 특별 ID를 마련해 주셨죠. 이후 함께 학교를 돌아보기 위해 일어났습니다. 네, 전 이미 예비 방문 때 비공식 학교 투어를 했었어요. 하지만, 이번에는 교감선생님이 교무실로 저를 데리고 가셔서, 그곳에 계신 모든 분-진심으로 저를 환영하고, 필요한 도움을 주고자 하시는 듯한-에게 저를 소개시켜 주시며, 공식적인 환영을 해 주셨습니다. 그리고 수업을 하고 있는 몇몇 학급도 방문했는데, 선생님들은 이러한 방해를 신경 쓰지 않으시는 듯했고, 저와 악수하기 위해 잠시 수업을 멈추셨습니다. 이후 교감선생님과 함께 사무실로 돌아왔고 그곳에는 협력교사께서 기다리고 계셨는데, 공식적인 첫 소개를 인계받아 제게 좀 더 자세한 세부 사항을 제공하시고자 했기 때문이에요. 이 첫날에 너무나 감동을 받았고, 학교로부터뿐만 아니라 교사라는 직업군으로부터 큰 환영을 받았다고 느꼈어요. 이러한 경험이 얼마나 오래 지속될지 모르겠지만, 교생실습 기간 동안은 정말 좋았습니다. 협력교사께서 저를 돕기 위해 정말 많이 노력하셨을 뿐만 아니라 다른 선생님들도 모두 제 이름을 외우셨고, 복도나 교무실에서 마주칠 때마다 담소를 나누기 위해 멈추셨습니다. 교무실의 분위기도 정말 좋았고, 모든 교사는 서로에게 지속적인 관심을 가지고 있는 듯했습니다. 학생들을 다루기 힘들 때를 제외하고는 누구도 어느 것에 대해 불평하는 것을 듣지 못했어요. 졸업했을 때 이와 비슷한 학교에서 일자리를 얻기를 희망해요. 이 교사분들과 그 학교에서 한 제 교생실습 경험이 정말 즐거웠거든요. - Ting, 베트남

4장
협력교사와 일하기

서론

협력교사는 예비교사 교육실습 경험의 성격과 영향력에 많은 영향을 미치는 사람들 중 하나이다(Guyton & McIntyre, 1990). 협력교사는, 예비교사의 교생실습 기간 동안 다양한 방식으로—안내자와 멘토, 비판적 친구, 전문가, 교사 모델, 평가자, 상담가, 그리고 자원 제공자로서—그들을 지원할 것이고, 따라서 협력교사와 긍정적 관계를 형성하는 것은 예비교사의 교육실습 경험을 의미 있고 긍정적으로 만들 것이다. 예비교사가 교육실습을 시작할 시기에는, 수업을 계획하고 가르치는 것과 관련된 수많은 주요 결정을 주로 협력교사가 내리겠지만, 예비교사가 경험이 쌓이고 자신감을 갖게 되면, 조금씩 자신의 교수활동의 모든 부분에 대해 더 책임을 지게 될 것이다. 예비교사의 교육실습은 주로 협력교사의 수업을 참관하는 것으로 시작되며, 이후 교수활동의 다른 측면들에 관여하게 된다. 또한 교육실습 동안, 예비교사는 대학 수업에서 경험한 것들과는 다른 유형의 경험을 하게 될 것이다. 대학에서 경험한 것들은 주로 학문적 연구와 이론에 기반한 교수와 언어학습에 대한 학문적, 이론적 이해에 중점을 두었다. 반면, 예비교사의 교육실습은 교수활동의 실제적인 면에 좀 더 초점을 두며, 협력교사는 이러한 부분이 예비교사의 전문성 개발에 있어 이론적 학습보다 더 중요하다고 느낄 수도 있다. 이러한 상황은, 예비교사가 대학이나 교사교육 프로그램에서 학습한 것과 실제 교생실습에서 경험한 것 사이에서 서로 다른 메시지를 받을 수도 있기 때문에, 때로 예비교사에게는 딜레마가 될 수도 있다. 협력교사 역할의 중요성은 아래 한 예비교사의 말에 강조되어 있다:

> 저는 협력교사가 교육실습의 가장 중요한 구성요소 중 하나라고 생각합니다. 협력교사야말로 교육실습 경험을 풍성하게 하거나, 또는 그렇지 않게 하거나 할 수 있거든요. 전 제 협력교사가 저와 학생들 사이의 연결고리라고 생각해요. 협력교사의 교수방식에 익숙한 학생들은 다른 교사로부터 수업을 듣는 데 익숙해지는 것이 어려울 수도 있습니다. 따라서 수업을 진행함에 있어 협력교사의 조언은, 특히 초기에는, 정말 중요합니다. - Vidya, 캐나다

협력교사의 역할

협력교사가 예비교사의 언어교수에 대한 이해와 실제를 향상시킬 수 있도록 돕는 데는 많은 다양한 방식이 있다.

수업을 준비하도록 돕기

- 예비교사가 수업 및 수업 목표에 초점을 맞추도록 하면서
- 학교 문화에 적응하도록 유도함으로써
- 교육과정과 교재에 익숙하도록 함으로써
- 교수활동을 계획하도록 도움으로써
- 예비교사의 수업계획서를 검토함으로써

협력교사는 예비교사가 가르치게 될 과목과 교재를 소개하고, 이러한 것들이 수업에서 어떻게 사용될지 제안해 줄 수 있을 것이다. 협력교사가 이전에 사용했던 수업계획서 사본이 있다면, 이를 살펴볼 수 있는지 예비교사가 요청하는 것은 중요하다. 이를 통해, 협력교사가 수업을 어떻게 계획하고자 하고, 수업의 어떤 부분에 더 많은 관심과 초점을 둘 필요가 있다고 생각하는지 알 수 있기 때문이다. 다음의 예비교사가 이야기하는 것처럼 말이다.

> 교생실습에서, 가장 잘하는(최고 레벨) 수업을 가르치도록 배정받았습니다. 수업을 준비하기 위해 협력교사와 아주 긴밀히 협력해야 했어요. 협력교사는 수업의 목표를 설명해 주셨고, 수업에서 따라야 하는 계획표를 보여주셨습니다. 이는 정말 도움이 되었는데, 계획표에는 제가 매주 작문과 독해 활동을 교차하며 수업을 진행해야 함이 기술되어 있었습니다. 수업 계획에 관해 이야기하시며, 그녀는 제가 내러티브 글쓰기, 독해, 문법, 그리고 듣기에 중점을 두고, 본인은 말하기와 구조적 글쓰기에 집중할 것이라고 하셨습니다. 제가 수업에 들어가기 전에, 협력교사는 제 모든 수업계획서를 검토한 후 몇 가지 제안을 해주셨고, 본인이 내러티브 글쓰기를 보통 어떻게 가르치는지 자신의 수업계획서를 보여주셨어요. 그러고는 실제 그녀가 내러티브 글쓰기를 어떻게 수업에서 구현하는지 잘 살펴보라고 하셨습니다. 그녀의 수업 시연을 본 후, 제가 교사교육 수업에서 학습한 몇 가지 교수법에 대해서, 그리고 이러한 교수법이 이 수업에 적합한지

에 대해 논의했습니다. 이 모든 것들 덕분에 저는 수업 전에 잘 준비되었다고 느꼈습니다. － Sze Seau, 싱가포르

교수 전략 공유하기

- 교수 전략을 시연함으로써
- 예비교사가 협력교사의 수업을 참관하도록 함으로써
- 효과적 교수실행에 대해 논의함으로써

협력교사는 예비교사와는 매우 다른 교수 스타일과 접근법－예비교사가 스스로는 활용할 수 있다고 느끼지 않을 수도 있는－을 가지고 있을 수 있다. 만약 협력교사와는 다른 교수법을 사용할 계획이라면, 협력교사가 이를 효과적이고 적절하다고 느끼는지 확인하기 위해 논의해야 한다. 협력교사가 왜 소모둠 활동보다는 전체 활동을, 또는 그 반대의 경우를 더 선호하는지에 대한 합리적인 이유가 있을 수 있다.

> 협력교사의 수업을 참관한 후, 그녀가 묘사적(descriptive) 글쓰기를 가르칠 때 매우 연역적인 방식을 활용한다는 것을 알게 되었습니다. 그래서 저는 학생들에게 수업 시간에는 좀 더 개별적 글쓰기 활동을 주고, 만약 끝내지 못하면 숙제로 내주면 좋겠다고 생각했습니다. 협력교사는 제가 이러한 방식을 시도해 보도록 하셨어요. 하지만 저는 이내, 이 학생들은 집중력이 정말 짧고, 개별적으로 글쓰기 작업을 하라고 했을 때 상황이 더 악화된다는 것을 알게 되었습니다. 저와 협력교사가 많이 혼내고 잔소리를 하고 나면 겨우 수업에 참여하려고 했고, 이마저도 여러 차례 반복되어야 했어요. 학생들은 스스로 아무것도 하려고 하지 않았고, 대부분은 수업에서 모국어로 이야기했습니다. 그제서야 왜 협력교사가 전체 학급을 대상으로 연역적 방식으로 가르치기를 선호하셨는지 이해하게 되었습니다. － Bruce, 한국

예비교사가 자신의 교수활동에 대한 인식 개발하도록 하기

- 협력교사가 예비교사의 수업을 참관함으로써
- 예비교사의 교수활동에 대한 정보를 수집함으로써
- 예비교사의 교수활동에 대해 피드백을 제공함으로써
- 예비교사의 수업을 관리함으로써
- 예비교사의 교육철학에 대해 논의함으로써

예비교사는 협력교사가 자신의 수업을 참관할 때 다소 긴장될 수 있지만, 협력교사의 역할 중 하나는 예비교사에게 긍정적 그리고 부정적 피드백을 제공하는 것이다. 예비교사는 때로 자신의 교수활동에 대해 협력교사로부터 부정적 피드백을 받게 되면 긴장하거나 불편함을 느낄 수 있다. 하지만, 예비교사와 협력교사가 수업참관의 초점에 대해 논의하고, 이러한 참관을 교수 경험에 대해 공유하고 성찰하는 기회로 여긴다면, 수업참관은 부정적이기보다는 긍정적인 경험이 될 수 있다. 협력교사가 자신의 도움과 조언이 가치 있고 도움이 된다는 것을 교육실습 초기부터 알게 하는 것은, 협력교사와 예비교사 간의 긍정적 관계를 구축하는 데 매우 중요하다(7장 참조). 이는 아래 한 예비교사의 설명에 잘 제시되어 있다.

> 협력교사가 제 수업을 참관하고 나서 함께 교무실로 갔습니다. 그리곤 수업에 대해 논의할 수 있는 조용한 구석을 찾아 앉았습니다. 이 수업에서 수업 운영에 문제를 겪었다고 생각했기에, 이 과정이 꽤 두려웠습니다. 학생들은 배운 내용에 대해 다음날 시험을 본다는 걸 알고 있었음에도, 얌전히 앉아 집중하며 학습하지 않았기에, 저는 학생들이 한시도 가만히 있지 못한다고 느꼈습니다. 제가 수업에서 가르치고자 한 것을 학생들이 진짜 이해하고 있을지 궁금했습니다. 그런데 놀랍게도, 그리고 기쁘게도, 수업 후 협력교사는 그녀도 교과서의 같은 부분을 가르칠 때 항상 비슷한 어려움을 겪었다고 얘기해 주셨어요. 이 부분에는

학생들이 외워야 하는 문법 규칙이 너무 많고, 심지어 학교 교육과정의 필수요소로, 다음 수업에서 그 부분에 대해 시험을 봐야 한다는 걸 알고 계셨기 때문이었죠. 참관 후 논의 과정에서, 협력교사는 그 수업을 다양한 파트로 나눠주셨습니다. 이 논의를 통해 저는 더 힘을 얻었고, 덧붙여 우리가 수업을 어떻게 진행했다고 생각하는 것과, 실제로 수업을 진행한 방식은 같지 않을 수도 있다는 깨달음을 얻게 되었습니다. - Frank, 캐나다

예비교사가 문제를 해결하도록 돕기

- 예비교사가 경험한 문제를 논의함으로써
- 대안을 제시함으로써
- 교수활동 시 일어난 일에 대해 탐구함으로써

예비교사의 교육실습 동안 예측하지 못했던 이슈들이 틀림없이 발생할 것이다. 협력교사도 비슷한 이슈들을 경험했을 것이기에 이러한 문제를 해결할 효과적인 전략을 제안할 수 있다. 따라서 문제를 맞닥뜨리게 되면, 협력교사를 주요 자원 제공자로서 생각하라.

교육실습을 할 때, 학생들이 서로 더 잘 상호작용하며 언어를 연습할 수 있도록 모둠 활동을 하기로 했습니다. 그래서 어느 날 남녀 학생들을 섞어서, 각 모둠에 두 명의 남학생과 한 명의 여학생을 넣기로 했어요. 결과는 좋지 않았습니다. 두 남학생은 자기들끼리만 대화를 나눴고, 게다가 여학생의 모국어와는 다른 자신들의 모국어로 이야기해서, 여학생은 완전히 소외되었어요. 이러한 문제는 여학생이 대다수일 경우에도, 여학생들이 남학생들을 토론 시 배제하면서 일어난다는 것을 알게 되었습니다. 제가 수업 후 이 문제에 대해 돌아봤을 때, 협력교사는 일반적으로 수업에서 학생들의 젠더 이슈에 대해서, 그리고 특히 오늘 제 수업에서 몇몇 학생들이 이성 학생과는 모둠으로 일하는 것을 좋아하지 않는다는 사실에 관심을 가지고 유의하는 것이 중요하다고 말씀하셨습니다. 이 일

이 일어나기 전까지, 그리고 협력교사로부터 조언을 듣기 전까지는, 전 수업에서 젠더 이슈에 대해서는 생각해 본 적이 없습니다. 시간과 기회가 있다면, 수업에서 이성과 협업하는 것이 함양될 수 있고, 되어야 한다고 믿게 되었습니다.
— Jasmine, 말레이시아

예비교사를 격려하고 동기부여 하기

- 예비교사의 교수활동에 대해 칭찬함으로써
- 예비교사의 발전에 대해 언급함으로써

협력교사가 참관 후 예비교사의 수업에 대해 하고 싶은 긍정적인 이야기가 많다면, 아래 제시된 예에서 보듯이, 이는 예비교사가 교사로서 자신감을 가지는 데 도움이 될 것이다:

교생실습 수업 후, 협력교사는 제가 수업하는 중에 그녀가 적어 놓은 것들을 보여주셨고, 저는 정말 용기를 얻게 되었습니다. 다음이 그 내용의 일부예요: "수업을 잘 계획하는 것은, 수업에서 교사의 자신감을 향상시키고 수업의 방향성을 제시하기 때문에 중요하다고 생각한다. 이 수업은 정말 잘 계획되었고, 가르칠 주제에 대해 예비교사가 잘 이해하고 있음을 보여주었기에 잘 진행되었다. 교재 역시 학생들의 다양한 수준에 맞도록 적절히 선정되었다. 다양한 활동의 절차는 언제나 매끄러웠고, 체계적으로 진행되었다." 이러한 결과를 받게 되어 전 너무나 기뻤고, 교사가 되고자 하는 제 열망이 더 커지고 있음을 느꼈습니다. — Sarah, 캐나다

교사장학(supervision)에 대한 접근법

전통적으로 교사장학은 협력교사의 주 역할로 여겨졌지만, 교사개발(teacher development)에 대한 우리의 이해가 변화하며, 교사장학의 성격에 대한 이해도 변화하였다. 교사장학에 대한 전통적 "하향식" 접근법을, 최신의 좀 더 "상향식" 접근법과 비교해 보자. 하향식 접근법은 협력교사가 규범적 역할을 취하는 접근법을 말하는데, 이는 이미 확립된 기준과 관행을 따라야 할 필요를 강조하고, 예비교사가 그러한 기준에서 벗어나면 협력교사는 즉시 개입하여 이를 수정한다. 종종 규범은 특정 교수철학 또는 교수법을 반영한다:

> (예비교사에게) 수업이 의사소통 중심이었다고 생각하지 않습니다. 통제된 연습활동과 문법이 너무 강조되었고, 자유로운 연습과 실제 의사소통은 충분히 강조되지 않았습니다.

덜 규범적 접근법은 "비지시적 접근법"(non-directive approach)(Freeman, 1982, 1989)인데, 이 접근법에서 협력교사는 공감하며 이야기를 들어주는 역할을 하고, 수업에 대한 평가적 이야기는 지양하는 대화를 하고자 한다. 예를 들면:

> 수업에 대해 어떻게 생각하나요? 선택한 활동들에 대해 어떻게 균형을 맞추고자 목표했나요? 활동의 균형 측면에서, 얼마나 성공적이었다고 생각하나요?

또 다른 스타일은 "대안적 접근법"이라고 불리는데, 이 접근법에서 협력교사는 예비교사가 교수법에 있어 대안적 방법을 발견하도록 돕고자 한다:

활동 중 학생들이 사용하기를 바라는 언어 표현을 시연하는 데 꽤 직접적인 역할을 하는 것을 보았습니다. 학습자 언어의 정확성에 초점을 두는 다른 방법에는 어떤 것이 있다고 생각하나요? 한두 가지 다른 전략들을 살펴보고 이들의 장단점을 생각해 볼까요?

이는 "협력적 접근법"과 비교해 볼 수 있는데, 이 접근법에서는 예비교사와 협력교사가 팀으로 일하고, 교수활동에 대해 성찰하며 서로 다른 교수 전략을 검토하는 과정을 공유한다. 예를 들어:

수업에서 협력학습을 좀 더 잘 사용하고 싶다면, 이를 구축할 수 있는 방법을 찾을 수 있을지 함께 살펴봅시다. 어디서부터 시작하는 게 좋을까요?

규범적 접근법과 다르게, 이 장에서 논의한 세 가지 접근법은 교사장학의 좀 더 성찰적 접근법을 대표한다. 성찰적 접근법에서 협력교사의 역할은 협력적 참관과 성찰의 과정을 통해, 교수에 대한 예비교사의 이해를 촉진시키는 것이다. 이러한 서로 다른 교사장학에 대한 접근법은 지위, 권력, 권위, 그리고 정체성에 대한 서로 다른 개념을 반영한다. 예비교사와 협력교사 간의 상호작용에 있어 대안적 스타일을 고려할 때, 서로 다른 상황에서는 협력교사의 역할이 다를 수 있다는 것을 인지할 필요가 있다. 어떤 문화권에서는 교사장학의 좀 더 직접적인 형식이 선호될 것이지만, 다른 문화권에서는 상담적 스타일이 선호될 수 있다. 또한 협력교사 역할의 어떤 부분들은 본질적으로 부정적인 느낌을 일으킬 수 있음을 기억해야 하는데, 이는 협력교사가 예비교사의 교수활동에 대해 좋은 소식과 나쁜 소식 모두를 가지고 있을 수 있기 때문이다. 예비교사의 교수활동에 대해 비판적 피드백을 제공하는 것은 협력교사가 즐거이 하고자 하는 것은 아닐 수도 있지만, 그들의 업무 책임 중 한 부분이라고 느낄 수 있다.

다른 방식으로 가르치도록 허락되지 않았습니다—이 부분이 저한테는 꽤 힘들었어요. 저는 교과서에 제시된 언어를 활용하여, 제 방식대로 가르치고 싶었습니다. 같은 활동을 하지만, 학생들에게 더 흥미롭고 매력적인 방식으로 제시하고 싶었습니다. – Senior(2006, p. 49)에서 인용한 예비교사

Bailey(2006, pp. 284-285)는 연구를 통해, 무엇이 예비교사와 협력교사 간의 생산적 관계를 구성하느냐에 대한 예비교사들의 인식을 살펴보았는데, 그 결과는, 아래 제시하는 것처럼, 3개의 대주제와 10개의 하위주제로 요약할 수 있다:

1. 예비교사에 대한 협력교사의 과업중심적 접근법
   a) 협력교사는 교수활동에 대해 즉각적, 비처벌적 피드백을 제공한다.
   b) 협력교사는 문제를 해결하는 데 협력적 접근법을 취한다.
   c) 협력교사는 예비교사가 교수활동에 전문가라고 느낄 수 있도록 한다.
   d) 협력교사는 예비교사와의 관계에 진정성을 가지고 대한다.
   e) 협력교사는 예비교사가 스스로 똑똑하다고 느낄 수 있도록 한다.

2. 예비교사에 대한 협력교사의 관계적 접근법
   a) 협력교사는 예비교사가 협력교사를 언제나 만날 수 있다고 느끼도록 한다.
   b) 협력교사는 예비교사의 목소리에 늘 귀기울이고 있다는 것을 알도록 한다.
   c) 협력교사는 자신이 알고 있는 것과 모르는 것에 대해 솔직하게 말한다.
   d) 협력교사는 예비교사에게 관심이 있다는 것을 느끼게 한다.
   e) 협력교사는 예비교사가 관심 있는 것에 관심을 가진다.

3. 협력교사 자신의 교육자로서의 역량 (Bailey, 2006, pp. 284-285)

예비교사는 협력교사와의 첫 회의에서 교사장학에 있어 그들의 접근법에 대해 논의했을 수도 있다. 그렇지 않다면, 교육실습을 시작하기 전, 협력교사가 자신의 역할을 어떻게 이해하고 있는지와 교육실습 동안 예비교사는 어떤 피드백을 받고, 어떻게 상호작용할지에 대해 정확히 이해하는 것이 필요하다. 아래 제시한 것처럼, 협력교사는 자신의 역할에 대한 경험과 신념에 기반하여 다양한 방식으로 일한다.

> 개인적 그리고 직업적으로, 저는 예비교사장학이 제 분야에서 매우 중요한 일이라고 여깁니다. 우리가 하는 일의 본질은 가르치는 것 그리고 교사장학/교사교육을 하는 것이기 때문에 예비교사장학은 매우 중요합니다. 불행히도, 많은 이들은-대부분 전통주의자들은-영어를 가르치는 것은 "모두에게 두루 적용할 수 있는"(one size fits all) 접근법으로 분류될 수 있다고 믿습니다. 이러한 잘못된 신념 때문에, 많은 교사교육 프로그램에서는, 대학에서 수업을 듣다가 교생실습을 하게 되는 것이 순조롭게 전환될 거라고 여깁니다. 하지만 그와 반대로, 영어를 가르치는 것은 영어라는 언어가 전 세계에서 맥락화된 방식 때문에 매우 정치화되어 있습니다.
>
> 초중등 학교와 교사교육 프로그램에 문화적, 언어적으로 다양한 배경의 학습자들이 증가함에 따라, 우리 분야에 있어 비판적 목소리를 포함하기 위해 TESOL 프로그램의 교사장학 구성요소를 (재)구조화하는 것이 중요합니다. 이러한 비판적 목소리는, 교사교육에 있어 다양한 지식 영역-학습자에 대한 지식, 사회정치적 그리고 문화적 맥락에 대한 지식, 교수법에 대한 지식, 교과에 대한 지식, 평가에 대한 지식, 그리고 교육목표-을 포함하도록 함으로써, 교사교육 프로그램 안에서 그리고 이를 넘어 연구와 교사장학 업무를 더 깊이 있게 만들 것입니다. 이런 점에서, 예비교사에 대한 (협력교사로서) 저의 피드백은, 어떻게 그들이 상기 제시한 지식 영역을 고려하여 자신의 교재와 교수활동을 조정하는지에 초점을 둘 것입니다. - Gloria, 미국

예비교사로서의 의무

예비교사들은 이제 대학에서 학생일 때와는 다른 역할과 책임을 갖게 된다. 여기에는 다음이 포함된다:

전문적 이미지와 행동 표출하기

대학 캠퍼스에서 적절하다고 여겨지는 복장 및 행동 규정이 협력학교에서도 허용되는 것은 아니다. 예비교사는 협력학교가 복장 및 행동 규정에 대해 적절하다고 여기는 기준을 파악할 필요가 있다. 예를 들어, 대학 강의실에서 교수자는 가르치면서 때때로 책상의 끝에 걸터앉을 수도 있다. 이는 예비교사의 협력학교에서는 교수활동 시 적절한 행동이라고 여겨지지 않을 수도 있다. 예비교사가 학생일 때는, 그들의 행동과 표현의 개성이 존중된다. 하지만 협력학교의 예비교사로서는, 학교가 기대하는 행동과 표현의 표준을 따르도록 기대되는데, 여기에는 다음이 포함된다: 시간 엄수, 교재 및 자원의 준비와 사용에 있어 조심성과 주의, 가르치는 학생들과의 관계와 교류, 그리고 언어 교사의 전문가적 이미지를 반영하는 다른 행동 양식들. 다음에 한 예비교사가 학생들과의 라포를 형성하는 것에 대해 이야기한다:

> 처음 몇 차례의 수업에서, 대부분의 학생들이 저와 같은 또래이거나 나이가 더 많다는 것을 알게 되었습니다. 그래서 학생들과 동등한 사람으로 라포를 형성하고자 많이 노력했고, 수업할 때도 비슷한 관심사를 활용했습니다. ― Bryony, 인도네시아

경청하기

예비교사는 대학이나 교사교육 수업에서 저명한 교수들과 함께 학습하며, 언어교수에 대한 가장 최신의 모든 이론과 개념을 학습했다고 느낄 것이다. 예비교사는 협력학교의 협력교사 및 타 교사들이 가지고 있는 지식과 경험을 고려하지 않고, 대학에서 학습한 모든 것을 가능한 빨리 시도해 보고 싶다고 느낄 수도 있다. 협력학교의 교사들은 수많은 예비교사들과 일해 왔고, 따라서 그들의 열정과 자신감에 어쩌면 조금 회의적일 수도 있다. 또한 협력교사는 예비교사가 일시적으로 머무른다는 것을 알기에, 이미 확립해 놓은 절차로부터 많이 멀어지기를 원치 않을 수도 있다. 따라서 협력교사와 좋은 관계를 만들기 위해, 예비교사는 경청할 필요가 있고, 자신의 생각을 제안하기 전에 협력교사가 제공하는 조언을 유의하여 고려할 필요가 있다. 아래에 제시하는 예비교사가 관찰한 것처럼 말이다:

> 제가 받은 자세한 피드백은 때때로 제 수업에 대한 스스로의 평가와 일치했어요. 하지만 어떨 때는 제가 인식하지 못했던, 그리고 교생실습을 나오지 않았다면 아마도 전혀 인식하지 못했을 제 단점들에 대해 알도록 했습니다. 이제 저는 좀 더 효과적으로 이론을 실제로 변환하여, 학생들이 제 수업에서 보내는 매 시간이 생산적이도록 하는 데 더 자신감을 느낍니다. – Cheryl, 인도네시아

교수활동에 대해 배우는 학습자 되기

예비교사는 여전히 학생임을, 그리고 교생실습은 자신의 전문성을 계속해서 보여주고자 하는 상황이 아니라, 자신의 학습을 더 깊이 있게 하는 기회임을 기억할 필요가 있다. 이는 예비교사가 언제나 협력교사나 학교의 타 교사들에게 기꺼이 질문하고자 해야 함을 의미한다. 이것이 그 교사들이 존재하는 이유이고, 그들은 예비교사가 배워야 할 것이 많음을 밝혔다고 해서 예비교

사를 바보 같다고 판단하지 않을 것이다. 이러한 질문은 때로는 비교적 사소한 것일 수 있고(예, 학생들이 예비교사를 이름으로 불러야 하는지), 또는 좀 더 복잡한 것일 수 있다(예, 공부하기 싫어하는 학습자들을 가장 잘 다루는 방법). 경험이 많이 없는 교사라는 것은 또한 예비교사에게 장점일 수도 있는데, 이는 이전에 해보지 못했던 것들을 시도하거나 예비교사의 성공 또는 실패를 통해 배울 수 있는 기회를 제공하기 때문이다. 교수 기술을 발전시키기 위해서 예비교사는, 이미 익숙한 일들을 하는 데 편안하고 능숙하게 되는 것보다는, 이미 알고 있는 것들의 경계를 넓힐 필요가 있다. <표 4.1>은 협력교사의 역할과 예비교사의 의무를 요약해 놓았다.

• 협력교사의 역할	• 수업을 준비하도록 돕기 • 교수 전략 공유하기 • 예비교사가 자신의 교수활동에 대한 인식 개발하도록 하기 • 예비교사가 문제를 해결하도록 돕기 • 예비교사를 격려하고 동기부여 하기
• 예비교사의 의무	• 전문적 이미지와 행동 표출하기 • 경청하기 • 교수활동에 대해 배우는 학습자 되기

〈표 4.1〉 협력교사와 일하기

교생실습 경험의 본질

교생실습은 일반적으로 협력교사 수업에 참관, 협력교사의 예비교사 수업참관, 교수 자료 준비, 그리고 수업의 일부를 가르치거나, 또는 수업 전체를 책임지는 일련의 교육실습 경험으로 이루어져 있다. 예비교사는 또한 수업을 가르치기 전후에 보통 협력교사와의 대화나 회의에 참여할 것이다.

예비교사에 대한 협력교사의 기대

예비교사가 얼마나 의존적일지 또는 자율적일지에 대한 협력교사의 기대는 다양하다. 어떤 협력교사들은 예비교사 교수활동의 다양한 부분에 밀접히 관여하기를 원할 것이다. 다른 협력교사들은 예비교사가 스스로 일을 처리하도록 놔둘 것이다. 따라서 서로에 대한 기대가 무엇인지 잘 파악하는 것이 바람직하다. 또한, 예비교사는 자신의 성공적인 교생실습을 위해, 협력교사가 스스로의 수업을 잠시 포기하고, 한 명 또는 그 이상의 예비교사를 멘토링할 책임을 수행한다는 것을 기억해야 한다. 협력교사는 당연히 예비교사가 수업을 가르칠 때 어떤 일들이 일어나는지에 관심을 가질 것이다.

교생실습에 대한 예비교사 그리고 협력교사의 목표

예비교사는 교생실습 경험으로부터 정확히 무엇을 얻고자 희망하는지를 결정하고, 자신의 목표를 협력교사의 것과 비교할 필요가 있다. 협력교사는 예비교사를 그저 조교 정도로 여기고, 예비교사의 교수 기술을 발전시키는 데 밀접하게 관여하고 싶어 하지 않을 수도 있다. 반면, 예비교사는 교수 경험이 거의 없기에 더 많은 지도가 유익하리라고 느낄 수도 있다. 예비교사는 교실 운영 및 수업 계획 능력, 교수 스타일 인지하기, 학생들과 상호작용하는 능력과 같은 일반적인 기술에 초점을 두고자 할 수 있다. 반면, 협력교사는 예비교사가 교과서를 적절히 다루는지 그리고 기말고사를 위해 학생들을 충분히 준비시키는지에 더 관심을 가질 수도 있다.

가르치게 될 교과의 성격과 목표

교육실습 기간 동안 예비교사는 협력교사가 계획해 온 수업을 가르치게 될 것이다. 협력교사는 수업 및 수업 결과에 대해 매우 구체적인 목표를 가지고 있을 수 있다. 예비교사는 이러한 목표가 무엇인지를 이해하고, 자신의 목표를 협력교사와 공유해서, 가르칠 때 학생들을 전혀 다른 방향으로 이끌지 않도록 해야 할 것이다.

수업참관의 유형

협력교사의 수업을 참관하는 것이든, 예비교사 수업에서의 참관이든, 수업참관 일정에 합의하는 것은 유용하다. 참관 목표 역시 명확히 해야 한다(7장 참조).

협력교사와 함께 하는 회의의 성격

예비교사는 보통 수업을 가르치기 전에 협력교사와 자신의 수업을 논의하고, 수업 후에는 검토하는 기회를 가지게 될 것이다. 이러한 시간은 수업 전 그리고 수업 후 회의라고 불린다.
    수업 전 회의는 다음의 역할을 할 것이다:

- 수업계획서 검토하기
- 예측할 수 있는 어려움 논의하기
- 협력교사가 수업을 참관한다면, 참관의 초점 결정하기
- 수업 평가에 사용할 기준 결정하기
- 수업 후 피드백을 어떻게 할지—즉각적 또는 지연된 피드백—결정하기

수업 후 회의는 다음의 역할을 할 것이다:

- 수업이 잘 진행되었는지 검토하기
- 예비교사를 격려하고 지원하기
- 어려움과 문제점 논의하기
- 향상시킬 부분 결정하기
- 교수활동의 다음 단계 결정하기

수업 후 회의의 성격은 협력교사의 교사장학 접근법에 달려 있다. 교육실습은 코칭(coaching)의 한 유형으로 여겨질 수도 있다. 그럴 경우, 예비교사와 협력교사는, 예비교사가 연습하길 원하는 교수 전략에 동의해야 한다. "코치"는 이를 어떻게 가장 잘 진행할지 제안하고, 수업은 이를 연습할 수 있는 기회이다. 수업 후 회의에서, 예비교사와 코치는 전략이 얼마나 잘 구현되었는지를 평가한다.

과정중심 쓰기 접근법은 제가 배정받은 교생실습 학교의 필수였습니다. 협력교사는 그녀가 오랫동안 활용하며 성공적이라고 생각한, 한 접근법을 제가 시도해보길 원하셨는데, 그건 과정중심 쓰기 접근법을 대표하는 연상기호 POWERS (prepare, organize, write, edit, rewrite, and share)를 활용하는 것이었습니다. 제가 수업에 들어가기 전, 협력교사는 이 교수법의 기초를 알려주시면서 "코치"로서 역할을 하셨고, 저는 두 시간의 수업을 준비했습니다. POWERS를 활용하기 위해, 애니메이션 "Captain Planet"의 비유를 활용하기로 했죠. "Captain Planet"에서는, 모든 파워가 합쳐지면 Captain Planet이 지구를 구하기 위해 나타나는데, 이를 학생들이 POWERS 쓰기 절차를 활용한다면 좋은 글을 완성할 수 있을 것이라는 개념과 연결했습니다.

애니메이션을 본 학생들 몇 명을 선정하여, 모든 파워가 합쳐져서 Captain Planet이 나타나는 부분을 역할극으로 하도록 했어요. POWERS를 활용하기로 한 건, 학생들이 '글쓰기 전 생각 정리하기', '수정하기', '다시 쓰기'와 비교해서, 기억하기에 더 쉽게 느낄 거라고 생각했기 때문입니다. POWERS를 설명한 후, 학생들이 POWERS 마인드맵을 그리도록 했습니다. 그리고 아서왕에 대한 내러티브를 위해 브레인스톰을 하도록 하는 준비("P-prepare") 과업을 소개했어요. 학생들은 먼저 아서왕에 대한 이야기 – 협력교사가 학생들에게 미리 찾아보라고 숙제로 내준 – 를 공유하고, 이후 자신들의 생각을 브레인스톰하고 공유해야 했습니다.

그러고 나서, 제가 제공한 도식표 등을 활용하여 자신의 생각을 정리("O-organize")해야 했고, 수업은 "다시 쓰기"("R-Rewrite")의 뒷부분을 다루면서 시간이 모자라 끝났습니다. 수업에 너무 많은 것을 준비해서 다 마칠 수는 없었지만, 협력교사로부터 제가 수업을 진행한 방식에 대해 의미 있는 피드백을 받았습니다. 협력교사는 제가 준비한 것을 모두 마치지 못했지만, 이 연상기호를 활용하는 법을 잘 숙지했다고 하셨어요.   – Monica, 포르투갈

요약과 결론

협력교사는 예비교사의 교육실습 경험에서 중요한 역할을 한다. 협력교사는 예비교사가 수업을 준비하는 데 도움을 주고, 교수활동에 대한 제안과 전략을 공유하며, 예비교사 수업에 피드백을 제공하고, 수업에서 발생한 문제를 처리하는 데 도움을 주며, 예비교사를 격려하고 동기부여한다. 협력교사는 예비교사장학 과정에서 다양한 접근법을 취할 수 있다. 어떤 협력교사는 예비교사에게 특정한 교수방식을 소개하고자 할 텐데, 이는 예비교사가 이해하는 교수활동의 개념을 반영하지 않을 수도 있다. 다른 협력교사는 예비교사와 협력적 관계 속에서 일하고자 할 텐데, 이때 예비교사는 교사로서 자신의 장단점을 탐구하도록 함께 일하며 예비교사의 교수활동을 향상시킬 수 있는 방

법을 제안할 것이다. 협력교사와의 관계가 긍정적이고 발전적일 수 있도록 원활한 소통의 채널을 확립하는 것이 중요하다. 수업 전 그리고 수업 후 회의는, 아무리 짧다 하더라도 수업에서 예비교사가 하고자 하는 것을 명확히 하고 수업이 얼마나 잘 진행되었는지를 성찰할 수 있는 좋은 기회이다.

협력교사들은 서로 다른 방식으로 자신의 임무를 이해하고, 그들과의 상호작용은, 협력교사가 예비교사의 역할 및 멘토로서 자신의 역할을 어떻게 바라보는지에 따라 다양할 것이다. 자신의 교육실습이 어떻게 진행될 것인지, 예비교사는 어떤 책임이 있는지, 어떤 과정을 따를 것인지, 그리고 예비교사의 교수활동은 어떤 방식으로 지원되고 검토될지에 대해 정확하게 이해하는 것은, 예비교사와 협력교사 간의 만족스러운 관계를 만드는 데 필수적이다. 교육실습 초기에 서로의 기대를 제대로 인식하는 것은 교생실습 기간 동안 있을 수 있는 오해를 피하도록 한다.

추천 참고 도서

Bailey, K. M. (2006). *Language teacher supervision: A case-based approach*. New York: Cambridge University Press.

Johnson, K. E. (1996). The vision versus the reality: The tensions of the TESOL practicum. In D. Freeman and J. C. Richards (Eds.), *Teacher learning in language teaching* (pp. 30-49). New York: Cambridge University Press.

Nunan, D. (1999). *Second language teaching and learning*. Boston, MA: Heinle & Heinle.

토론 질문

1. 한 협력교사는 교생실습에 임하는 예비교사들에 대해 다음의 기대를 가지고 있다. 교생실습에 대한 자신의 기대와 다음을 비교하라.
    a) 어느 정도의 언어 능숙도와 필요시 정보를 찾을 수 있는 능력
    b) 다양한 교수・학습 접근법, 교수법 및 테크닉을 알고, 이들을 일하는 교수 맥락에 맞게 활용하는 능력
    c) 매일의 교수활동 루틴에 필요한 조직화 및 관리 능력
    d) 학생들과 긍정적인 라포 형성
    e) 교사로서 발전하기 위해, 협력교사인 나와 열린 마음으로 자신의 교수활동 탐구
    f) 교직에 입문하며, 교사로서 자신의 전문성 및 이에 필요한 모든 것 이해하기

2. 자신의 교수활동을 향상시키기 위해 어떤 부분에 있어 협력교사가 가장 유용하게 도움을 줄 수 있을 것이라고 생각하는가?

3. 협력교사가 자신의 교수활동에 대해 어떻게 피드백을 주는 것을 선호하는가? 아래 자신의 선호도에 체크하라.
    ○ 수업에 대해 문서로 피드백 주기
    ○ 가르친 각 수업에 대해 논의하기
    ○ 협력교사의 수업만을 참관하도록 하기
    ○ 협력교사가 함께할 때만, 협력교사의 수업에서 가르칠 수 있도록 하기
    ○ 가르치기 전 수업계획서를 함께 검토하기
    ○ 수업계획서 짜기, 가르치기, 학생 평가하기를 포함하여, 예비교사가 가르치는 수업의 모든 측면에 스스로 책임을 지도록 하기

4. 협력교사의 수업을 참관하는 것을 통해 무엇을 배울 수 있다고 생각하는가?

5. 협력교사가 제공하는 피드백에 대해 동의하지 않을 때 예비교사는 어떻게 대응해야 한다고 생각하는가?
6. 협력교사가 교사장학에 있어 때로 규범적 접근법을 취하는 것이 적절하다고 생각하는가?

후속 활동

1. 부록의 비네트를 읽고, 수업 규율에 대한 George의 논의를 살펴보라. 모둠으로, 각자 수업 규율을 유지하는 원칙이 무엇인지 생각한 후 다른 사람들과 비교하라.
2. George(부록 참조)는, 예비교사가 창의적이고 새로운 교수법을 시도해 보고자 하지만 자신의 수업이 아니기에 시도해 볼 수 없는 상황에서 일어나는 긴장감에 관해 이야기한다. 특정 교수적 문제를 해결하는 데 있어 협력교사가 제안한 것보다 예비교사가 더 나은 전략을 가지고 있다고 생각할 때, 이러한 상황을 어떻게 다룰지 논의하라.

부록: 협력교사와 함께 일하는 한 예비교사의 이야기

저는 많은 학생이 ESL 사용자인 초등학교에서 교생실습을 했고, 따라서 학교에서 ESL 교사와 팀을 이루었습니다. 제가 학교에서 익숙해져야 하는 주요 임무 중 하나는, 모의수업에 했던 것처럼 다음 수업을 계획하는 것 대신에, 한 주 전체 또는 심지어 2주를 미리 계획하는 것이었습니다. 처음에는 이 일이 꽤 어렵게 느껴졌지만, 점점 익숙해졌습니다. 또 다른 이슈는 수업 규율에 관한 것이었어요. 제가 파악해야 하는 교수활동의 아주 중요한 부분이라고 느꼈습니다.

교육실습은 저로 하여금 40명의 에너지 넘치는-모두 친구들과 선생님의 관심을 끌고자 하는-어린 학생들과 마주하도록 했습니다. 교생실습 기간 동안 수업 규율 이슈 때문에 마음이 편치 않았음을 인정해요. 수업 규율은 학생들이 실제 학습을 하는

데 매우 중요하다고 생각합니다. 만약 학급에서 제대로 수업 규율이 지켜지지 않는다면, 학생들은 학습하지 못할 겁니다. 비록 협력교사가 교육실습 동안 큰 도움을 주셨지만, 이 부분에서는 그녀는 그냥 "수업에서 좀 더 단호하라고" 말할 뿐, 수업 운영에 대해서 다른 도움이나 조언을 주지는 않으셨습니다. 아마도 저 스스로 수업 운영에 대해 배우고, 자신만의 스타일을 찾아야 한다고 생각하셨을 수도 있습니다.

 교생실습은 교수활동의 생생한 현장으로 저를 데려다 주었습니다. 그것도 매우 빨리요. 수업이 마지막 순간에 변경되어야 하는 때가 있었고, 또는 시간이 부족해서 수업 내용을 변경해야 하는 때도 있었어요. 협력교사가 독해 활동을 다루어야 한다고 주장하셔서 마지막 순간에 수업을 바꾸어야 할 때도 있었습니다. 이러한 일들로 저는 교생실습 기간 동안 제가 가르치는 수업은 궁극적으로 제게 속하지 않다는 걸 깨닫게 되었습니다. 때때로 제가 원한다 하더라도, 학교, 부서, 그리고 저를 도와주시는 협력교사의 서로 다른 정책 때문에, 새로운 아이디어를 시도할 자유는 없다는 것을 느끼게 되었습니다. 물론 그렇다 하더라도, 협력교사는 언제나 저를 격려해 주셨고, 제가 잘 준비된 교사가 되는 데 필요한 좋은 실습 경험을 가질 수 있도록 신경 써 주셨습니다. － George, 싱가포르

5장
교수활동 계획하기

서론

교수활동 전 수업을 계획하는 것은 효과적인 수업을 가르치기 위해 필수적인 것으로 여겨지며, 교사교육 프로그램에서 상당히 강조되곤 한다. 하지만 교사들이 하는 수업 계획의 성격과 수업계획서에 포함되는 정보의 유형은 다양하다. 경험이 많은 교사는 일반적으로 초보교사보다는 덜 자세한 수업계획서를 활용하고, 종종 자세한 서면 수업계획서보다는 머리 속에 있는 계획서를 바탕으로 가르친다(Richards, 1998). 또한 수업계획서는, 수업계획서를 바탕으로 교사가 진행하는 수업과도 종종 다른데, 수업이 진행되는 방식에 따라 때로는 수업계획서에서 벗어나는 것이 더 좋을 수도 있기 때문이다(6장 참조). 하지만 수업계획서는 많은 학교에서 행정적 필수요건이고, 교사들은 종종 연간, 학기, 수업 유닛, 주간, 그리고 일일 수업계획서를 준비하도록 요구되기도 한다. 예비교사는 협력학교에서 가르치게 될 교과의 일반적인 틀과 내용이 어느 정도 협력교사에 의해 계획되었다는 것을 알게 된다. 그럼에도 예비교사는 일반적으로 혼자 또는 함께 가르치게 될 수업을 계획해야 하고, 따라서 수업 계획에서 사용되는 절차를 숙지하는 것이 중요하다. 아래에 수업 계획에 대한 예비교사의 시각이 묘사되어 있다.

예비교사로서 매우 자세한 수업계획서가 큰 도움이 된다고 생각합니다. 제 협력교사는 매주 이메일로 개괄적 수업계획서를 보내주십니다. 자세한 내용을 작업하는 것은 저에게 달려있어요. 처음 교생실습을 시작했을 때, "어떻게" 가르칠지보다는 "무엇을" 가르치느냐에 더 초점을 두었습니다. 이건 아마도 학생이 많은 학급에서 문법번역식 수업을 가르쳤던 과거의 경험 때문일 겁니다. 그때 협력교사의 기대는 여기 캐나다와는 완전히 달랐거든요. 그곳에서 교사는 모든 것을 알고 있고, 교과서의 모든 것을 다 가르치도록 기대되었습니다. 학생의 역할은 수동적이었어요. 더군다나 과밀학급 때문에 짝 또는 모둠 활동은 허락되지 않았습니다. 그런 상황에서 수업 계획은 중요한 역할을 하지 않았습니다. 하지만 이곳에서 교육실습을 시작하고 나서, 잘 구조화된 수업계획서의 중요성을 깨닫게 되었습니다. 수업계획서가 여러 면에서 제게 도움이 된다는 것을 알게 되었어요. 첫째, 전반적 교육과정 목표에 초점을 둘 수 있도록 합니다. 둘째, 수업계획서를 가지고 수업에 가면 좀 더 자신감이 생깁니다. 셋째, 이전에는 제가 하나의 활동에서 다른 활동으로 넘어가는 데 어려움을 겪곤 했는데, 이제는 수업을 계획할 때 이러한 전환에 더 신경을 씁니다. 이는 제가 이전보다 수업에서 시간을 더 잘 관리할 수 있도록 해주었어요. 자세한 수업계획서의 유일한 단점은, 계획한 대로 수업이 진행되지 않았을 때 제게 스트레스를 준다는 거예요. 수업에서 학생들의 반응을 예측하는 것이 꽤 어렵다고 느낍니다. 최근에, 제가 5분 정도 소요될 거라고 예측했던 활동을 마치는 데 20분 정도가 걸렸다는 걸 알게 되었습니다. 매우 쉬울 거라고 생각했던 몇 가지 어휘를 학생들이 모르고 있다는 걸 발견했어요. 그날은 제 수업계획서가 많은 도움이 되지는 않았어요! 이런 사소한 것들을 빼면, 수업계획서는 장점이 단점보다 훨씬 더 많다고 생각합니다. 경험이 더 쌓이게 되면, 아마도 덜 자세한 수업계획서가 필요할 겁니다. 하지만 그때까지는 전 매우 자세하고 구체적인 수업계획서를 사용할 생각입니다. ― Vidya, 캐나다

교생실습을 통해, 제 수업 목표를 성취하기 위해서는 신중하고 철저한 수업계획서가 필요하다는 것을 깨닫게 되었습니다. 고려해야 할 것들이 너무나 많았어요: 몇 가지만 언급한다면, 학급 구성, 다양한 주제, 교수 자료, 상호작용 패턴, 언어 인식 등이 있습니다. ― Joyce, 인도네시아

교생실습 기간 동안의 수업 계획

협력교사의 교실에서 일하는 교육실습생으로서, 예비교사는 무엇을 가르칠지에 대해 발언권이 제한적일 것이다. 이는 이미 학교나 교육기관의 교사들이 프로그램의 유형(예, 일반영어, 직업 기반, 또는 대학입학을 위한 프로그램), 학생들의 영어 수준, 프로그램의 강도와 같은 요소를 바탕으로 영어 프로그램과 교수 자료, 자원 및 교과서를 계획했기 때문이다. 따라서 비록 장기 계획은 예비교사의 책임 중 일부가 아닐지라도, 일정 기간 학교에 속하게 된다면(예, 10주간 상근으로), 수업 계획에 관여하도록 요구될 수도 있다. 하지만 여전히 예비교사가 장기 교육과정 계획과 학교에서 제공하는 영어수업의 범위에 익숙해지는 것은 중요한데, 이는 학교 예비 방문의 초점일 수 있다(3장 참조). 좀 더 일반적으로, 예비교사는 단기의 주별, 일별 계획에 관여할 것이고, 학교에 도착하여 특정 교수 임무가 주어지기 전에는 이를 준비하는 것이 어려울 수도 있다.

> 협력교사는 제가 주별 수업에 대한 계획서를 제출하길 원하셨는데, 자세한 계획은 아니고, 어떤 주제를 다룰지와 학생들이 하게 될 주요 과업에 대한 것 정도였습니다. 기록해 두시기 위해서였어요. 하지만, 제 자신을 위해서라도 매 수업에 대해 좀 더 자세한 수업 계획이 필요하다고 느꼈습니다. 잘 만들어진 계획 없이 좋은 수업을 가르칠 자신이 없었거든요. - Rosi, 콜롬비아

> 저는 상업적 ESL 교재를 가지고 가르쳤고, 교사 매뉴얼은 매 과마다 꽤 자세한 수업계획서를 제공했습니다. 하지만 어느 정도 시간이 지난 후, 그 계획서가 제 수업에 항상 효과적이지는 않다고 생각해서, 변경해서 사용했어요. 그리고 결국엔 제가 만든, 완전히 다른 수업계획서를 사용했습니다. - David, 한국

비록 교사교육 수업에서는 자세한 수업계획서 준비의 중요성을 강조하지만, 예비교사는 교생실습을 통해 경험이 많은 교사들이 자신의 수업에서 종종 다른 유형의 계획하기를 활용한다는 걸 알게 된다고 Senior는 설명한다:

> 예비교사는 주변의 협력교사들이 자세한 수업계획서-특히 공식적 목적과 목표를 담은 계획서-를 작성하는 데 거의 시간을 투자하지 않음을 알게 된다. 예비교사는, 가르칠 내용의 목록을 만들거나, 또는 가르치고자 하는 내용을 자신에게 상기시키는 대략적 노트나 메모를 적는 것이 교사들에게 훨씬 더 보편적이라는 것을 알게 된다. (Senior, 2006, p. 142)

Senior(2006)는 이에 대해, 경험이 많은 교사는 교수활동 시 기댈 수 있는 광범위한 지식과 경험 기반을 가지고 있고, 학생들의 특정 필요와 흥미에 대해 일반적으로 잘 알고 있기 때문이라고 설명한다. 반대로, 이러한 경험적 기반이 없는 초보교사는 수업계획서를 더 많이 사용할 것이고, 초기 수업 경험에 있어 더 좀 더 구체적인 수업계획서를 활용할 것이다(Richards, 1998).

수업계획서로서 교과서

학교는 언어교수에 있어 상업적 교과서를 다양한 방식으로 활용한다. 어떤 곳에서는, 교과서가 교육과정이고, 교사가 가르치는 수업은 교과서의 내용을 긴밀히 따라야 한다. 특히 영어교사가 영어 원어민이 아니고, 고급 수준의 영어능력을 갖추고 있지 않은 상황에서는(아마도 전 세계 EFL 상황의 영어교사 대부분), 교과서가 언어수업에서 주요 언어입력자료를 제공할 것이다. 교사들은 제한적인 교사교육 기회를 경험했을 수도 있는데, 이때 교과서와 교사 매뉴얼이 그들의 주요 교수 자원이 된다. 교사와 학습자 모두에게, 교과서는 수업의 전반적 내용을 보여주는 안내서이며, 각각의 수업 및 전체 수업 과정이 유기적으로 연결되어 통일감을 주는 체계를 제시한다. 이는 학습자들에게 일종의 자율성을 제공하는데, 이러한 자율성은 교사가 준비한 매일의 또는 주일별 수업 유인물은 제공할 수 없는 것이다. Crawford는 다음과 같이 설명한다:

> 학생들에게 교과서가 인기 있는 것은 이러한 통제의 느낌 때문일 것이다. 따라서 교사가 교과서를 사용하지 않기로 결정하는 것은, 학습자보다는 교사의 손에 통제 권한을 주기 때문에 사실 '제국주의의 흔적'일 수 있다. (Crawford, 1995, p. 28)

하지만 경험이 많은 교사는, 특히 교사교육을 받았고 유창한 영어사용자라면, 교과서를 훨씬 덜 사용하고, 대신 자신이 만들었거나 실제 자료(authentic materials)를 더 많이 사용할 것이다(Senior, 2006). 이는 교사가 학생들의 필요와 흥미를 더 잘 다룰 수 있고, 교과서의 활동 순서를 따르기보다는 좀 더 창의적이고 유연한 방식으로 가르치도록 한다는 장점이 있다. 만약 교과서를 사용한다면, 교사는 자신의 필요에 맞게 개작하면서, 교과서를 선택적으로 사용하는 경향이 있다. 이러한 개작은 다음을 포함한다:

- 내용 개작하기: 교과서의 내용은 목표 학습자들에게 적절하지 않기에 — 학습자 나이, 성별, 직업, 종교 또는 문화적 배경과 관계된 요소 때문에 — 변경될 필요가 있을 수 있다.
- 내용 추가하거나 빼기: 교과서는 특정 언어 프로그램에 너무 많거나, 또는 너무 적은 내용을 포함할 수 있다. 전체 과가 빠져야 할 수도, 또는 교과서의 한 부분이 생략되어야 할 수도 있다. 예를 들어, 영어수업이 주로 듣기와 말하기 능력에 중점을 둔다면, 책의 쓰기 활동은 생략될 것이다.
- 내용 재구성하기: 교사는 교과서의 요목을 재구성하여, 자신이 더 적절한 순서라고 여기는 방식으로 각 과를 정렬할 수도 있다. 또는 각 과에서 활동 순서를 따르지 않고 특정 이유로 활동들을 재구성할 수도 있다.
- 빠진 부분 다루기: 교과서는 교사가 중요하다고 생각하는 목록을 빠뜨릴 수 있다. 예를 들어, 교사는 어휘 활동이나 문법 활동을 추가할 수 있다.
- 과업 개작하기: 연습과 활동은, 추가적인 목표를 위해 변경될 필요가 있을 수 있다. 예를 들어, 듣기 활동은 특정 정보 찾기를 위한 듣기에만 중점을 둘 수 있다. 따라서 개작하여, 학생들이 다른 목적을 위해 두 번 듣도록 할 수 있다. 또는 좀 더 많은 개별 연습의 기회를 제공하기 위해 활동이 늘어날 수 있다.
- 과업 늘리기: 연습 활동이 충분한 연습 기회를 주지 않는다면, 추가 연습 과업이 필요할 수 있다. (Richards, 2001, p. 260)

교육실습을 준비하며, 다음에 제시한 질문들을 논의하고 가르칠 수업에서 교과서의 역할을 명확히 하는 것은 중요하다.

1. 수업은 어느 정도로 (a) 상업적 교과서, (b) 교사가 준비한 교재, (c) 실제 자료를 활용하는가?
2. 예비교사는 자신의 수업을 위해 교재를 준비하도록 기대되는가, 또는 협력교사가 준비한 교재를 주로 사용하는가?
3. 예비교사는 스스로 준비한 교재를 사용하기 전에 협력교사에게 보여주어야 하는가?
4. 교과서가 사용된다면, 이는 (a) 주요 교재로서 정기적으로 사용되는가, 또는 (b) 수업을 위한 여러 교재 중 하나로써 사용되는가?
5. 교과서가 사용된다면, 협력교사는 교과서의 장단점은 무엇이라고 생각하는가?
6. 협력교사는 교과서가 어떻게 사용되어야 한다고 생각하는가?
7. 보충 교재가 사용된다면, 어디서 좋은 자료를 얻을 수 있는가?
8. 교과서를 바탕으로 가르친다면, 수업계획서는 교과서 내용에서 얼마나 벗어날 수 있는가?
9. 학생들은 교과서 내용에서 시험을 치를 것인가?
10. 예비교사는 수업에서 활용한 보충 교재에 대해 시험을 만들도록 기대되는가?

비록 이 책에서는 예비교사의 교생실습 기간 동안 교과서를 사용하는 것에 대한 장점을 제시하지만, 어떤 초보교사들은 교생실습에서 교과서를 따라야 한다는 것에 답답함을 느끼며, 교과서에서 너무 많이 벗어났다는 피드백을 받으면 좌절감을 느낄 것이다. Senior는 그런 예를 하나 제시하는데, CELTA 수업을 듣는 한 예비교사는 아래에 그녀가 설명하는 것처럼, "교과서 회피 신드롬"을 앓고 있는 것은 아니냐는 이야기를 들었다:

교사교육자들의 주장은, "교과서를 집필한 사람들은 전문가입니다. 왜 이미 잘 만들어진 교재가 있는데 새롭게 교재를 만드느라 시간을 낭비하려고 하나요? 그들이 여러분을 위해서 이미 어려운 일을 다 해 놓았습니다. 그들은 이 분야에서 오랫동안 일해 온 뛰어난 사람들이죠. 그냥 그 사람들의 지식을 사용하세요." 맞는 말이에요. 저는 초보교사이고, 제가 뭘 알겠어요. — Senior(2006, p. 49)에서 인용한 예비교사

유닛(unit) 계획하기

앞서 살펴본 바와 같이, 수업을 계획하는 것은 장기와 단기 계획을 포함하는데, 예비교사는 일반적으로 후자에 관여하게 된다. 이는 개별 수업을 계획하고 가르치는 것에 국한되지 않을 수 있다. 때로 교수활동은 일련의 여러 수업으로 묶일 수 있는데, 이는 유닛으로 알려져 있다. 유닛은 특정 주제나 교수적 초점 중심으로 계획된 일련의 수업인데, 보통 확실한 학습 결과가 정의되어 있다. 예를 들어, *십대 흡연*, *설득적 글쓰기*, 그리고 *제품 소개*는 모두 유닛의 주제일 수 있다. 유닛은 따라서 일정 시간을 거쳐(예, 2주) 일어나는 통합된 수업이고, 마지막에는 통합적 과업이나 활동을 한다. MacDonald(1991)는 유닛을 계획하는 데 유용한 단계의 개요를 제시한다.

1. 유닛의 주요 목표를 찾는다. 이는 유닛의 전반적 초점과 목표를 설정하는 것을 포함한다. 예를 들어 유닛은 듣기, 말하기, 쓰기, 읽기를 연결하고, 어드벤처 스포츠와 같은 특정 주제에 초점을 두는 연속적 수업을 위한 계획일 수 있다.
2. 유닛 내용에 대한 개요를 준비한다. 이는 유닛의 주제, 언어능력, 장르, 언

어 초점 등을 선정하는 것을 포함한다.
3. 학습 결과 유형을 결정한다. 서로 다른 유닛의 구성요소(예, 듣기, 말하기, 읽기, 쓰기 등)에 대한 구체적인 학습 결과가 결정된다.
4. 교수 전략과 활동을 선정한다. 유닛은 이제 각 과로 조직화되고, 교수 테크닉과 전략이 결정된다. (MacDonald, 1991, p. 76)

유닛 계획의 예는 부록 D를 참조하라.

개별 수업 계획

수업 계획은 교생실습에서 다양한 목적을 수행한다. 주요 목적 중 하나는 예비교사의 교수법적 추론 능력 – 교사가 수업 내용을 효과적인 학습으로 변형시킬 수 있는 특별한 능력 – 을 개발할 수 있도록 돕는 것이다(2장 참조). 수업 계획을 통해 활성화된 개념적, 인지적 과정에 덧붙여, 수업 계획은 수많은 다른 기능을 하기도 한다. 여기에는 다음을 포함한다:

- 예비교사가 가르칠 수업에 대한 체계 또는 "로드맵" 제공하기
- 교수 과정을 미리 생각해 보고 리허설하는 것 돕기
- 안정감 주기
- 활동 순서와 시간 결정하기
- 교사의 원칙과 신념을 깨닫도록 돕기
- 지금까지 가르친 것에 대한 기록 제공하기

아래에 교사들이 왜 수업계획서를 활용하는지에 대한 의견이 제시되어 있다.

수업계획서는 일관된 수업을 만들기 위해 필수적입니다. 전체 수업을 하나로 묶는 데 있어 주의를 기울여야 하는 서로 다른 요소들을 상기시켜 줍니다.

수업계획서가 없으면, 해야 할 일들을 잊어버리거나, 계획한 것의 반도 끝내지 못하는 것을 알게 되었습니다.

수업계획서는 학생들에게 언어를 어떻게 제시할지를 명확하게 구성하도록 돕습니다.

수업하는 동안 따를 체계를 제공합니다.

제 목표를 명확하게 하고 수업의 체계를 제공합니다. - Richards(1998)에서 인용한 교사들

교과서-이미 수업 계획이 다 만들어진-를 바탕으로 가르친다고 하더라도, 보통 추가로 계획하는 것은 필요한데, 이는 교과서를 교수 상황에 맞도록 개작하고, 학습자의 배경, 흥미, 학습 스타일, 그리고 능력을 바탕으로 보충하기 위해서 그렇다. 예를 들어, 예비교사는 수업의 특정 교수 목표를 고려한 후, 수업에서 강조하는 언어능력에 초점을 둔 과업과 활동을 선택하고자 할 수 있다. 예비교사는 수업에서 사용할 교수 자원 및 다양한 활동에 쓸 시간도 생각해 봐야 할 것이다. 또는 학생들의 학습과 이해 정도를 얼마나 모니터할지에 관한 생각도 수업 계획에 포함할 수 있다.

처음에는 수업 계획이 인간이 올라갈 수 있는 가장 큰 산처럼 느껴졌고, "완벽한" 수업계획서를 만들려고 정말 고군분투했습니다. 제가 협력교사의 기대를 충족할 수 있는 계획을 만들 수 있다는 것을 알았지만, 빨리 진행되지는 않았습니다. 심지어 더 심혈을 기울이겠다고 결심했는데, 이는 협력교사에게 제가 진실로 이 일을 중요하게 생각하고, 가장 최선의 방식으로 해내고자 한다는 것을 보

여주고 싶었기 때문입니다. — Lyndsay, 인도네시아

처음부터 수업계획서라는 개념을 좋아했습니다. 이것이 꼭 보편적 경험이라고는 생각하지 않았지만, 수업에 체계를 갖는다는 걸 좋아했고, 첫 수업부터 가능한 철저하게 수업 계획을 하는 것의 장점을 경험했습니다. 추천된 순서로 수업계획서 형식을 완성했을 때 수업이 더 순조롭게 흘러갔습니다. 네, 시간은 많이 걸리죠. 하지만 목표를 정한 후 좀 더 자세한 부분을 다루는 것이 훨씬 더 쉬웠습니다. — Elizabeth, 인도네시아

수업계획서 작성하기

수업계획서를 위한 간단한 공식은 없다. 효과적 수업을 구성하는 것은 수업의 내용, 교사의 교수 스타일, 학생들의 학습 선호도, 수업 규모, 그리고 학습자의 언어 수준을 포함하는, 수많은 요인에 달려 있기 때문이다. Fujiwara는 경험이 많은 교사가 수업 계획 시 활용하는 과정을 다음과 같이 설명한다:

> 비록 이제는 내가 수업 목표를 구체적으로 표현하려고 하지만, 수업 계획을 하는 나의 방법은 여전히 수업 활동과 비전으로 시작한다. 비전을 봤을 때라야 내가 하는 것을 왜 하는지 분석하기 시작할 수 있다. 학생들과 대화도 해야 한다. 따라서 나에게 1년 계획을 개요 형태로 제시하는 것은 어렵다. 내가 언어를 학습한 과정이 더 이상 나에게 의식적으로 행하는 일이 아닌 것과 같이, 나의 수업 계획 과정도 겹겹이 쌓인 수많은 가정, 경험 그리고 지식에 기반한다. 내가 왜 수업 계획을 할 때 그러한 결정을 내렸는지를 파악하기 위해서는, 정말 깊이 생각해 봐야 한

다. (Fujiwara, 1996, p. 151)

수업계획서는 교수와 학습의 본질, 수업 내용에 대한 이해(예, 문단 체계, 과거완료시제, 독해에서 주제 찾기 등에 관해 교사교육과정에서 학습한 것), 수업에서 교사와 학생의 역할, 그리고 활용하고자 하는 교수법(예, 협동학습, 과정중심 글쓰기, 의사소통 접근법)에 대한 예비교사의 가설을 반영한다.

> 저는 학생들이 참여하고 학습할 수 있는 편안한 수업 환경을 만든다고 생각해요. 교사가 수업에 긍정적이고 열정적인 태도를 가지고 있다면, 학생들도 똑같이 느낄 거라고 생각합니다. 학생들이 이미 알고 있는 것을 바탕으로 이를 더 확장하는 수업을 준비하고자 합니다. 일반 수업에서 학생들은 영어에 노출은 되지만, 실제 말하기 연습은 거의 또는 아예 못 했습니다. 과업에 대해 짧게 설명한 후 학생들이 모둠 활동에 참여하거나 즉각적으로 영어를 사용하도록 하는 것은, 그들이 "창피를 당할까 두려워해서" 어렵습니다. 따라서, 학생들이 시도해 보도록 격려하는 데 칭찬은 필수적이에요. 동시에, 교사는 요령 있게 실수를 수정하고, 학생들이 모둠 활동에서 서로를 수정할 수 있도록 해야 합니다. — Anna, 미국

> 수업에서 제 역할은 교사 또는 자원 제공자라고 생각합니다. 언어 요점을 제시할 수 있고, 문화적으로 민감하며, 학생들이 영어를 효과적으로 사용할 수 있는 방법을 제공할 수 있습니다. 학생들이 더 잘 이해할 수 있도록 질문할 것을 독려합니다. 전 매 수업에서 학생들이 이미 알고 있는 것을 사용하고, 그 지식을 확장하는 것을, 그리고 "또래 압력"이라는 장애물—급우들 사이에서 창피를 당하는 것—을 극복하도록 돕고자 해요. 격려와 칭찬을 통해, 학생들이 이미 알고 있거나 학습하고 있는 것을 말할 수 있도록 돕습니다. — José, 푸에르토리코

하지만 일반적으로, 수업계획서는 아래 제시한 수업 측면들에 대해 예비교사가 내린 결정을 반영할 것이다.

- 목표: 수업의 일반적 목표는 무엇인가
- 활동: 수업에서 학생들은 어떤 유형의 활동을 할 것인가-예를 들어, 대화, 자유 글쓰기, 브레인스토밍
- 순서 배열: 활동이 사용되는 순서-활동 시작하기와 끝내기를 포함하여
- 시간: 다양한 활동에 얼마나 많은 시간이 소요될 것인가
- 모둠화: 언제 전체 활동으로, 그리고 짝 활동 또는 모둠 활동으로 수업이 진행될 것인가(8장 참조)
- 자원: 어떤 자료가 활용될 것인가-예를 들어, 교과서, 연습문제지, 그리고 DVD

Richard-Amato(2009)는 언어학습이 일반적으로 다음의 서로 다른 5단계로 나뉠 수 있다고 제안한다:

시작: 이전에 학습한 것과 연결짓거나, 배울 내용을 미리 살펴본다.
모의 활동: 수업에 대한 학생들의 흥미를 돋우기 위해, 주요 활동에 대한 소개 및 준비 활동이 제시된다.
교수: 수업의 주요 활동을 가르친다.
마치기: 수업을 복습하거나, 향후 수업을 미리 살펴본다.
후속 활동: 개별 학습이나 숙제가 주어진다.

수업계획서의 예시를 위해 부록 C를 참조하라.

교수활동 시 수업계획서의 역할

교수활동은 수업계획서를 바탕으로 수업을 수행하는 것 그 이상이다. 이는 교수 과정에서 수업의 성격과 절차에 영향을 주는 수많은 개별적 결정이 내려져야 하고, 이 결정 모두가 미리 계획될 수는 없기 때문이다. 이러한 계획되지 않은 결정은 "상호작용적 결정"이라고 알려져 있다. 이는 다음의 이슈와 관련된 결정을 포함한다:

- 과업 효과성: 과업과 활동이 효과적으로 작동하는가?
- 언어 초점: 활동은 언어에 대해 충분히 초점을 두고 있는가?
- 언어 지원: 학생들은 활동을 수행하기 위해 더 많은 언어 지원이 필요한가(예, 부가적 어휘, 문법)?
- 모둠화: 학생들의 모둠별 배정이 변경되어야 하는가?
- 흥미: 학생들은 흥미를 가지고 있는가, 또는 학습동기를 유지시키기 위해 뭔가를 해야 하는가?
- 순서 배열: 계획된 수업 진행 순서는 변경이 필요한가?
- 전환: 활동과 활동 사이의 전환이 좀 더 나아질 필요가 있는가?
- 속도 조절: 계획된 시간 배정이 변경되어야 하는가?
- 난이도: 수업은 적절한 수준인가?
- 학습자 이해도: 학습자가 이해했는지 확인이 필요한가?
- 학습자 행동: 학생들의 소란이나 방해가 되는 행동을 통제할 교사 개입이 필요한가?

따라서 수업계획서는 실제 수업에 대한 청사진으로 여겨질 수 있다. 수업을 가르치며 예비교사는 여전히 "상황에 맞추어 행동"해야 하고, 실제 교수 상황의 변화하는 환경에 따라 가르쳐야 할 것이다. 따라서 수업계획서는 수업에서 일어난 일들에 따라 때로는 재협상되어야 한다. Nunan은 다양한 경험을 가진 교사들이 활용하는 수업 계획 과정에 대해 묘사하며, 비록 실제 수업 과정에서 수업이 상당히 변경되지만, 교사의 수업 계획은 그들의 수업에 매우 중요한 영향력을 미침을 관찰한다:

> 계획한 것이 실제 수업과 동일하고, 가르친 것이 학습자들이 학습한 것과 동일하리라고 가정하는 것은 순진한 생각이지만, 이는 수업 계획-목표를 설정하는 것을 포함하여-이 이 동일화 선상에서 빠져야 한다는 말은 아니다. 교사가 한 계획은 수업 중 변경될 테지만-완전히 바뀌는 것은 아니더라도-이러한 계획은 교사가 수업 중에 내리는 상호작용적 결정에 체계와 구조를 제공한다. 또한, 수업 계획은 교사가 수업 중 내리는 상호작용적 결정이 평가될 일련의 기준을 제공할 것이다. (Nunan, 1992, p. 161)

예비교사가 수업 중 내려야 하는 결정 몇 가지가 아래 예시에 제시되어 있다:

> 학생들이 제가 생각한 것보다 더 빨리 활동을 끝내서, 마지막에 활동을 좀 더 넣었습니다. 문장 만들기 활동 몇 개를 더 하도록 했어요. 원래는 학생들이 칠판에 게임을 한 후 이를 종이에 옮겨 적으면, 수업이 끝날 것으로 계획했거든요. 수업은 순서대로 잘 흘러갔고, 마지막에 좀 더 추가해야 했습니다. 수업계획서를 준비하지만, 수업에서 활동이 얼마나 빨리 또는 느리게 진행될지 알지 못하는 것 같아요. - Karen, 영국

> 제 초급반 수업에서 대부분의 시간은 쓰기 활동을 하기로 계획을 세웠습니다. 학생들이 주제(수학여행에 대한 보고서)에 대해 자신의 생각을 정리하도록 자유 글쓰기부터 시작했고, 담화표지를 활용하여 문단 조직화하기에 대한 활동을 했

습니다. 글쓰기 부분을 하기 시작했을 때, 학생들의 문법이 정말 안 좋다는 것을 알게 되었고, 따라서 수업의 마지막 부분에 대한 제 계획을 포기하고 문법 활동을 했습니다. 보고서 글쓰기는 나중에 다시 할 생각입니다. — Marcia, 콜롬비아

Bailey(1996)는 여섯 명의 경험 많은 ESL 교사들이 수업 중 수업 계획에서 벗어나는 것에 관한 연구를 진행했다. Bailey는 이러한 수업계획서에서 이탈의 이유를, 교사들이 좋은 교수활동에 대해 가지고 있는 원칙의 측면에서 설명한다(5장 참조). 교사들은 수업계획서로부터의 이탈에 대한 근거로 다음을 제시하였다:

1. *공동의 이익 도모*(예, 개별 학습자가 제기한 이슈는 전체 학급에 도움이 되기에 살펴볼 가치가 있다고 여겨진다)
2. *순간순간 가르치기*(예, 교사는 수업계획서를 폐기하고, 그 순간 학생들이 특별히 관심을 가질 이슈를 다룬다)
3. *학생들의 학습 스타일 수용*(예, 교사는 학생들이 명시적 문법 교수방식을 선호하기에, 이러한 방식을 도입할 결정을 한다)
4. *학습자 참여 증진*(예, 교사는 학습자들이 큰 관심을 보인 활동을 하는 데 더 많은 시간을 할애하기 위해, 계획된 활동을 하지 않기로 한다)
5. *자산 분배*(예, 교사는 전체 학급이 학습의 기회에서 혜택을 받도록, 특정 학생이 수업 시간을 장악하지 못하도록 한다)

수업계획서 평가하기

수업 후 수업이 얼마나 잘 진행되었는지 검토할 시간을 가지는 것이 중요하다. 이는 다음과 같은 질문을 포함한다:

1. 학생들은 수업을 즐겼는가?
2. 수업 내내 학생들을 참여시킬 충분한 활동이 있었는가?
3. 수업의 어떤 부분이 가장 성공적이었는가?
4. 어떤 부분이 가장 덜 성공적이었는가?
5. 예비교사가 가르치고자 한 목표를 성취했는가? 이에 대한 증거는 무엇인가?
6. 수업에 어떤 어려움이 있었는가?
7. 향후 수업을 같은 방식으로 가르칠 것인가?

교사가 가르치는 모든 수업에는 그만의 생명력이 있기에, 수업이 한 교실에서 완벽히 수행되었다 하더라도, 다음번에 그 수업을 똑같은 방식으로 가르칠 때 같은 결과를 가져오지 않을 수 있다는 사실을 잘 알 것이다. 교수활동은 언제나 수업이 진행되는 방식에 따라 수업계획서를 조정하는 것을 수반한다. 즉, 예비교사는 수업에 대한 자신의 의도에 기반을 두어 수업계획서를 수행하기보다는, 학생들이 수업에서 어떻게 반응하느냐에 따라, 수업계획서를 기반으로 수업을 만들어 가는 것이 필요하다. <표 5.1>에는 예비교사가 어떻게 교수활동을 계획할 수 있을지가 요약되어 있다.

1. 협력교사와 확인하기	• 예비교사는 자신이 얼마나 많은 계획을 하도록 허락되었는지 확인한다.
2. 교과서의 역할 확인하기	• 예비교사는 교과서(및 교사 매뉴얼)가 주요 교수 자료인지 또는 부차적 자료인지; 예비교사가 내용을 변경하거나 추가/삭제, 또는 재조직할 수 있는지; 생략할 수 있는지; 과업을 변경하거나 확장할 수 있는지 확인한다.
3. 유닛 계획서 준비하기	• 예비교사는 유닛의 주요 목적을 파악하고; 이에 대한 내용 개요를 준비하며; 학습 결과의 유형을 결정하고; 교수 전략과 활동을 선정한다.
4. 수업계획서 준비하기	• 예비교사는 수업 내용, 자신의 교수 스타일, 학생들의 학습 선호도, 학급 규모, 그리고 학습자들의 영어 수준에 따라 수업을 계획한다.
5. 수업계획서 평가하기	• 예비교사는 수업이 얼마나 잘 진행되었는지 검토한다.

〈표 5.1〉 교수활동 계획하기

요약과 결론

수업 계획은 교사교육 프로그램의 중요한 구성요소이다. 비록 경험이 많은 교사는 구체적인 수업계획서를 사용하기보다는 학생들의 관심사와 필요에 대한 자신의 방대한 지식에 기대어 수업을 진행한다 할지라도 말이다. 하지만, 초보교사는 일반적으로 교수활동 시 수업계획서를 활용하도록 요구된다. 예비교사는 교과목 전체 과정에 대한 계획을 세우기보다는—이는 정규교사의 몫이다—보통 개별 수업 또는 일련의 수업을 계획하는 책임이 주어진다. 어떤 상황에서는, 예비교사의 교육실습은 상업적 교과서를 광범위하게 활용할 것이고, 따라서 이를 학생들의 필요에 맞도록 어떻게 개작할지를 고려하는 것은 중요하다. 수업을 계획하는 것은 교수활동을 지원해 줄 뿐만 아니라 효과적 교수활동의 원칙에 관한 예비교사의 생각을 명확하게 하는 데 도움이 된다.

수업은 복잡하고 역동성 있는 이벤트이고, 성공적인 수업에서 교사는 수업에 대한 학습자 반응에 초점을 두며, 다양한 유형의 모니터링 활동에 참여한다. 이는 성공적인 학습 결과를 위해 시간 조절, 과업 난이도, 동기, 학습자 이해 및 언어 초점과 같은 이슈가 다루어지고 필요시 조정되는 것을 보장하기 위함이다. 이러한 이유로 수업계획서는 그저 수업계획서일 뿐이고, 수업이 수업계획서를 실현했다고 해서 그 수업이 좋은 수업이었음을 보장하지는 않는다. 수업의 성공은 수업이 가치 있고 적절한 학습 경험을 제공했는지, 그리고 학습자들을 의미 있는 학습에 참여시켰는지의 정도에 기반한다. 이는 훌륭한 교수활동의 원칙을 실현하기 위해 때로 수업계획서로부터 벗어나는 것을 의미할 수도 있다.

추천 참고 도서

Bailey, K. M., & Nunan, D. (1996). *Voices from the language classroom.* New York: Cambridge University Press.

Farrell, T. S. C. (2002). Lesson planning. In J. C. Richards & W. A. Renandya (Eds.), *Methodology in language teaching: An anthology of current practice* (pp. 30-39). New York: Cambridge University Press.

Richards, J. C. (1998). *Beyond training.* New York: Cambridge University Press.

Richards, J. C., & Renandya, W. A. (2002). *Methodology in language teaching: An anthology of current practice.* New York: Cambridge University Press.

Woodward, T. (2001). *Planning lessons and courses*. Cambridge: Cambridge University Press.

토론 질문

1. 효과적인 수업계획서의 특징은 무엇이라고 생각하는가?
2. 자세한 수업계획서 활용의 장점과 단점은 무엇인가?
3. 좋은 수업은 수업계획서를 잘 따르는 수업이라고 생각하는가? 교사가 수업 중 수업계획서에서 이탈하도록 하는 일에는 어떤 것들이 있다고 생각하는가?
4. 상업적 교과서는 교수활동에 얼마나 유용하다고 생각하는가?
5. 자신이 가르치는 수업에 이상적인 교과서를 만들 수 있다면, 그 교과서의 주요 특징은 무엇인가?
6. 127쪽의 "수업계획서 평가하기"에 제시된 질문 목록을 확인하라. 이 질문들은 여러분의 교수 상황에 적절한가? 여러분이 사용할 만한 다른 질문들이 있는가?
7. Richard-Amato(2009)가 설명한 것처럼, 수업 시작의 일부로서 이전 수업과 연결고리를 만들 수 있는 몇 가지 방법을, 그리고 수업 시작 단계에서 학생들이 수업에 흥미를 가질 만한 방법을 제안하라.

후속 활동

1. 교과서에서 한 유닛을 선택하고 특정 교수 상황에 맞도록 어떻게 개작할 수 있을지 제안하라.
2. 특정 교수 상황과 관련 있는 실제 교재를 선택하고, 모둠으로 교수 자료가 어떻게 활용될 수 있는지를 보여주는 수업계획서를 준비하라.

3. 5명의 예비교사가 자신의 교생실습 과목에 관해 이야기하는 부록 A를 살펴보라. 수업계획서는 이 교사들에게 어떤 역할을 했는가?
4. 부록 B의 비네트를 읽고, 예비교사의 수업계획서를 설명하라.
5. 부록 C는 두 개의 서로 다른 읽기 수업계획서의 개요를 제시한다. 수업계획서 1은 수업계획서 2보다 좀 더 자세하다. 각 수업계획서의 장점과 단점을 논의하라.
6. 부록 D는 쓰기 능력에 관한 유닛을 위해 만들어진 5주 수업계획서의 개요를 제시한다. 이 계획서는 매주 3~4개의 45분 수업을 위해 만들어졌다. 이 유닛은 언어에 대한 기능적 접근법과 내용 중심 교수법을 통합한다. 교사는 어떻게 수업계획서에 학생 참여 요소를 강조하였나?

부록 A: 교생실습에서 수업 계획하기에 대한 예비교사의 이야기

1. 수업계획서는 저에게는 완전히 새로운 것이었습니다. 처음에는 수업계획서에 넣어야 하는 모든 정보를 처리하는 것이 매우 어려웠어요. 지금도 여전히 계획서에 가능한 많은 정보를 넣어야 하는 것이 어렵지만, 결국 저와 학생들에게 도움이 되기에 수업을 철저히 계획하는 데 충분한 시간을 들여야 한다는 것을 이해하게 되었습니다. – Hannah, 한국
2. 수업을 계획하는 것이 얼마나 시간을 많이 들여야 하는 작업인지 생각해 본 적이 없습니다. 매 수업 전, 오후와 저녁 내내 수업을 계획하며 시간을 보냈고, 시간이 너무 많이 걸리는 것이 힘들었습니다. 하지만 학생들이 제 수업을 즐기는 것을 보고, 제가 수업 계획과 절차를 긴밀히 따랐기에 제 목표를 성취하게 되었을 때, 기분이 더 좋아졌습니다. – Joyce, 미국
3. 자세한 수업계획서를 짜는 것이 정말 중요하다는 것과 수업이 잘 준비되어 있지 않다면 언뜻 보기에 쉬운 주제도 엉망이 될 수도 있다는 것을 배웠습니다. – Sari, 아랍에미레이트
4. 교육실습을 시작하면서 가장 큰 어려움은 각 활동을 마치는 데 시간이 얼마나 오래 걸릴지를 이해하는 것이었습니다. 이러한 어려움의 가장 큰 이유는 제가 수업

계획서를 짤 때, 수업 중 교정해야 하거나 부수적인 일들 — 항상 일어나게 마련인 — 에 대한 상황을 위해 시간을 따로 배분해 놓지 않았기 때문이었습니다. 이제는 수업계획서를 짤 때 좀 더 의식적으로 실수에 대한 교정작업을 위한 시간을 만들어 놓습니다. — Mark, 인도네시아

5. 저는 수업의 각 단계에 대해 많이 고려하지 않고 광범위하게 계획을 세우는 경향이 있기에, 종종 수업 목표를 성취하는 데 어려움을 겪었습니다. 이 때문에 종종 수업 초점에서 벗어나거나, 또는 수업이 길을 잃기도 했습니다. 제가 미친 듯이 수업을 따라잡으려고 하거나, 또는 충분한 활동을 준비하지 못했을 때 시간을 채우기 위해 천천히 하거나 하면서, 수업의 속도는 불규칙해지곤 했습니다. 수업의 주 목표를 위해 단계별 목표를 명확히 하는 것과 관련된 수업 계획의 측면이 제가 가장 많이 발전한 부분입니다. — Deborah, 캐나다

부록 B: 실패한 수업에 대한 예비교사의 이야기

교육실습 초기에 진행된 한 수업에서 많은 것을 배웠습니다. 말하기 수업을 가르쳤고, 제가 선택한 교재를 사용해서 유창성 수업을 가르치도록 요청받았습니다. 저는 일본에서 온 여름학교 학생들을 가르치고 있었고, 제 생각에 이들 중 몇 명은 차를 렌트해서 관광하길 원할 것 같아서, 차를 렌트하는 상황에 대한 역할극 활동을 계획하는 것이 유용하리라고 생각했어요. 그래서 제 생각에 좋은 수업일 것 같은 수업을 계획했습니다.

자동차 렌트 회사의 광고를 보고, 어떤 종류의 차를 빌리는 것이 좋을지에 관한 토론 활동으로 시작하도록 계획을 세웠습니다. 그리고 학생들이 연습하기를 원하는 유형의 상호작용을 연습할 수 있는 대화를 준비했어요. 학생들이 짝끼리 사용할 수 있는 역할극 카드도 만들었습니다(한 학생은 차를 빌리려는 사람이고, 다른 한 명은 렌트 회사 직원이었죠). 지금까지는 모든 것이 좋았습니다. 그리고 수업을 했어요.

수업의 주제와 역할극의 내용을 소개했고, 학생들이 차를 빌리는 것과 관련된 것들에 대해 이야기할 수 있도록 몇 가지 질문을 했습니다. 완전한 침묵이 흘렀습니다. 아무도 할 말이 없었어요. 수업의 누구도 이전에 차를 빌려본 경험이 없다는 것을 깨달았습니다. 그래서 수업계획서의 다음 부분으로 넘어갔습니다. 대화를 연습하는 것

은 괜찮았습니다만, 2분 만에 끝이 났고, 학생들은 지루해 보였어요. 그래서 실제 역할극으로 넘어갔습니다. 제가 몇몇 학생들에게 학급 앞에서 모델로서 대화를 시연해 보라고 요청했는데, 이들이 대화를 진행할 수 있는 언어 자원이 없다는 것을 깨달았습니다. 그 과업은 그들이 할 수 없는 것이었어요. 그래서 제가 다시 수업을 진행해야 했고, 수업을 채우기 위해 대부분 시간을 어휘를 반복하여 연습하거나, 질문과 대답을 반복하여 연습했습니다. 수업이 진행된 방식에 대해 너무 실망했습니다. 다행히 협력교사가 참관은 하지 않으셨어요! – Ricardo, 스페인

부록 C: 수업계획서

수업계획서 I: 주요 주제(Farrell, 2002에서)

시간: 오후 12시부터 12시 35분   *수업*: 영어
언어 초점: 읽기   *주제*: 스포츠
목표 문단의 주제를 찾기 위해 학생들이 훑어 읽기(skim)를 하도록 가르치기
기존 지식: 학생들은 각 문단의 주제문을 찾아 읽음으로써 정보를 찾는 법을 안다. 이 수업은 정보를 찾기 위해 스캐닝과 스키밍을 하며 읽기 속도를 향상시키는 것을 목표로 한다.

교수 자료:
1. 읽기 자료-스포츠에 관한 책에서 가져온 글
2. 오버헤드 프로젝터(Overhead projector, OHP)/
   오버헤드 프로젝터용 슬라이드(Overhead transparency, OHT)
3. 화이트보드

단계	시간	과업(교사)	과업(학생들)	상호작용	목적
1	5-10분	시작: 주제(스포츠)에 대한 소개 교사는 스포츠에 대한 스키마(schema)를 활성화한다. 교사는 학생들에게 3분 안에 머릿속에 떠오르는 가능한 많은 다양한 스포츠를 불러달라고 요청한다. 교사는 학생들에게 좋아하는 스포츠를 중요성의 순서대로 순위를 매기도록 한다.	듣는다. 학생들은 답을 소리쳐 외치고 교사는 보드에 답을 쓴다. 교사는 답을 쓴다.	교사 ↔ 학생들	흥미를 일깨운다. 스포츠에 대한 스키마를 활성화한다.
2	5-7분	교사는 신문에서 가져온 스포츠 일정에 대한 유인물을 나눠준다. 교사는 학생들에게 유인물을 빨리 읽고, 뒤따르는 참·거짓 질문에 대해 3분 안에 답하라고 한다. 교사는 답을 점검한다.	학생들은 유인물을 읽고 질문에 답한다. 학생들이 교사에게 답을 외친다. 학생들은 답을 확인한다.	교사 ↔ 학생들	실제 교재를 활용하여, 핵심을 찾기 위한 스키밍의 개념에 대해 학생들이 집중하도록 한다.

(계속)

단계	시간	과업(교사)	과업(학생들)	상호작용	목적
3	15분	교사는 학생들에게 그들이 좀 전에 문단의 전반적 의미 또는 해심을 이해하기 위해 스키마을 연습했다고 말한다.			학생들이 문단의 전반적 의미를 파악하기 위해 문단을 빨리 읽도록 하는 것
		교사는 교과서(New Clue)에 나온 스포츠에 대한 또 다른 유인물을 나누어준다.			
		교사는 학생들에게 5-7분 안에 유인물에 있는 한 가지 질문을 읽고 답하라고 한다.	학생들은 유인물을 읽고 질문에 답한다.	학생들 ↔ 교사 교사 ↔ 학생들 학생들 ↔ 교사 (학생 ↔ 학생 가능)	
		교사는 학생들에게 답을 묻고, 칠판에 답을 쓴다.			
4	5분	교사는 문단의 해심을 파악하기 위해 처음에 문단을 빨리 읽는 것이 중요성을 요약해 준다.	학생들은 교사에게 답을 외친다.	학생들 ↔ 교사	학생들에게 방금 배운 내용과 왜 배웠는지를 상기시키기-메타인지적 인식을 개발시키기 위해
		교사는 다음날 신문 첫 페이지의 이야기를 읽고, 4문장으로 이야기의 해심을 쓰는 숙제를 내준다.	학생들은 답을 확인한다.	학생들 ↔ 교사	
		후속 활동 다음 수업: 문단의 해심 아이디어를 찾기 위해 훑어 읽기 하는 것 가르치기			

〈표 5.2〉 수업계획서

수업계획서 II: DRTA 수업

Directed reading teaching activity(DRTA, Stauffer, 1969)는 비판적 그리고 성찰적으로 읽는 학생들의 능력을 개발하고자 한다. 아래에 "What goes around, comes around!" 이야기에 기반한 DRTA 수업 개요가 제시되어 있다.

What Goes Around, Comes Around!

John had been watching the two prison guards for two days now. He both hated and feared them. There were many reasons for both. While he was a prisoner these two guards were the most brutal when disciplining prisoners and many had died from their beatings. He had not had much to do with these two particular guards but before he escaped, he had heard enough from the other prisoners not to cross them in any way. Now both were on his trail and so he purposely led them into an area of quicksand, an area he had grown up in and thus knew all too well.

수업계획서

1단계: 학생들에게 제목, "What goes around, comes around!"에 있는 단어들이 무엇을 의미하는지 묻는다.

2단계: 학생들에게 "What goes around, comes around!"의 복사본을 나눠주고, 이 첫 문단을 가지고 예측하기 연습문제를 진행한다. 다음과 같이 질문을 보여준다 (OHT에 또는 칠판에 써서)

- 제목: What goes around, comes around!
  ○ 이 이야기는 무엇에 관한 것이라고 생각하나요? 왜 그런가요?
- John은 이틀간, 두 명의 간수를 지켜봐 왔습니다.
  ○ John은 누구인가요?

○ 이를 어떻게 알게 되었나요?
- 그는 두 명의 간수를 미워하고 두려워했습니다. 여기에는 많은 이유가 있습니다.
  ○ 그는 왜 두 간수를 미워했다고 생각하나요?
  ○ 그는 왜 두 간수를 두려워했다고 생각하나요?
- 그가 죄수였을 때, 이 둘은 죄수들을 다루는 데 가장 잔혹한 간수들이었고, 많은 죄수가 이들에게 맞아 죽었습니다. John은 이 두 간수와 큰 관련은 없었지만, 그가 탈출하기 전에 다른 죄수들로부터 이들의 심기를 거스르지 말라고 많이 들었습니다.
  ○ John은 어느 나라 출신이라고 생각하나요? 왜 그렇게 생각하나요? 어떤 단서가 이를 말해주나요?
  ○ 왜 John은 두 간수와의 경험이 없었다고 생각하나요? 그는 어떻게 그들을 피했나요?
  ○ 지금까지 제목에 대한 여러분의 예측이 맞다고 생각하나요?
- 이제 두 간수가 그를 쫓고 있기에, 그는 일부러 그들을 유사(quicksand) 지역—그가 자랐기에 매우 잘 아는 지역—으로 유인했습니다.
  ○ 이는 어떤 일이 일어났을 것이라고 말해주나요? 왜 그런가요?

남은 문단을 순서대로 나눠주고, 각 문단에 대해 비슷한 활동을 한다.

3단계: 학생들에게 이야기를 계속해서 읽거나, 또는 이야기 속 사건의 순서를 요약하고, 앞으로 일어날 것이라고 생각되는 부분도 계속해서 정리하도록 한다.

부록 D: 유닛 계획의 예시

[Reppen(2002, pp. 321-327)의 허락하에 제시됨]

유닛 개요

아래 제시된 개요는, 5주간 진행될 "탐험가들"에 대한 유닛에서 강조하는 4개의 장르를 개관한다.

1. 장르: 내러티브 텍스트(1주)

A. 탐험가들
   1. Ponce de León
   2. Christopher Columbus
   3. Vikings
      a. Eric the Red
      b. Leif Ericson
      c. Bjarni Herjólfsson
B. 활동
   1. 학생들은 Ponce de León에 관한 한 쪽짜리 이야기를 읽는다. 본문을 읽은 후 다음을 해야 한다:
      a. 주인공이 처음 등장한 곳에 밑줄 긋기
      b. 이야기 속에 나오는 장소에 네모 칸 치기
      c. 탐험가들이 찾는 것에 밑줄 긋기
      d. 이야기의 흥미로운 부분 옆 여백에 표시하기
   2. 학생들은 이야기 속의 이러한 내러티브 특징이 있는 부분과 그 목적을 토론한다.
   3. 학생들은 이야기를 쓰고, 자신의 이야기 속에 1번 활동에서 제시한 a에서 d까지의 특징이 어디에 있는지 찾는다.
C. 지도 활동: 탐험가들 및 탐험 국가 찾기

2. 장르: 묘사적(descriptive) 텍스트(1과 1/2주)

A. 탐험가들
   1. Vikings
   2. Hérnan Cortés
   3. Marco Polo
   4. John Wesley Powell

B. 활동
1. OHP에 선인장에 대해 묘사하는 공동 글쓰기: 교사와 학생들은 글을 쓰기 전에 특징에 대해 브레인스토밍한다. 주제문(topic sentence)에 대한 필요성이 논의된다.
2. 선인장 텍스트는 Ponce de León 텍스트와 비교 및 대조된다. 동사유형이 논의된다. 학생들은 묘사적 글의 정태동사(static verbs)(예, be, have)와 대조하여, 내러티브 글에서 사용되는 행위동사(action verbs)를 알게 된다. 학생들은 또한 두 유형의 글-내러티브와 묘사적 글-모두 독자에게 방향성을 제시하기 위해 서론 또는 일종의 서두의 틀이 필요하다는 것을 알게 된다.
3. 학생들은 교실 안의 4개의 포스터(poster) 구역에서, 상기 제시된 탐험가들이 발견한 4개 지역의 광경을 묘사하는 모둠 텍스트를 완성한다. 포스터는 중국, 멕시코(아즈텍), 그랜드캐니언, 그리고 그린랜드와 아이스랜드의 풍경을 보여준다. 포스터에는 지역의 풍경과 함께 해당 지역이 강조된 세계지도가 포함되어 있다. 학생들은 각 포스터 구역에서 모둠을 이루어 묘사적 텍스트를 구성한다. 덧붙여, 각 포스터의 탐험 국가, 탐험가, 그리고 탐험가의 출신 국가에 대한 정보를 종이에 작성한다.
4. 이후 학생들은 하나의 포스터 구역을 선정하여 개별로 묘사적 텍스트를 완성한다.
C. 지도 활동: 탐험가들 및 탐험 국가 찾기

3. 장르: 설득적(persuasive) 텍스트(1과 1/2주)

A. 탐험가들
1. Marco Polo
2. John Wesley Powell
3. Christopher Columbus

B. 활동
1. 설득적 전략에 대한 구두 토론: 설득에 사용되는 다양한 유형의 이유가 논의되고, 이유를 선택하는 데 있어 청자의 영향도 논의된다. 학생들은 자신의 주장

을 펼치기 위해 타인의 시각에서 생각할 필요가 있음을 인지하게 된다.
2. 모둠 작업: 짝을 이루어 서로 돌아가면서, 한 학생이 탐험가의 역할을 하고 자신의 관점에 대해 짝을 설득하고자 한다.
3. 공동 글쓰기: 학생들은 OHP에, 탐험에 자금을 대도록 왕족을 설득하고자 하는 탐험가를 대표하며 설득적 글쓰기를 한다.
4. 개별 글쓰기: 학생들은 탐험에 함께하자고 대원들을 설득하거나, 또는 누군가에게 그들의 탐험에 자금을 대도록 설득하는 것 중 선택한다.

4. 장르: 설명적(expository) 텍스트(1주)

A. 탐험가들
   1. Vikings
   2. Ponce de León
   3. Marco Polo
   4. Hérnan Cortés
   5. Christopher Columbus
   6. John Wesley Powell

B. 활동
   1. 설명적 텍스트를 조직화하는 다양한 방법이 논의된다. 다양한 탐험가들에 대한 정보가 공유되고, 아래의 보고서 형식 유형에 따라 칠판에 기록된다.
      a. 비교와 대조
      b. 문제와 해결책
      c. 장점과 단점
      d. 원인과 결과
   2. OHP에 공동으로 글을 작성하는 것은 학생들에게 원인과 결과의 설명적 글쓰기를 연습할 기회를 제공한다.

C. 지도 활동: 탐험가들과 관련된 모든 국가 검토하기

6장
효과적인 언어수업 가르치기

서론

교육실습을 시작하며, 예비교사는 효과적이고 성공적인 언어수업을 가르칠 것(또는 가르치는 것을 배울 것)이라는, 다시 말하면, 좋은 언어교수활동의 기술을 익히게 될 거라는 기대를 가지게 된다. 이는 보통 교사교육자, 협력교사, 그리고 학생들과도 공유하는 기대감이다. 그렇다면 언어수업에서 효과성과 성공은 무엇을 의미하는가? 사실, 효과적 교수활동이라는 개념은 정의하기 쉽지 않다. 이는 예를 들어, 두 교사가 교과서의 같은 과를 가르치면서 서로 다른 방식으로 수업을 진행하더라도, 두 수업 모두 매우 효과적이라고 생각될 수 있기 때문이다. 더불어, 성공과 효과성은 동일한 것인가? 학습자들은 수업이 그 목표를 성취하지 못했더라도 수업을 매우 즐겼을 수 있다. 반대로 교사는 수업계획서를 매우 효과적으로 다루었다고 느끼지만, 학생들은 수업에서 많은 것을 학습하지 못할 수도 있다. 예비교사는 어려운 수업을 잘 해 냈다고 느낄 수 있지만, 협력교사는 수업이 성공적이지 않았다고 생각할 수도 있다. Medgyes(2001)가 서술하듯, "모든 훌륭한 교사는 자신만의 방식으로 이상적이고, 따라서 서로와는 구별된다"(p. 440). 3장에서 살펴보았듯이, 교수활동은 교사가 일하는 상황과 교수활동에 대한 교사의 이해와 신념에 많은 영향을 받는다.

동시에 우리는 교생실습이 보통 두 가지 서로 다른 목적을 수행하기에, 교생실습엔 어느 정도의 애매모호함과 긴장감이 있다는 것을 알고 있다. 한편으로 교생실습은 예비교사의 교수 기술을 개발하고 지금까지 학습한 것을 실제 교실 교수 환경에 적용해 보는 기회이다. 하지만, 교생실습은 많은 교사교육 수업에서 평가의 구성요소이기도 하다. 교사교육 수업이나 프로그램을 마치면, 이제 예비교사는 학습한 것을 실제에 적용할 수 있는 능력을 보여주고 효과적으로 가르치도록 기대된다. 초반에 협력교사는 안내와 지원을 제공하겠지만, 이 단계가 지나면, 예비교사가 교수활동에 있어 주도권을 가지며 협력교사의 도움은 덜 필요로 하리라 기대할 것이다.

이 장에서 우리는 효과적이며 성공적인 교수활동에 대해 우리가 이해한 바를 제시하고자 한다. 이는 교육실습을 평가하는 주요 기준이 예비교사의 잘 가르치는 능력일 것이기 때문이다. 좋은 교수활동이라는 개념의 중심에 있는 몇 가지 핵심 원칙을 살펴보자.

1. 수업 및 수업에서 교사의 품행은 영어교사로서 기대되는 전문가로서의 직업 기준을 반영한다

언어교사는−다른 교과목 교사들과 마찬가지로−교사에게 기대되는 지식과 행동 기준, 즉 전문가 규범으로 정의되는 직업군에 속해 있다. 예를 들어, 어떤 나라에서는 영어교사를 위한 18개 규범을 기술해 놓았는데, 아래 제시하는 예는 *학습의 계획과 운영*이라고 불리는 영역에서 가져온 것이다.

> - 영어교사는 다양한 교수 전략과 자료를 적절하게 사용한다.
> - 영어교사는 교육부의 교육목표, 영어 교육과정 및 평가 체계에 따라 수업을 계획한다.
> - 영어교사는 학생들의 학습 스타일, 역량 및 필요의 차이를 고려하여 수업을 조정한다.
> - 영어교사는 학생들이 언어 능력 및 전략을 개발할 수 있도록 돕는 활동을 계획한다. (Katz & Snow, 2009, p. 66)

교사에게 기대되는 전문가 기준은 교수활동의 여러 측면에 반영된다. 예를 들어, 교수활동에서 드러나는 지식과 기술의 정도, 수업이 수업 계획을 반영하는 정도, 감정적 역량 정도(예, 교실에서 좌절감이나 화와 같은 감정을 얼마나 잘 통제하는지, 그리고 학생들을 교만하거나, 둔감하게 또는 깔보듯 대하지 않는지), 언어의 사용, 복장 및 문화적 다양성에 대한 민감도를 포함한 교실 안팎에서의 행동, 협력교사와의 관계, 학생들에 대한 예의―학생들의 나이, 성별, 문화 또는 종교 측면에서 적절하게 상호작용하기―등이 그것이다. 협력학교에 처음 방문했을 때, 예비교사는 학교에서 교사의 복장 및 행동 규정, 그리고 그들에게는 사소하고 중요하지 않게 생각되는 것들―예를 들어 유인물이 준비되는 방식 및 수업을 마쳤을 때 교실의 상황―에 대한 학교의 기준을 파악하게 될 것이다.

아래에 교장선생님과 예비교사의 목소리가 제시되어 있다.

교장으로서 저는 교생실습을 하는 모든 예비교사가 학교에서의 첫날부터 민감하고 긍정적인 태도를 가지고 있기를 기대합니다. 예비교사는 가능한 빨리 학교, 새로운 동료들, 학생들, 그리고 행정부를 파악해야 합니다. 학교의 모든 이가 예비교사가 가능한 빨리 학교에 적응하기를 기대하거든요. 협력교사와 친해지고 존중하며, 수업을 신중히 준비해서 학생들의 학습 필요를 고려할 수 있도록 해야 합니다. 어떻게 수업을 성공적으로 운영할 수 있을지 협력교사에게 배우세요. 주임교사는 교사로서 성공적이었기에 주임교사의 자리에 있는 것입니다. 복장에 유의하고, 학교에 있을 때는 언제나 여러분이 교사라는 것을—그 단어가 정의하는 모든 면에서—, 따라서 전문가라는 것을 기억하세요. - Laura, 미국

처음 교실에 들어섰을 때, 모든 학생들이 일어서서 떠듬거리는 영어로 "안녕하세요, 선생님"이라고 말했습니다. 그 순간, 제가 교사이고, 학생들의 기대에 부응하며, 교사로서 행동해야 한다고 느꼈습니다. 교사로서 저를 존경하는 학생들이 있다는 것도 깨달았습니다. 제가 가르칠 때, 다른 반에서 이야기하고 가르치는 교사들의 소리를 들을 수 있었는데, 마치 제가 이 직업의 일원인 것처럼 느껴졌어요. 그래서 그 수업을 마친 후, 칠판을 지우고 모둠 활동 후 책상을 원래대로 옮겼습니다. 수업 마지막에는 한 학생(반장)이, 수업이 끝나면 학생들이 일어나서 "감사합니다, 선생님"이라고 말한다고 알려주었습니다. - Paul, 일본

2. 수업은 언어교수에 관한 이론적, 원칙적 이해에 기반한다

좋은 언어수업은, 교사가 주어진 수업 시간을 그럭저럭 채우기 위해 구성한 일련의 활동과 연습 그 이상이다. 이러한 수업은 어쩌면 "아미추어 교사들"(예를 들어, 관광이나 전 세계 배낭여행의 비용을 대기 위해, 세계 각국의 언어학교에서 임시 취업한, 훈련받지 않은 영어 원어민교사들)이 때로 제공하는 유형의 수업일 수도 있겠다. 하지만, 예비교사들이 대학에서 학습하며 깨달은 것처럼, 언어교수는 교육 전문 분야에서의 직업이고, 따라서 이는 학문과 실제적 경험에서 얻는 특수한 지식 기반을 요구하며, 이 분야의 일원이 되는 것 역시 입문 조건과 기준에 기반한다. 좋은 언어수업은 따라서 교육받은 언어교수 전문가의 특수화된 사고와 지식을 반영하며, 교수활동을 계획하는 데 있어 예비교사는, 스스로 교수와 학습의 본질을 어떻게 이해하고 있는지를 신중히 생각해 보아야 한다(Nunan & Lamb, 1996).

아래 제시된 예비교사의 일지에는, 자신의 교수활동과 대학에서 학습한 내용 사이의 관련성에 대한 예비교사의 설명이 기술되어 있다:

> 교생실습 동안 초급반 성인 학습자들에게 듣기 수업을 가르쳤는데, 이 경험은 언어학습에 있어 의사소통 전략의 중요성에 대해 내가 대학에서 학습한 것을 다시 한번 확인해 주는 기회였다. 예를 들어, 소통 전략-Tarone이 정의하기를, "필수적 의미 구조가 공유되지 않은 상황에서, 의미에 대해 동의하고자 하는 두 화자의 상호적 노력"-은 표현(production)과 이해(reception) 전략으로 나뉠 수 있다고 배운 것을 기억하는데, 내가 특히 어려움을 겪은 것은 후자였다. 듣기가 학생들에게 정말 어려운 과업임을 깨닫게 되었는데, 이는 듣기라는 것이, 발화된 내용을 제대로 해석하는 것뿐만 아니라, 많은 경우 화자에게 적절히 반응하는 것을 포함하기 때문이다. 듣기는 특히 대화에서 상호작용적이기 때문에, 청자는 담화에 말로 기여할 수 있어야 하고, 이는 청자가 상호적 이해에 도달하고자 화자와의 역할을 바꾸는 것을 의미한다. 이 경우 대화의 성공은, 화자에게 피드백을 주고 이해했음을 보여주는 청자의 전략 사용에 많이 달려 있다. 교사교육 수업에서, 이것들은 나에게는 모두 이론일 뿐이었는데, 이제는 현실이고, 여전히 이러한 수용적 전략을 학생들에게 더 잘 가르칠 방법을 찾고 있다. - Chris, 프랑스

이러한 전문지식의 성격은 교사교육 과정에서 예비교사가 학습한 수업의 유형에 따라 다양하다. 교사교육 교과과정에 포함된 주제에 공통점이 있지만(예를 들어, 언어 이론, 제2언어 학습, 교육과정 이슈, 그리고 교수법과 같은 필수 교과처럼), 예비교사가 학습하는 특정 내용은 예비교사가 어디에서 수학하느냐에 달려 있을 것이다. 어떤 프로그램은 학생들에게 특정 교수법 또는 접근법(의사소통 중심 교수법, 장르-기반 교수법, 또는 과업-기반 교수법 등; Richards & Rodgers, 2001 참조)을 소개하고자 할 테지만, 다른 프로그램은 원칙에 입각한 절충주의에 기반을 둘 것인데, 이런 프로그램에서 예비교사는

다양한 교수 접근법을 소개받고, 향후 일하게 될 상황에 따라 이들을 섞거나 변경하도록 독려된다. Bell(2007)은 다음과 같이 언급한다: "대부분의 교사들은 교수법을 일련의 원칙과 목표를 실현하는 테크닉으로 이해한다. 그들은 특정 교수 상황에서 발생한 문제에 실용적 해결책을 제공하기만 한다면, 그것이 어떤 방법이든 그러한 교수법에 열려 있다"(p. 137).

Kumaravadivelu는 안내서로 사용될 수 있고, 특정 교수 상황의 필요에 따라 변경되거나 적용될 수 있는 10개의 일반적인 원칙을 제안한다. 이러한 원칙은 다음과 같다:

1. 학습 기회를 최대화한다.
2. 협상적 상호작용(negotiated interaction)을 촉진한다.
3. 교사 의도와 학습자 해석 사이의 개념적 부조화를 최소화한다.
4. 직관적 교수법을 활성화한다(예를 들어, 충분한 텍스트 자료를 제공하여 학습자가 문법적 규칙을 추론할 수 있도록 하는 것).
5. 언어 인식을 장려한다.
6. 다양한 언어 기능을 통합한다.
7. 학습자 자율성을 증진한다.
8. 문화 의식을 고취한다.
9. 사회적 연관성을 보장한다. (Kumaravadivelu, 1994, p. 32)

예비교사가 익숙한 접근법이 무엇이든 간에, 협력교사는 예비교사가 교수 방법 및 그 기저의 원칙, 그리고 가르치게 될 수업의 유형 및 학생들에게 적합한 효과적 수업 테크닉, 교재 그리고 평가 전략에 익숙하기를 기대할 것이다. 이렇듯 예비교사가 익숙해져야 할 목록에는 어린 학습자나 성인, 읽기 또는 쓰기 수업, 문맹이거나 그렇지 않은 성인, 서바이벌 영어이거나 직업을 위한 수업 등이 포함될 것이다.

협력교사와의 첫 대화에서 논의할 중요한 이슈 중 하나는, 예비교사가 사용하고자 하는 교수법에 대한 이해를 공유하고, 협력교사가 이를 적절하다고 생각하는지 또는 변경할 필요가 있다고 생각하는지에 대해 협상하는 것이다. 협력교사는 어떤 것이 효과적일지 또는 그렇지 않을지에 대해 예비교사와는 다르게 이해할 수 있으며, 비록 예비교사가 교사교육 프로그램에서 지지를 받은 교수법을 열정적으로 채택하고자 할지라도, 협력교사는 이러한 교수법이 예비교사가 가르칠 수업에는 적절하지 않고, 학생들이 치를 학기말 평가에 제대로 준비시킬 수 없다고 느낄 수도 있다. 따라서 예비교사의 교육실습 경험은 예비교사가 가지고 있는 가정과 원칙에 대해 성찰하고, 이들에 대해 더 깊이 있게 이해하거나 또는 교수 경험을 바탕으로 변경할 기회가 될 것이다.

교사교육 수업에서 문법 수업을 진행한 교수님은, 작문에서 영어 실수를 채점할 때 선별적 채점(selective marking)이 가장 바람직하다고 하셨습니다. 특히 글쓰기가 아주 독특한 언어 특징을 포함하고 있다면요. 예를 들어, 명령문의 사용은 누군가에게 일련의 지시 사항을 쓰는 데 필수적입니다. 따라서 교사는 학생들이 이러한 유형의 글쓰기에서 명령문을 제대로 쓸 수 있는지 확인하길 원할 것이고, 따라서 언어 부분에 있어서는 명령문만을 채점할 수 있습니다. 또한, 많은 작문을 채점하기에 시간이 부족하다고 예측할 때도 이러한 선택적 채점을 할 수 있다고 하셨어요. 이런 상황에서는 의도적으로 특별한 문법 측면만을 채점하도록 하는 글쓰기 과업을 만들도록 제안하셨습니다.

따라서 교생실습을 시작한 후, 영작문을 가르치고 채점하기 시작했을 때, 저는 과거시제에 대한 실수만을 채점했는데, 이전 주에 제가 초점을 둔 것이 과거시제였기 때문입니다. 하지만 제가 이렇게 했을 때, 학생들은 제가 모든 에세이의 모든 문법 실수를 채점해 주길 원했어요. 협력교사에게 이럴 경우 보통 어떻게 하는지를 여쭤보았는데, 그녀는 하나의 특정 실수만을 채점하는 것이 어렵다고 생각해서, 선택적 채점을 좋아하지 않는다고 말씀하셨습니다. 게다가 학생들도 교사가 자신의 일을 제대로 하지 않는다고, 심지어는 자신의 일을 어떻게 하는지 모른다고 생각할 거라고 하셨어요. 이 경험을 통해, 교생실습 동안 작문 수업에서 선택적 채점이라는 아이디어를 빼기로 했습니다. — Grace, 캐나다

3. 수업은 효과적으로 운영된다

성공적인 수업의 중요한 측면 중 하나는, 예비교사가 긍정적인 학습 환경을 어느 정도 구축할 수 있느냐이다. 수업 운영은 성공적인 교수와 학습을 증진시킬 환경을 제공하기 위해, 수업의 물리적, 정서적 측면이 준비되는 방식을 말하며, 좋은 수업 운영은 효과적인 수업의 전제 조건이다. 수업 규율은 수업 운영의 중요한 부분이다. 수업 운영은 8장에서 좀 더 포괄적으로 논의될 것이기에, 여기서는 요약의 형태로만 다룰 것이다.

수업참관 시 예비교사는, 서로 다른 수업에서 다양한 수업 분위기가 있음을 발견하게 된다. 때로 예비교사는, 긍정적이고 독려하는 분위기의 수업을 참관하게 될 것이다. Dörnyei가 설명하듯이 말이다:

> 즐겁고 격려하는 수업 분위기가 … [있다]. … 이는 특정 교실에 잠시만 있어도 느낄 수 있다. 공기 중 어떤 긴장감도 없다; 학생들은 편안하게 있다; 서로를 놀리기 위해 하는 날카로운—끔찍할 뿐만 아니라—말도 없다. 깔보거나 빈정대는 말도 없다. 대신, 서로에 대한 신뢰와 존경이 있다. 어느 누구도 걱정하거나 불안해할 필요가 없다. (Dörnyei, 2001, p. 41)

수업의 이러한 부분은 학급 특징 또는 수업 분위기와 관련이 있고, 이러한 환경을 성취하는 것은 교사와 학생 모두 어떻게 상호 신뢰와 라포를 구축하는지에 달려 있다. 이는 아래에 제시하는 이야기에서 볼 수 있듯이, 초보교사

에게는 종종 도전이 된다:

> 수업 운영은 제게 큰 이슈였어요. 학생들을 모두 너무 좋아했지만, 그들을 동기 부여하는 데 어려움을 겪었습니다. 학생들은 영어와 관련된 어떤 것도 배우고 싶어하지 않는 듯했거든요. 모두 여기에 (타의로) 보내진 듯했고, 그래서 이 외국인 선생님(저요!)의 말을 들을 필요를 느끼지 않았습니다. 늘 수업에서 제대로 행동하지 않았어요, 차례가 아닌데 말을 하거나, 또는 제 말을 전혀 듣지 않았습니다. 때때로 이 문제에 대해 더 많은 지원이 필요하다고 생각했지만, 제 약점처럼 보일까봐 도움을 요청하기 두려웠고, 그냥 참았습니다. - Michael, 아랍에미리트

수업 운영의 또 다른 측면은, 수업의 흐름에 최소한의 방해만 있을 수 있도록, 예비교사가 학습자의 행동, 움직임 그리고 상호작용을 조직화하는 데 활용하는 절차와 관련이 있다. 새로운 수업을 처음 가르치는 데 있어, 예비교사는 수업 루틴을 신속히 확립해야 한다. 경험이 많은 교사는 모둠 활동을 배정하고, 장비나 수업 절차를 처리하고, 수업 중단이나 방해에 적절히 대응하도록 하는 절차 목록을 가지고 있다. 협력교사의 수업참관에서 예비교사가 중점을 두어야 할 중요한 점은, 협력교사가 수업의 이러한 부분을 어떻게 다루는지 관찰하는 것이다. 이는 예비교사가 대학의 학문적 수업에서 학습할 수 없는 것들이고, 교수 경험을 통해서 배워야만 하는 것들이다. 교사는 가르치는 수업의 유형, 학생들과의 관계 그리고 교사 스스로의 개별적 교수 스타일에 따라, 수업 운영의 이슈를 서로 다르게 처리한다.

> 협력교사의 수업을 참관했을 때, 그녀가 모둠을 어떻게 짜는지 뿐만 아니라 활동 후 어떻게 전체 학습 활동으로 돌아가는지, 그리고 전반적으로 학급을 어떻게 다루는지에 특별히 집중했습니다. 이런 부분에 실제 경험이 없었거든요. 협력교사가 수업 전에 모둠을 미리 만들어 놓은 것을 보고 정말 놀랐습니다. 그녀

가 "4명의 모둠으로 가세요"라고 했을 때, 학생들 모두 신속하고 조용히 미리 만들어진 모둠으로 가는 것을 보았습니다. 협력교사가 학기 초에 모든 학생들을 매주 다른 모둠으로 배정해 놓았고, 학생들에게 이 목록을 제공해서, 수업에서 모둠 활동을 할 때 시간을 낭비하지 않아도 된다는 것을 알게 되었습니다. 협력교사는 또한 짝 활동을 위해서도 비슷한 선배정을 해 두었어요. 그리고, 활동 후 학생들이 헤어지게 되면, 각 모둠은 전체 학급에 활동 내용을 보고할 리포터가 있었습니다. 각 모둠의 역할(리포터, 조장, 시간 관리자, 그리고 서기) 역시 매주 미리 정해져 있었습니다. 이 방법은 정말 효율적이었고, 좋은 수업 운영이었습니다. 제가 교생실습을 위해 수업을 인계받았을 때, 그녀가 만들어 놓은 똑같은 체제를 따를 수 있었죠. 당연히 진짜 제 수업을 가르치게 되었을 때, 이 체제를 사용할 거예요. — Candice, 미국

4. 수업은 잘 구조화되고 순차적으로 정리된 학습 경험을 제공한다

언어수업은 교사의 수업 목적 또는 목표에 이르게 하는 일련의 활동으로 구성되어 있다. 여기에서는 수업의 구조와 효과를 뒷받침하는 수업 순서의 두 가지 측면을 고려하고자 한다. Wong-Fillmore는 수업의 이러한 측면을 다음과 같이 특징짓는다:

> 어떻게 수업이 조직화되고 교수적 활동이 체계화되었는지가, 학생들이 수업에서 듣고 사용하는 언어의 본질을 크게 결정한다. … 두 가지 특징이 언어학습에 도움이 되는 수업과 그렇지 않은 수업을 구별하는 듯하다. 첫 번째는 수업이 교수활동을 위해 조직화된 방식과 관련이 있고, 두 번째는 언어가 수업에서 사용되는 방식과 관련이 있다. (Wong-Fillmore, 1985, pp. 23-24)

수업의 구조는 교사가 수업의 세 가지 필수적 단계—시작, 순차적 진행, 그리

고 마무리-를 어떻게 다루는지에 의해 결정된다(Richard-Amato, 2009).

시작

수업의 이 단계는 주로 수업 목표에 학생의 주의를 집중시키고, 이전 학습과 연결하며, 수업에 대한 흥미를 불러일으키고, 배경지식을 활성화하거나, 수업에서 활동을 완료하기 위해 학생들이 이해할 필요가 있는 언어나 전략을 미리 살펴보는 역할을 한다. 예비교사는 성공적으로 수업의 시작을 열 수 있는 다양한 방식을 학습했을 수도 있다. 예를 들어:

- 배경지식을 평가하거나 스키마를 활성화하기 위해 질문을 사용하면서
- 브레인스토밍과 토론 활동을 사용하여
- 수업의 주제와 관련된 DVD나 비디오 클립을 보여주면서
- 짧은 시험을 통해
- 수업에 대한 학생들의 흥미를 불러일으키기 위해 뭔가 특이한 것을 하거나 보여주면서

다음의 수업계획서 발췌본은 한 예비교사의 수업 시작 방법을 보여준다:

수업계획서: 시작

언어 초점: 읽기
주제: 스포츠
목표: 문단의 주제를 찾기 위해 학생들이 훑어 읽도록 가르치기
기존 지식: 학생들은 각 문단의 주제문을 찾아 읽음으로써 정보를 찾는 법을 배웠다. 이 수업은 정보를 찾기 위해 스캐닝과 스키밍을 하며 학생들의 읽기 속도를 향상시키는 것을 목표로 한다.
수준: 초급

교수 자료: 읽기 자료—스포츠에 관한 책에서 가져온 글; OHP/OHT; 화이트보드 시작:

- 주제, '스포츠'에 대한 소개
- 내가 3분 안에 화이트보드에 가능한 많은 서로 다른 스포츠를 쓸 수 있도록 학생들에게 도와달라고 요청한다.
- 학생들은 선호하는 스포츠를 중요성의 순서대로 순위를 매긴다. — John, 캐나다

다음은 또 다른 교사가 어떻게 자신의 수업을 시작하는지를 보여준다:

> 제 협력교사는 수업을 시작하기 전에 언제나 잠시 멈추고, 학생들에게 신경 쓰이는 것이 있는지 물어보십니다. 그녀가 말하길, 이전에 영어의 특정 기술을 가르치고자 수업을 시작하려고 했지만, 오히려 학생들이 뭔가 다른 것을 생각하며 수업을 시작할 준비가 전혀 되지 않았던 경험이 많이 있었다고 하셨어요. 한번은 학생들이 지난 시간에 내준 숙제 때문에 너무 걱정해서, 그녀가 숙제에 대한 걱정을 덜어주고 나서야 수업을 제대로 시작할 수 있었다고 하셨습니다. 그래서 이제는 숙제 또는 학생들이 낙담하도록 하는 것들이 있는지를 반드시 묻는다고 하셨어요. 이런 방법이 결국에는 시간을 절약할 수 있게 해 준다고 하셨습니다.
> — Margaret, 홍콩

상기 논의된 두 가지 서로 다른 전략은, 한 교사는 수업의 시작 단계를 학생들이 수업의 내용에 준비할 수 있도록 하는 데 사용하는 반면, 다른 교사는 수업 시작 전 긍정적인 수업 분위기를 만들고자 함을 보여준다. 두 전략은 당연히 함께 사용될 수 있다.

> 학생이 늦게 도착하면, 교사는 흘깃이라도 학생을 보려고 수업을 멈추지는 않는다는 걸 알게 되었어요. 대신 그녀는 학생이 앉고 적응하도록 하고(교과서 꺼내기 등), 그런 후 그녀가 설명하고 있는 도중 잠시 멈추는 순간이 생기면(보통

시작 단계에서 그녀는 지시 사항을 전달하곤 합니다), 그때서야 학생을 바로 보고는 그녀가 수업 전에 써놓은 지시 사항이 있는 화이트보드 왼쪽 모퉁이를 가리키고 숫자를 불렀습니다(그녀는 수업에서 가르칠 각 내용에 숫자를 매깁니다). 이런 방식으로, 늦거나 또는 수업 중 잠시 나가야 하는(화장실 등) 학생들은 교사가 어떤 부분을 다루고 있고, 무엇을 하고 있는지를 알 수 있습니다. 모든 것이 정말 빠르게 일어났고, 학생들은 이 시스템에 매우 잘 적응한 듯해서 정말 놀랐습니다. — Mark, 미국

과업 순서 정하기

수업은 보통 하나 이상의 활동 유형으로 구성되며, 교사는 특정 수업-말하기, 읽기, 쓰기 또는 듣기 수업-을 가르칠 때 자신이 따르는 대본을 가지고 있다(Richards & Lockhart, 1994). 예를 들어, 전통적 언어수업에서 볼 수 있는 일반적인 수업 순서는 P-P-P(제시, 연습, 표현)[7]라고 하는 일련의 활동으로 구성된다. 읽기 수업은 보통 읽기 전 활동, 읽는 중 활동, 읽은 후 활동으로 구성된 형식을 따른다. 과업 기반 접근법에 기반한 수업은 예비과업 활동, 과업 활동, 언어 초점, 그리고 후속 과업으로 이루어진 순서로 구성되어 있다. 반면, 텍스트 기반 교수활동은 5개의 부분으로 순서화된 활동을 사용하는데, 이는 상황 구축하기, 텍스트를 모델로 삼고 해체하기, 텍스트 공동 작업하기, 텍스트 개별 작업하기, 그리고 텍스트를 관련된 텍스트와 연관 짓기이다.

저는 예비교사들이 P-P-P 구조의 대안-즉, P-P-P-P[준비, 제시, 연습(도움을 받은), 표현(독립적으로 수행하는)][8]-를 활용하도록 가르쳤습니다. 이는 제가 가르친 예비교사들에게는 잘 작동했습니다. 만약 예비교사가 자신이 가르치게 될

---

7) P-P-P: Presentation, Practice, Production
8) P-P-P-P: Preparation, Presentation, Practice(Guided), Production(Independent)

것을 잘 준비하지 못하고(즉, 교수 자료를 준비하고, 학생들의 지식이 부족할 경우 어떻게 보완할지에 대해 조사하는 것 등), 실제 교수-학습 상황에서 무엇이 효과적일지를 파악하지 못하면(학습자의 기존 지식, 수행해야 할 수업의 유형 등을 파악하는 것), 예비교사는 여전히 P-P-P의 제시 단계에서 실패할 겁니다. 잘 준비된 교사는 보통 더 자신감이 있는 교사입니다. - Anthony, 교사교육자, 싱가포르

교수법 또는 가르치는 언어 기능 때문에 선택된 수업 구성 순서에 덧붙여, 좀 더 일반적인 고려 사항 역시 예비교사가 수업을 어떻게 분배해야 할지에 영향을 미칠 것이다. 예를 들어 "어려운 활동 전에 쉬운 활동하기", "말하기와 쓰기 활동 전에 듣기와 읽기 활동하기" 또는 "유창성 활동 전에 정확성 활동하기"와 같은 원칙들 말이다. 수업 순서에 대한 제안은, 각 수업을 하기 전 교사교육자 또는 협력교사와 논의될 수도 있다. 이와 함께, 예비교사는 수업의 서로 다른 활동 간의 전환을 어떻게 다룰지도 고려할 필요가 있다.

교사들이 어떻게 전환을 다루는지에 대한 연구(예, Doyle, 1986; Woodward, 2001)에 의하면, 능숙한 교사들은 전환의 시작을 명확하게 표시하고, 적극적으로 전환을 지휘하며, 이러한 활동 중 수업의 에너지가 떨어지는 것을 최소화한다. 반면, 덜 효율적인 교사들은 활동을 함께 섞거나, 전환기에 일어나는 일들을 모니터하지 못하며, 수업의 서로 다른 활동들로 옮겨가는 데 있어 너무 많은 시간을 쓰는 경향이 있다. 효과적인 전환은 학생들이 전환기에 집중하도록 돕고, 하나의 활동에서 다음 활동 간의 연결고리를 만든다. 전환을 계획하는 것은, 이러한 전환기(예, 학급 전체 활동에서 모둠 활동으로 옮기는 중)에 수업의 힘이 어떻게 지속될 수 있는지에 대해, 그리고 수업 도중(예, 만약 몇몇 학생들이 다른 학생들보다 활동을 일찍 마쳤다면) 학생들은 무엇을 해야 하는지에 대해 생각하는 것을 수반한다.

마무리하기

수업의 마무리 단계 역시 수업 순서의 중요한 부분이다. 이상적으로는, 학생들로 하여금 스스로 설정한 목표 또는 수업에서 설정된 목표를 성공적으로 성취했고, 수업은 가치 있고 의미 있었다는 느낌을 느낄 수 있도록 해야 한다. 때로 교사와 학생들은 수업의 결과 또는 그들이 생각하기에 성공적인 수업의 결과에 대해 서로 다른 생각을 가지고 있을 수 있다(Nunan, 1999). 실제로, Richards 외(1996)가 홍콩에서 연구한 학생들은 언어교사에 대해 다음의 기대를 가지고 있었는데, 이는 교사들의 생각과 같지 않았다:

- 유용한 언어학습 경험 제공하기
- 올바른 언어사용 모델 제시하기
- 학습자 질문에 답하기
- 학습자 오류 수정하기
- 학생들이 효과적인 학습 접근법을 발견하도록 돕기
- 학생들에게 지식과 기술을 전수하기
- 학생들의 필요에 맞게 교수 접근법 조정하기

마무리 단계에서 교사는 일반적으로 수업이 목표로 한 것을 요약하고, 수업의 핵심을 강조하며, 적절하다고 생각되면 후속 활동을 제안하고, 다음 수업에 학생들을 준비시키고자 할 것이다. 학생들은 그들의 노력과 수행에 대해 칭찬받기를 기대하거나, 논의 또는 해결하고자 하는 이슈나 문제를 제기할 수 있으며, 어떻게 잘 배울 수 있을지 그리고 학습한 것을 수업 밖에서 사용할 수 있을지에 대한 제안을 요구할 수 있다. 아래에는 어떻게 협력교사가 수업의 여러 활동 사이의 연결고리를 확립했는지에 대한 예비교사들의 설명이 제시되어 있다:

제 협력교사는 수업을 시작할 때 항상 화이트보드에 학생들이 하게 될 활동들을 적어 놓습니다. 이는 학생들에게 수업이 어떻게 진행될지를 알 수 있게 해 주었어요. 그리고 수업 마지막에 복습하는 데도 좋은 방법이었습니다. 칠판에 요약이 이미 있기 때문에, 협력교사는 요약을 다시 쓸 필요가 없었거든요. 학생들은 수업에서 무엇을 배웠고, 무엇은 배우지 않았는지를 알 수 있었죠. 정말 좋은 아이디어라고 생각해요. – Mark, 싱가포르

제 협력교사는 수업 활동을 잘 계획하셨고, 언제나 다음 활동으로 자연스럽게 넘어갈 준비가 되셨습니다. 예를 들어, 학생들이 제한 시간에 도달했기에 활동을 끝내기를 원했을 때, 그녀는 전등의 스위치를 껐다 켜며 학생들의 주의를 끌었고, 이후 다음 활동으로 넘어가셨어요. – Hee-Soon, 한국

예비교사가 계획한 수업의 틀을 학생들이 알도록 하는 것은 유용하다. 예를 들어, 예비교사는 수업 시작 초반에(또는 좀 더 나은 방법으로는, 학생들이 수업에 오기 전에) 학생들이 수업에서 참여하게 될 활동 및 활동의 목적을 목록화하여 칠판에 짧은 수업 개요를 적을 수 있다. 이는 학생들이 수업에서 무엇을 해야 하는지를 알게 할 것이고, 계획되고 잘 조직화된 수업에 참여하게 되리라는 느낌을 준다. 더불어, 늦게 온 학생들에게도 수업이 어느 부분까지 진행되었는지를 알려줄 것이다.

5. 수업은 학습자들이 의미 있는 방식으로 언어사용을 이해하고 연습할 수 있는 기회를 제공한다

언어수업을 계획하고 진행할 때 가장 먼저 고려해야 할 몇 가지 중요한 질문은 다음과 같다:

- 수업은 어떤 유형의 언어학습 기회를 제공하는가?

- 학생들이 영어를 사용하여 연습할 수 있는 기회가 얼마나 많이 있는가?
- 학생들이 참여하는 활동은, 그들이 이미 알고 있는 것을 활용하는 능력을 향상시키는 데, 그리고 새로운 내용을 이해하는 데 있어, 충분히 도전적인가?

성공적인 언어수업을 특징짓는 몇 가지 요소는 수업이 어떤 유형인가에 달려 있을 것이다. 예를 들어, 학생들의 현재 언어 수준 및 그들이 수업의 어떤 단계에 있는지에 따라, 말하기 수업의 필수요소는 쓰기 수업의 그것과는 다를 것이다. 말하기 수업의 초기 단계는, 예를 들어 인사하기, 소개하기, 잡담하기와 같은 기능을 수행하는 데 필요한 언어 및 대화 루틴을 익히는 데 초점을 둘 수 있는 반면, 중급 말하기 수업의 내용은 동의, 비동의, 공감, 격려 등을 표현하거나, 내러티브나 개인적 이야기와 같은 말하기 텍스트를 수행하는 것에 초점을 둘 수 있다. 예비교사가 어떤 유형의 수업을 가르치든지, 예비교사의 수업에는 몇몇 핵심 원칙이 분명히 드러나야 하고, 이러한 원칙은 예비교사가 활용하는 교수 접근법 및 일련의 특정 교수 기술에 구현되어 반영될 것이다. 예를 들어, 성공적인 말하기 수업은 다음을 하리라고 기대될 수 있다:

- 수업의 모든 학생에게 확장된 말하기 연습의 기회를 제공한다.
- 대화는 의미 있는 상호작용의 형태로 연습한다.
- 학생들이 수업 밖에서 필요한 말하기 특징을 연습한다.
- 구어의 적절한 특징을 연습한다.
- 의사소통 전략을 연습한다.
- 의미 있고 목적에 맞는 구어 영어 사용을 연습한다.
- 학생들이 구어 영어를 사용하며 경험하는 어려움을 다룬다.
- 대화를 표현하고 이어나가는 데 필요한 형식을 연습한다.
- 정확성과 유창성 모두를 다룬다.

- 학습자의 말하기 목록을 확장한다.

이러한 항목들은 예비교사가 가르치는 수업의 목표나 교수요목에 포함될 수 있다. 만약 그렇지 않다면, 자신의 수업이 다루는 언어 능력 또는 기술에 대해 학생들이 이해할 수 있도록 하고, 수업을 계획하거나 검토할 때 이들을 언급해야 한다.

6. 수업은 학습하고자 하는 동기를 북돋고 성공적 학습의 기회를 제공한다

때로 학습자들은 수업에 오는 것을 기대할 것이다. 하지만 어떤 경우에는, 하고 싶지 않고 목적도 없어 보이는, 그리고 좌절감이나 창피함을 느끼도록 하는 그런 활동에 참여하게 될 것을 알기에 학교에 오기를 두려워할 수도 있다. 교사는 학생들의 학습을 격려하고 동기부여하는(또는 그 반대로 격려하거나 동기부여하지 못하는) 수업 분위기를 만드는 데 중요한 역할을 한다(Senior, 2006). 아마 예비교사들도 가장 영감을 주었던 언어교사 몇 분을 기억할 것이고, 무엇이 그들을 다른 선생님과 구별되게 하고 특별하게 했는지를 떠올릴 수 있을 것이다. 이러한 특별한 언어교사의 특징을 설명하는 요소에는 교수에 대한 열정, 학습자들에 대한 높은 기대, 그리고 학습자들과 맺는 관계가 있다(Dörnyei, 2001). 열정은 다양한 방식으로 표현될 수 있는데, 예를 들어 학생들에게 보이는 관심 또는 예비교사가 사용하는 활동을 통해 드러날 수 있다. 교사가 자신이 사용하는 교과서와 교재에 긍정적이고 열정적이라고 학생들이 느낀다면, 그들은 이러한 교사의 열정을 공유할 가능성이 크다. 학생들의 성공에 대한 교사의 기대는, 학생들의 수행에 대해 칭찬함으로써, 잘 따라오지 못하는 학생들에게 필요시 도움을 제공함으로써, 그리고 학생들에 대한 믿음을 보여줌으로써 성취될 수 있다. 학생들에게 따뜻하고 배려하는 태도를 가지는 것 역시 긍정적 수업 분위기를 구축하는 데 기여한다. 이는 학생들의 이름을 외우고, 그들의 삶과 관심 분야 및 어려움에 대해 관심을 보이는 것을 통해(교사의 직업윤리가 정한 한계를 넘지 않으면서), 학생들을 그저 숫자가 아니라 사람으로서 대하는 것을 의미한다.

수업에서 학생들 간의 좋은 관계를 확립하는 것 역시 중요하다. 이는 합의를 보도록 하는 모둠 활동을 활용하고, 강한 의견 불일치나 긴장감을 낳을 수 있는 활동은 피하면서, 학생들 사이에 경쟁보다는 협력을 목표로 삼도록 하는 것을 의미한다. 예비교사는 또한 시간 엄수, 핸드폰 사용 또는 과업에 어려움을 느끼는 모둠원을 도와주는 방식 등에 대한 규칙과 같이, 교사와 학급을 위한 행동 및 상호작용 기준을 만드는 데에 학급 전체를 참여시킬 수 있다. 더불어 예비교사는 적절한 난이도 수준의 과업을 제공하며, 그리고 모든 수업이 "수업을 통해 꼭 배워야 하는 핵심"—즉, 학생들이 수업을 마치고 나갈 때 확실히 알게 되었다고 느낄 수 있는 수업의 요점—을 포함하도록 함으로써, 자신의 수업에서 실패보다는 성공을 위한 기회를 준비해 놓을 수 있다. 이는 문단을 어떻게 작성하는지에 대한 자신감, 친구나 이웃과 사용할 수 있는 적절한 대화 표현에 대한 지식, 또는 10개 혹은 그 이상의 유용한 단어나 표현 목록일 수 있다. 예비교사는 수업계획서를 미리 검토하며 수업에서 가장 중요한 부분에 스스로 충분한 시간과 관심을 쏟았는지 점검함으로써, "수업을 통해 꼭 배워야 하는 핵심"을 확인할 수 있다.

학급의 동기 수준이 유지되도록 노력하는 것도 중요하다. 예비교사는 이를 위해 스스로에게 다음의 질문을 할 수 있다:

- 수업을 가르치는 방식을 다양화하는가?
- 학습동기를 유지하도록 하는 활동을 포함하는가(노래나 언어게임과 같은)?
- 수업의 과업을 더 흥미롭게 하는 방식을 찾을 수 있는가(예를 들어, 독해

지문을 직소(jigsaw) 읽기9) 방식으로 제시하는 것을 통해)?
- 수업이 학생들의 삶에 더 의미 있도록 향상시킬 수 있는가(예를 들어, 활동을 조정해서 활동이 교과서의 인물보다는 학생들의 삶에 더 중점을 두도록 하면서)?
- 수업에서 학생들이 성공적으로 과업을 해낼 수 있도록 더 많은 기회를 만들 수 있는가(예를 들어, 어렵지만 학생들을 좌절시키지는 않는 활동을 선택함으로써)?

아래 두 예비교사는 수업에서 어떻게 학생들의 동기를 북돋았는지를 설명한다.

> 오늘 수업은 동의어에 관한 것이었습니다. 제가 아주 긴밀히 따라야 하는 교과 목록의 주제였어요. 제 협력교사는 제가 하고 싶은 것을, 그리고 제 생각에 학생들이 흥미를 갖도록 동기부여할 수 있는 활동은 무엇이든 해보라고 하셨습니다. 저는 너무 신이 났고, 이 수업에서 학생들을 도울 수 있는 크로스워드 퍼즐을 만들었습니다. 퍼즐을 나눠주기 전에, 동의어의 의미를 학생들에게 설명해 주었습니다.
> 학생들이 그 의미를 이해한 후, 학생들로 하여금 몇 가지 예를 제시하도록 요청했어요. 이후 퍼즐을 나누어 주었습니다. 활동을 마치도록 15분을 주었고, 이후 답을 주기 위해 슬라이드를 사용했습니다. 수업이 끝날 때 학생들은 동의어의 의미를 이해했다고 생각합니다. 동의어를 제대로 이해했는지 확인하기 위

---

9) 역자 주: 직소(jigsaw) 읽기는 협동적 읽기 테크닉의 하나이다. 먼저 학생들은 모둠으로 일하며, 교사가 준비한 긴 텍스트의 일부분을 읽고 파악한다. 각 모둠이 맡은 부분의 독해를 끝내면, 새로운 모둠을 구성한다. 이때 새로운 모둠은, 이전 모둠에서 서로 다른 부분을 읽은 학생들로 구성된다. 이제 학생들은 자신이 이전 모둠에서 읽고 이해한 부분을 새로운 모둠원들에게 설명해 주고, 이를 통해 전체 학급은 협동적으로 일하며 텍스트의 내용 전체를 이해하게 된다.

해, 학생들에게 동의어의 예를 다시 제시해 보도록 하면서 수업을 마쳤어요. 학생들 모두가 수업을 즐겼고, 그들을 위해 제가 수고롭게 크로스워드 퍼즐을 준비했다는 것을 고맙게 생각하는 것 같았습니다. - James, 캐나다

이 두 수업에 대한 제 목표는, 학생들이 내러티브에서 사용되는 시제 유형을 이해한 후 비교하고, 규칙동사의 과거시제를 만드는 규칙을 추측할 수 있도록 하는 것이었습니다. 교과서의 1장에서 현재시제 사용에 대해 배웠고, 2장에서는 과거시제의 사용에 대해 학습할 겁니다. 학생들에게 과거시제를 만드는 규칙을 가르쳐야 했는데, 전 학생들이 규칙을 스스로 발견하게 되었을 때 이러한 규칙을 더 오래 기억할 수 있다고 강하게 믿기 때문에 귀납적 방식을 채택하기로 했습니다.

학생들이 내러티브 글에서 과거시제 사용에 대해 배울 수 있는 기회를 제공하기에 "땅콩버터 샌드위치" 접근법10)을 선택했습니다. 이 방식은 문법 교수의 CRISP 방식에서 왔는데, 이는 Clear, Relevant, Interesting, Short, 그리고 Productive를 의미합니다. 이 방법은 기본적으로 수업에서 땅콩버터 샌드위치를 만드는 활동을 포함하고, 이는 의미 있는 상황 속에서 최종 목표(문법 학습)를 성취하도록 하고자 함이에요. 저는 학생들에게 두 개의 비슷한 글이 담긴 유인물을 나눠주었습니다. 제가 샌드위치를 만드는 동안 학생들은 첫 번째 글에 빈 칸(현재형)을 채워야 했고, 두 번째 글에서는 제가 샌드위치를 만들 때 했던 단계들을 돌아보며 그에 따라 지문을 채워야(과거형) 했어요. 학생들은 두 지문에서 사용된 단어들을 추출하고 유인물을 완성해야 했습니다. 저는 학생들과 단어들을 함께 살펴보았고, 현재형을 만드는 데 있어 지문에 제시된 패턴을 발견하도록 했고, 이후 학생들은 규칙동사의 과거형을 만드는 패턴을 발견하기 위해 짝끼리 작업을 했습니다.

---

10) 역자 주: Farrell(1999)이 주장한 문법 교수방식으로, 이 접근법은 기존의 이분법적 문법 교수방식-연역적 또는 귀납적-에서 탈피하여, 학습자가 의미 있는 의사소통 맥락 속에서 사용된 '문법'에 자연스럽게 집중하도록 함으로써 목표언어(영어)의 정확성과 유창성 모두 성취하는 것을 목표로 한다. 수업의 구체적인 절차와 예시는 Farrell(1999)에 제시되어 있다.

협력교사는 학생들이 땅콩버터 샌드위치 접근법을 모두 좋아했고, 덧붙여 탐구적 접근법(discovery approach)을 통해 문법 규칙을 더 오래 기억할 수 있을 거라고 말씀하셨습니다. — Tung, 싱가포르

7. 수업은 의미 있는 학습 결과를 성취한다

모든 수업은 무언가를 가르치고자 한다고 말하는 것은 너무 당연한 소리이다. 하지만, 언어수업은 몇 가지 서로 다른 결과를 성취하고자 할 수 있다. 어떤 수업은 학생들이 특정 언어능력을 마스터하거나 또는 향상할 수 있도록 하고자 할 것이다. 아래에는, 세 개의 서로 다른 수업에서 성취하고자 하는 학습 결과가 제시되어 있다:

- 주제문과 지원 아이디어(supporting ideas)를 포함한 문단 작성하는 법 배우기
- 양보절(concessive clauses) 사용하는 법 배우기
- 학문적 듣기에서 필기하는 기술 활용하는 법 배우기

이러한 목표는 구체적이고 관찰가능한 능력 또는 역량을 말하고, 수업 또는 유닛 마지막에는 이러한 능력 부분에서 학생들이 향상됐는지 평가가 가능해야 한다. 당연히 언어사용의 많은 부분은 향상되기에 많은 시간이 걸리고, 학습자가 이를 마스터했는지는 오랜 기간 수업을 받은 후에야 평가될 수 있을 것이다. 이럴 경우, 수업은 언어사용의 일부분을 연습하고 강화하는 기회를 제공할 수도 있다. 예를 들어:

- 작문에서 스스로 교정하는 능력 연습하기
- 비판적 읽기 능력을 개발하는 것 연습하기

한편, 특정 결과물 또는 관찰가능한 결과보다는 과정 및 학습 경험에 관한 목표들도 있다. 예를 들어:

- 언어학습에 대한 긍정적인 태도 개발하도록 돕기
- 언어학습에서 성공적인 경험하기
- 생산적이며 협력적으로 일하도록 학생들 격려하기
- 학생들에게 스스로의 학습에 대한 통제권 주기

> 제가 예비교사들의 수업에 대한 목적과 목표에 대한 설명을 검토할 때, 제가 사용하는 형용사는, 타당한가(다시 말해, 목적이 교사가 관심 있는 무언가-예를 들어, 종교에 대한 학생들의 관점 변화시키기와 같은-와 관계있기보다는 언어학습에 관련되었는가?), 구체적인가(예비교사가 너무 일반적이거나 또는 너무 야심찬 무언가를 가르치고자 하는가?), 그리고 명확하고 성취가능한가(이 목적은 수업에서 진짜 성취가능한가?)입니다. – Neil, 교사교육자, 호주

언어학습의 목표 또는 목적은 장기 또는 단기일 수 있다. 장기 목표는 협력교사 또는 배정받은 교수요목과 교재에 의해 미리 정해져 있을 수도 있지만, 예비교사는 수업을 위한 자신만의 개인적 목표를 개발하고 이를 협력교사와 논의해야 한다. 예비교사에게 주어진 수업은 수업에 포함된 다양한 유형의 목표가 있을 수도 있지만, 그 목표가 무엇이든지 예비교사가 구체화할 수 있고, 생각해 보았으며 미리 계획해 본 것이어야 한다. 예비교사는 수업의 목표를 학생들과 공유하여 그들이 교사의 교수활동이 계획되고 목적이 있다는 것을 깨닫도록 할 수 있다. 예를 들어, 예비교사는 수업을 시작하며 칠판에 수업 목표를 적고, 학생들로 하여금 수업이 성취하고자 하는 목표를 확인하도록 할 수 있다.

예비교사는 또한 학생들 스스로 자신만의 학습 목표를 세우도록 도울 수 있다. McCombs와 Pope은 학생들이 자신의 개인적 언어학습 목표에 대해

생각해 볼 수 있는 다음의 방식을 제안하는데, 이 과정은 예비교사들에게도 적합하다:

1. 자신의 목표를 명확하게 정의하라.
2. 이 목표를 성취하기에 필요한 단계를 목록화하라.
3. 일어날 수 있는 그리고 방해할 수 있는 문제점을 생각하라.
4. 이러한 문제들에 대한 해결책을 생각하라.
5. 목표에 도달할 기한을 정하라.
6. 자신의 발전 정도를 평가하라.
7. 성취에 대해 스스로에게 보상하라. (McCombs & Pope, 1994, p. 36)

8. 수업은 교사의 개인적 교수철학을 반영한다

예비교사의 대학 및 교사교육 수업은 다양한 교수법과 교수 접근법을 소개했겠지만, 예비교사가 수업을 가르치기 시작하면서, 자신의 개성 및 교실에서의 교사의 역할에 대한 시각을 바탕으로, 자신만의 방식으로 가르치는 법을 배울 필요가 있다. 이는 예비교사가 교생실습을 시작하며, 지금까지 배워 온 모든 걸 폐기하는 걸 의미하지는 않는다. 오히려 예비교사에게는, 언어교사가 된다는 것의 의미와 교수활동 시 사용할 가치관, 신념, 이론 및 가정들을 해석하고 이해할 기회이다. 2장에서 살펴보았듯이, 이러한 신념 중 몇 가지는 대학 수업에서 학습한 이론과 원칙들을 확인시켜 주고 더 정교하게 해줄 것이다. 이제 예비교사는 어떻게 언어학습이 발전되는지, 언어학습을 촉진하는 피드백의 유형, 그리고 학습활동을 지원하여 학생들이 모둠 과업과 프로젝트를 함께 작업하며 혜택을 받도록 하는 법에 대해 좀 더 완전히 이해할 수 있는 기회를 가지게 된다.

예비교사는 또한 교수활동에 반영하고자 하는 일련의 자신만의 개인적 이론과 원칙을 개발하게 될 것이다. 예를 들어, 예비교사는 수업 참여를 꺼리는 학습자를 동기부여하는 법과 관련된 두 가지 중요한 원칙에 도달했을 수도 있다.

- 학습을 재미있게 하기
- 학습을 스트레스를 유발하는 경험이라기보다는 편안한 것으로 만들기

수업을 계획하고 가르치며, 예비교사는 이러한 원칙을 교수활동에 내재화할 기회를 찾을 것이다. 협력교사가 예비교사의 개인적 원칙을 공유하거나, 또는 알고 있지 않을 수도 있기에, 적절한 신념과 원칙을 개발하고 이를 교사교육자 및 협력교사와 논의하는 것은(또는 이러한 신념과 원칙에 대해 교수활동 일지나 수업 보고서를 작성하는 것은) 교사개발에 있어 중요한 부분이다. <표 6.1>은 좋은 교수활동이라는 개념의 중심에 있는 핵심 원칙들을 요약해 놓았다.

1. 수업 및 수업에서 교사의 품행은 영어교사로서 기대되는 전문가로서의 직업 기준을 반영한다.	• 교사는 신중하게 수업을 계획하고, 교실 안팎에서 감정과 행동을 통제하며, 학생들을 존중한다.
2. 수업은 언어교수에 관한 이론적, 원칙적 이해에 기반한다.	• 교사는 교수 방법과 그 기저의 원칙, 효과적인 수업 테크닉, 교재, 그리고 평가 전략을 잘 알고 있다.
3. 수업은 효과적으로 운영된다.	• 교사는 학습을 위한 긍정적인 환경을 만들고 명확한 수업 절차를 개발하고 시행한다.
4. 수업은 잘 구조화되고 순차적으로 정리된 학습 경험을 제공한다.	• 교사는 수업 목적과 목표를 성공적으로 성취하도록 활동을 순서화한다.
5. 수업은 학습자들이 의미 있는 방식으로 언어사용을 이해하고 연습할 수 있는 기회를 제공한다.	• 교사는 수업이 다루는 역량과 능력을 이해하고, 수업을 계획하고 검토할 때 이들을 참조한다.

6. 수업은 학습하고자 하는 동기를 북돋고 성공적 학습의 기회를 제공한다.	• 교사는 학생들의 학습을 격려하고 동기부여하는 수업 분위기를 개발한다.
7. 수업은 의미 있는 학습 결과를 성취한다.	• 교사는 수업이 끝날 때 구체적이고 관찰가능한 기술이나 역량에 도달한다.
8. 수업은 교사의 개인적 교수철학을 반영한다.	• 교사는 개성 및 교실에서 교사의 역할에 대한 자신의 관점을 바탕으로, 자신만의 방식으로 가르친다.

〈표 6.1〉 좋은 교수활동의 핵심 원칙

요약과 결론

효과적인 언어수업에는 여러 측면이 있다. 협력교사는 예비교사의 수업이 언어교수에 대한 최신 이론을, 그리고 언어교사의 전문가적 이미지와 기준을 반영하기를 기대할 것이다. 예비교사는 수업 기저에 있는 원칙 및 수업을 위해 설정한 결과의 측면에서, 자신의 수업을 정당화할 수 있어야 한다. 따라서 예비교사의 수업은 이론적인 면에서 기반이 잘 다져져야 하고, 잘 계획되고 순서화되며, 학습자의 필요와 관련이 있어야 한다. 동시에, 교사로서 예비교사의 개성이 수업을 참관하는 사람들에게 잘 드러날 수 있어야 한다. 예비교사는 또한 수업을 온전히 책임지고, 자신감을 가지고 가르칠 수 있으며, 수업을 적절히 운영할 수 있기를 기대된다. 또한 예비교사의 수업은 학생들에게 의미 있고, 동기를 부여할 수 있어야 한다.

이 장에서 제시한 바와 같이, 효과적인 언어수업은 예비교사의 지식, 기술, 신념 및 가치관을 반영한다. 덧붙여, 효과적인 언어수업은, 수업 목표, 학습자의 필요와 관심사에 대한 예비교사의 이해, 그리고 최적의 언어학습 환경을 조성하는 예비교사의 능력이 수업에 반영되도록 하기 위해, 예비교사가 수업을 가르치며 내리는 결정도 반영할 것이다. 가르칠 때마다 이상적이거나 완벽한 수업을 진행하는 교사는 거의 없고, 모든 수업은 교사가 만든 수업계획서의 효과 및 수업을 하면서 내리는 결정을 성찰할 기회를 제공한다. 예비교사는, 교수 경험 초기에는 이상적인 수업을 구현하기 어려움을, 그리고 설정한 목표를 성취하기 위해 필요한 기술을 개발하는 과정은 상당한 시간이 소요될 수 있음을 알게 될 것이다. 교육실습은 바로 이 목적을 위한 것이며, 따라서 자신의 교육실습 경험을 검토할 때 장기적 목표를 기억하는 것은 언제나 중요하다.

추천 참고 도서

Dörnyei, Z. (2001). *Motivational strategies in the language classroom.* Cambridge: Cambridge University Press.

Richard-Amato, P. A. (2009). *Making it happen: From interactive to participatory language teaching: Evolving theory and practice* (4th ed.). New York: Pearson.

Richards, J. C., & Lockhart, C. (1994). *Reflective teaching in second language classrooms.* New York: Cambridge University Press.

Richards, J. C., & Rodgers, T. (2001). *Approaches and methods in language teaching.* (2nd ed.). Cambridge: Cambridge University Press.

토론 질문

1. 경험하거나 참관한 성공적 언어수업에 대해 성찰하라. 어떤 요소가 수업의 성공을 설명해 준다고 생각하는가?
2. 예비교사가 수업에서 다음과 같은 기대를 확립할 수 있는 방법에는 어떤

것들이 있다고 생각하는가? – 학생들은 예비교사의 수업에 진지하게 임해야 하고, 일반 선생님께 가지는 동일한 기대를 예비교사에게도 가져야 한다.
3. 여러분이 익숙한 ESL 수업(예, 쓰기 수업, 읽기 수업, 듣기 수업)에 대해 토의하고, 학생들이 수업에서 하는 활동에 반영되어야 한다고 생각하는 원칙 몇 가지를 찾으라.
4. 수업 중 학생들이 보이는 버릇없고 수업에 방해가 되는 행동의 이유는 무엇이라고 생각하는가? 이러한 행동에 성공적으로 대처하기 위해 교사가 따르는 절차에는 어떤 것들이 있는가?
5. 잘 관리된 수업을 만들 것으로 기대되는 수업 운영 원칙 몇 가지를 제안할 수 있는가?
6. 학생들의 동기부여를 잘하는 수업과 그렇지 않은 수업에 대해 성찰하라. 어떤 요인들이 이러한 차이를 설명할 수 있는가?
7. 목표 측면에서 수업의 결과를 설명하는 것은 얼마나 유용하다고 생각하는가? 어떤 다른 방법으로 수업의 학습 결과를 평가할 수 있는가?

후속 활동

1. 여러분들이 선택한 내용에 대해 수업을 계획하고, 어떻게 수업을 *시작*, *과업 순서 정하기*, 그리고 *마무리하기*를 할 것인지 설명하라.
2. 부록 A의 좋은 수업계획서에 대한 교사교육자의 관점을 검토하라. 중급 수준 말하기 수업(또는 여러분이 선택한 다른 수업)을 위한 타당하고, 성취가능하며, 구체적인 목표의 예를 제시할 수 있는가?
3. "수업 토론"에 대한 수업을 어떻게 계획할 것인가? 어떻게 수업을 시작하고 구조화할지 생각하라. 이후 부록 A에 제시된 Ruben의 이야기, 즉 어떻게 Ruben이 토론에 관한 수업을 준비했는지를 읽고 비교하라.

4. 협력교사가 사용한 효과적인 활동이나 전략 한 가지를 논의할 수 있도록 준비하여 수업에 참여하라. 이는 테크닉, 교수 자료나 테크놀로지의 사용, 수업 운영 문제를 다루는 것, 또는 그 외 여러분들이 관찰한 효과적인 교수활동일 수 있다. 관찰한 것을 수업에서 설명하고(필요시 시각 자료, 칠판, 시연 등을 사용하여), 여러분들의 생각에 무엇이 제시한 내용을 효과적인 교수활동으로 만들었는지도 설명하라.

부록 A: 수업 효과성에 대한 예비교사의 관점

지난 학기 12주간의 교육실습 과정에서, 제가 배우고 발전시킨 많은 실제적 기술 중 하나는 ESL 수업에서 어떻게 효과적으로 수업을 디자인하고 수행하느냐였습니다. 제 경험으로는, 효과적인 수업을 만들고 완성하는 데 두 가지 중요한 구성요소가 있습니다. 첫 번째 그리고 가장 확실한 건, 수업 그 자체입니다. 즉 수업이 어떻게 구조화되었고, 어떤 유형의 활동이 포함되어 어떻게 진행되는지, 어떤 교수 전략이 사용되는지, 그리고 학생들은 교재에 어떻게 반응하는지 말입니다. 두 번째로, 수업 운영 역시 효과적인 수업의 매우 중요한 구성요소라는 것을 알게 되었습니다.

제 교생실습 경험에서 효과적인 수업의 예는, 제가 말하기 수업에서 토론 기술과 전략을 가르쳤던 수업입니다. 그 수업을 위해 준비를 꽤 잘해서 갔다고 생각해요. 짧은 토론의 예시와 함께 수업을 시작했고, 학생들에게 제가 어떤 유형의 말하기 구조를 사용했는지를 질문했습니다. 학생들은 제가 주장하기 또는 토론하기를 사용했다고 정확하게 추측했어요. 이후 제가 한 주장을 조목조목 분석하고, 사용한 "토론 어휘"를 분석했습니다. 학급 전체가 몇 가지 토론 방식을 논의한 후에, 학생들을 짝 활동으로 배정하고 "스피드 토론 세션"에 참여할 것이라고 설명했습니다. 각 팀에게 제가 준비한 주제에 대해 3분의 토론 시간이 주어지고, 이후에 학생들은 순환하며 다른 짝과 다른 주제에 대해 토론합니다.

학생들이 몇 차례의 토론을 마친 후, 그들에게 토론하며 어떤 유형의 어려움을 경험했는지 또는 어떤 부분은 쉬웠는지를 묻고, 토론 경험에 대해 성찰하도록 했습니다. 다음으로, 학생들을 4명의 모둠으로 나누어 배정한 후, 다음 활동은 팀으로 공식적인 토론을 할 것이라고 설명했습니다. 각 모둠에게 주제 및 주제에 관한 팀의 입장을 주었고, 주제에 대한 장단점을 생각해 보라고 했습니다. 수업은 학생들이 모둠 토론을 준비하며, 그리고 이후 며칠 동안 모둠 토론을 진행하고 마치길 기대하며 끝났습니다.

이 수업에 대해 성찰하며, 제가 효과적인 수업을 준비할 수 있는 능력이 있다는 걸 확인할 수 있었습니다. 학생들은 그날 무언가를 배웠고, 배운 것을 사용하고자 하는 데 열정적이었다는 걸 확실히 관찰할 수 있었습니다. 제가 이 수업을 운영한 방식도, 수업의 성공에 중요했습니다. 각 활동의 시간에 대해 신중하게 계획했고, 제가 기대한 것보다 더 잘 진행되었습니다. 학생들이 토론에서 표현하고자 하는 것을 표현할 수 있는 자유를 주었지만, 이를 어떻게 그리고 어떤 목적으로 할지에 대해서는 확실한 통제권을 가지고 있었습니다. 이 수업 후, 통제하지는 않지만 관리가 잘 되는 방식으로 수업을 운영하는 것을 통해, 효과적인 수업을 진행할 수 있는 제 능력에 대해 정말 자신감이 생겼습니다. 또한 신중한 계획의 중요성과 학생들이 학습한 것을 사용할 수 있도록 하는 것의 중요성도 깨달았습니다. 이 수업은 제 교육실습 경험의 가장 좋은 부분이었고, 제가 즐기는 것을 하는 데 많은 자신감을 주었습니다. – Ruben, 캐나다

부록 B: 좋은 수업계획서에 대한 교사교육자의 관점

예비언어교사들이 적절한 수업 목표를 세우고 이를 수업계획서에 잘 표현하도록 도울 때, 예비교사들이 다음의 질문을 생각해 보도록 하는 것이 유용함을 알게 되었다:

- 목표는 *타당한가?* 타당한 목표는 온전히 언어학습만을 증진할 뿐, 명시적 또는 은밀한 정치적 또는 심지어 종교적 아젠다를 가지고 있지 않다. 타당한 목표는 또한 수업 수준에 적절하고 학습자들을 앞으로 나아가게 해야 한다. 예를 들어, 영어 관사 체제 전체를 복습하는 수업은 초급반 수업에는 타당하지 않고, 습관이나 루틴에 대한 현재시제 사용 및 의미에 관한 수업은(예, *I have cereal for breakfast*) 중상급 수업에는 타당하지 않을 것이다.
- 목표는 *성취가능한가?* 이는 보통 목표를 제한해서, 학습자들이 과부하되지 않도록 그리고 학습한 것을 적절히 연습하도록 하며, 목표가 수업 시간 안에 성취가

능하도록 하는 것을 의미한다. 능력을 나타내는 *can*(예, *I can speak Italian*)을 소개하고 연습문제를 제공하는 초급반의 60분 수업은 보통 성취가능할 것이다; 허락(예, *Can I leave early?*)이나 추론(예, *That can't be true!*)과 같은 다른 용도의 *can*도 소개하는 60분 수업은 아마도 성취가능하지 않을 것이다.

- 목표는 *구체적인가?* 좋은 수업 목표는 수업계획서의 독자-보통 수업을 참관하는 자-가 무엇을 기대할지를 말해준다. 상기 제시한 *can*에 대한 수업의 예를 사용하면, "*can* 가르치기"와 같은 짧은 서술은 충분치 않다. 수업계획서의 독자는 다음을 알 필요가 있다. (i) *can*의 어떤 특별한 사용이 수업에서 다루어질 것인가; (ii) 이는 학습자들에 새로운 언어인가, 또는 복습하거나 확장된 언어인가; 그리고 (iii) 학습자들이 하게 될 연습의 성격은 무엇인가. 따라서 초급반 학급에서 이 수업의 목표는 다음과 같이 기술될 수 있다. "능력의 의미를 위한 *can*에 대한 통제된 구두 및 쓰기 연습을 소개하고 연습하기. 예, *I can speak Italian / I can't speak French / Can you speak German?*"

7장
교육실습에서의 수업참관

서론

수업참관은 교육실습에서 핵심적 역할을 한다. 협력교사나 교사교육자가 예비교사의 수업을 참관하는 것뿐만 아니라 예비교사가 협력교사의 수업을 참관하는 것 모두 그렇다. 학교의 다른 구성원-예를 들어 교장선생님, 교감선생님 또는 상급 교사-도 때로 예비교사의 수업을 참관하길 희망할 수 있기에, 예비교사는 누군가가 수업을 참관하고자 할 경우를 대비해 수업을 잘 준비할 필요가 있다. 예비교사는 또한 협력학교의 타 교사들을 참관하거나, 교생실습 세미나에서 자신의 수업 및 동료 예비교사 수업의 녹화본을 검토할 기회를 가지게 될 수도 있다. 하지만, 참관의 목적과 본질은 참관 과정에서 누가 참여하느냐에 따라 다르다. 예를 들어, 예비교사가 협력교사의 수업을 참관할 때, 예비교사는 교사가 *어떻게* 가르치는지, 그리고 어떻게 교사가 학습을 위해 긍정적 환경을 만드는지, 활동을 시작하기 위해 활용하는 전략과 절차, 가르치고 설명하는 방식, 그리고 어떻게 학습자들에게 피드백을 주는지에 초점을 둘 것이다. 초보교사로서, 예비교사가 협력교사를 평가하지는 않을 것이다. 하지만 협력교사나 교사교육자가 *예비교사*를 참관할 때는, 그 초점이 예비교사가 *얼마나 잘* 수업의 다양한 측면을 진행하는지에 있다. 이 장에서 우리는 두 유형의 참관을 다룰 것이다.

수업참관의 본질

참관이 교생실습의 주요 구성요소이기는 하지만, 참관의 본질과 제한점을 잘 알 필요가 있다. 교수활동은 복잡하고 역동적인 활동이며 수업 중 많은 일이 동시에 일어나기에, 수업의 모든 부분을 관찰하는 것은 불가능하다. 30명의 학생들은 수업에 서로 다른 방식으로 반응할 것이다. 몇몇은 수업을 흥미롭게 느끼며, 활동의 목적 및 활동을 어떻게 수행해야 하는지에 대해 잘 알고 있을 수 있다. 다른 학생들은 수업의 활동 몇 가지가 충분히 도전적이거나 동기부여를 하지 않는다고 느끼며, 교사나 수업에 거의 관심을 가지지 않을 수도 있다. 동시에, 교사는 수업의 흐름을 유지하고자 정신적으로 꽤 힘들어 하며, 자신이 비생산적인 방식으로 수업을 준비했음을 깨달을 수도 있다. 수업의 이 모든 면의 어느 것도 직접적으로 관찰할 수 없다. 수업 행동의 면면들이 관찰가능하다 하더라도 — 활동을 완수할 때 학생들이 하는 발화의 양과 같이 — 예비교사는 관찰한 내용이, 혼돈의 암시인지 또는 흥미에 대한 암시인지 파악하지 못할 것이다. 이러한 이유로, 예비교사와 협력교사가 참관 시 얻는 정보는, 관찰한(또는 관찰했다고 생각하는) 내용을 이해하기 위해 언제나 대화와 논의를 통해 명백히 설명될 필요가 있다.

동시에 교실에서 참관자의 존재는 때로 수업의 성격에 영향을 주는데, 교사의 평상시 교수 스타일과는 다른 수업을 만들어 내면서 말이다. 예비교사는 자신의 최선의 모습을 보여주고자 하기에, 교사교육자나 협력교사의 방문에 대비해 "너무 많은 것을 준비할" 수도 있다. 예비교사는 또한 참관자가 자신의 교수 기술을 발전시키도록 돕는 것뿐만 아니라, 얼마나 교수활동을 잘하는지를 평가하기 위해 그곳에 있다는 것을 알기에 긴장할 수도 있다. 또는 교육실습 초기에 예비교사는, 협력교사나 교사교육자의 존재를 자신이 최선의 교수활동을 하는 데 방해가 된다고 느낄 수도 있다. 만약 그런 경우라면, 예비교사는 이를 참관 전후에 참관자와 논의해야 한다. 경험이 많은 교사교육자는 당연히 자신의 존재가 예비교사에게 미칠 영향력을 잘 알고 있다. 아래 제시한 예비교사들의 이야기는 흔치 않은 것은 아니다:

> 협력교사가 저를 처음 참관하셨을 때, 저를 교사로서 평가할 것을 알았기에 너무 두려웠습니다. 때로 그녀가 앉은 쪽을 봤을 때 뭔가를 적고 계신 걸 봤고, 어떤 생각을 하시는지 궁금했어요. 그리고 그럴 때 수업의 흐름을 조금 놓쳤습니다. 어쨌든, 수업이 끝나서 기뻤고, 협력교사가 제 수업에 대해서 어떻게 생각할지를 너무 알고 싶었습니다. – Jae Hee, 한국

> 협력교사가 제 수업을 참관하실 때 저는 절대 자연스러울 수가 없었어요. 참관 전 협력교사가 아무리 저를 편안하게 해 주려 하셨을지라도, 또는 제가 수업을 얼마나 많이 준비했더라도 말이에요. 매 참관 수업 전, 저는 제대로 잠을 잘 수 없었어요. 학생들조차 누군가 교실 뒤에 있을 때 제가 정상이 아니라는 것을 알아차렸고, 수업 후에는 친절하게도 언제나 제게 괜찮냐고 물어봐 주었습니다. – Catharine, 미국

> 교사교육자가 처음 수업에 오셨을 때 저는 말 그대로 얼어버렸습니다. 그는 제 수업참관 날을, 제가 대학 수업을 들은 바로 다음 날 아침으로 선택하셨어요.

전 학생이었고, 교생실습을 마치면 매일 대학으로 돌아가서 수업을 들었거든요. 제 참관 날, 참관 수업에 제대로 준비되지 않았고, 이는 눈에 보였다고 생각해요. 학생들도 이를 느낄 수 있다고 생각하거든요. 말할 필요 없이, 이 이후에 전 언제나 준비를 잘했고, 교생실습 역시 진짜 교수활동이라는 것을 깨닫고 이후에는 교생실습에 잘 적응했습니다. - John, 캐나다

지난 학기에 저는 서로 다른 수업과 서로 다른 언어능력을 가르치는 세 명의 교사를 참관했습니다. 교사의 성격이 수업이 어떻게 작동하는지와 많은 연관이 있다는 것을 알게 되었어요. 이번 학기에는 제 협력교사가 첫 두 수업을 가르치는 걸 참관하며 교생실습을 시작했습니다. 교사가 경험이 더 많을수록, 수업은 더 자연스럽게 흘러간다는 것을 깨달았어요. 두 번의 참관 수업 후, 이제는 제 수업이 참관 대상이었습니다. 이는 너무 불편한 경험이었습니다. 제 수업참관에서 저는 자연스러울 수가 없다고 생각했습니다(지금도 그렇게 생각해요). 한편으로는 협력교사가, 다른 한편으로는 학생들이 저를 관찰한다는 압박감을 계속해서 느꼈습니다. 협력교사와 학생들 모두에게 받아들여지기 위해 노력하다가, 결국 학생들의 학습 요구에 집중하지 못했습니다. - Vidya, 캐나다

협력교사 수업 참관하기

예비교사의 교육실습 과제는 보통 일련의 협력교사 수업을 참관하는 것으로 시작한다. 협력교사 수업을 참관하는 것은 예비교사에게 다음과 같은 부분에 익숙해질 기회를 제공한다: 협력교사가 사용하는 교수 자료 및 교수법과 전략, 협력교사가 학생들과 상호작용하는 방식, 학생들이 협력교사 및 급우들과 상호작용하는 방식, 그리고 학생들이 이해하고 표현하는 언어 유형 등이 그것이다. 또한 협력교사 수업을 참관하는 것은, 예비교사가 실제 수업을 가르

치게 될 때 마주할 수 있는 이슈나 문제를 준비하도록 도울 것이다. 예비교사는 협력교사가 활용하는 교수법이나 전략을 확인하고, 수업을 가르칠 때 이를 사용할 수 있을지 결정할 수 있다. 또한 학생들에 대해 배우게 되고(예, 그들의 흥미, 동기 및 학습 스타일), 이는 수업을 인계받았을 때 예비교사를 더 잘 준비시켜 줄 것이다. Gaies(1991)가 이야기하듯이, "교사와 학생들을 수업에서 관찰할 때 우리가 보게 되는 것은, 교수법이나 테크닉의 기계적 적용이 아니라, 교사가 이를 어떻게 해석했는지이다"(p. 14).

참관의 초점

참관이 유용한 목적을 달성하려면 신중하게 계획되어야 한다. 참관의 목적은 협력교사와 후속 토론을 할 때 사용할 수 있는 정보를 수집하는 것이다. 협력교사의 수업을 참관하기 전, 예비교사는 참관의 초점과 참관을 기록할 때 사용할 절차를 논의하기 위해 예비 참관 회의를 할 것이다. 예비교사는 모둠 활동을 활용하는 법이나 수업 운영을 하는 법과 같이 좀 더 배우고 싶은 수업의 측면들을 제안할 수 있다. 협력교사 역시 참관 시 주의 깊게 살펴볼 일들을 제안할 수도 있다. 보통 예비교사는 수업의 한두 부분만을 초점을 두어야 하는데, 이는 동시에 여러 측면에 초점을 둘 수 없기 때문이다. 수업의 어떤 면들은 비교적 관찰하기 쉬울 것이지만(학생들이 묻는 질문과 같이), 다른 면들은 관찰가능하지 않기에 추론해야 할 수도 있다(수업의 주제에 대한 학생들의 관심 정도, 수업에서 교사가 내리는 결정, 또는 참관자에게는 보이지 않는 수업에서 일어난 문제들). 아래에 협력교사가 예비교사에게 자신의 수업에서 관찰하도록 요청할 수 있는 것들의 예시가 제시되어 있다:

수업 구조
- 수업이 시작되고, 전개되고, 끝나는 방식
- 수업을 구성하는 활동의 수
- 활동 간 연결 및 전환

수업 운영 전략
- 모둠 설정
- 질서 유지
- 시간 관리
- 좌석 배치

활동 유형
- 전체 학급 활동
- 짝 및 모둠 활동
- 개별 활동

교수 전략
- 과제 제시
- 연습 활동 조직화
- 교수 테크닉

교사의 교수 자료 사용
- 교과서 사용
- 다른 자원 활용

교사의 언어사용
- 교수 언어사용
- 질문의 사용
- 피드백 기술
- 어휘 및 문법 설명

학생들의 언어사용
- 모둠 활동에서 언어사용
- 수업 중 모국어 사용
- 문법의 문제점
- 발음의 문제점

학생 상호작용
- 과업하는 시간
- 질문 행동
- 학생 대 학생 대화

아래에는 다양한 예비교사가 수업참관을 통해 무엇을 배웠는지가 제시되어 있다.

> 제가 협력교사를 참관하기 시작했을 때, 그녀는 수업을 전체적으로 보고, 그녀가 수업을 어떻게 시작하고, 계획한 다양한 활동들을 해 나가는지를 보라고 하셨습니다─협력교사의 수업계획서 한 부를 가지고 있었어요. 수업 후, 자신의 관점에서 수업을 어떻게 생각하는지와 수업이 어떻게 진행되었는지에 대해 제게 이야기하셨습니다. 모든 학생이 참여하고 학습했기에 기쁘다고 하셨어요. 저를 놀라게 한 것은 '그녀가 어떻게 모든 학생을 참여하도록 할 수 있었는가'였어요. 수업은 30명의 학생들로 이루어진 대규모 수업이었고, 빠르게 진행되었기

에 놀랐습니다. 그리고 협력교사가 어떻게 모든 활동을 다 넣어서 진행했는지 궁금했습니다. 후속 참관 수업에서는 제게 수업 운영 및 자신이 이를 어떻게 해 내는지에 초점을 두어 관찰하라고 하셨는데, 이는 제가 이 수업을 인계받아야 했고, 수업을 어떻게 통제하는지를 알고 싶어 했기 때문이었습니다. 제 협력교 사를 참관한 것은 정말 유용했다고 생각해요. 수업을 제가 가르치게 되었을 때, 그녀의 수업 운영 기술을 많이 활용했고, 학생들이 이미 그런 방식에 익숙했기 에 모두 효과적이었습니다. - Jin Da, 태국

협력교사 수업을 참관한 후, 명확하고 정확하며 짧은 지시 사항을 주는 것이, 교사와 학생 간의 의사소통 오류나 오해를 피할 수 있기에 중요한 기술임을 알 게 되었습니다. 긴 지시 사항을 줄 때는, 시간을 좀 더 생산적으로 사용할 수 있도록 칠판에 이를 필기해서 학생들을 도울 수 있음을 깨달았어요. 이는 학생 들이 가지고 있는 궁금증을 해소시키고, 주어진 필수 과업을 학급 모두가 확실 히 알 수 있도록 해줍니다. - Bernie, 싱가포르

제 협력교사는 제 수업에 대해 거의 피드백을 주지 않으셔서, 그녀로부터 많은 것을 배우고 있다고 느끼지는 않습니다. 그래서 수업참관 역시 뭔가 건설적이라 기보다는 부정적으로 생각됩니다. 하지만 문제의 반은 제 문제라는 것 역시 깨 달았어요. 전 잘못된 이슈에 초점을 두어 왔습니다. 학생들의 필요를 평가하고 이에 맞추고자 하기보다는, 다른 사람들에게 받아들여질 수 있도록만 노력해 왔 습니다. 이제는 수업계획서와 교재에 집중하고자 하고, 제가 관찰의 대상이라는 것을 잊어버리려고 노력합니다(비록 언제나 성공적인 것은 아니지만요). - **Vidya**, 캐나다

참관 절차

참관을 효과적으로 활용하려면, 수집한 정보를 어떻게 기록할지를 결정해야 할 것이다. 예비교사가 활용할 절차는 참관의 초점에 달려 있지만, 아래 제시하는 것 역시 자주 사용된다.

- 체크리스트

체크리스트에는 수업의 다양한 특징 목록이 포함되어 있는데, 예비교사는 수업을 관찰하면서 이를 완료할 수 있다. 체크리스트는 참관을 위해 명확한 초점을 제공하지만, 수업의 특정 부분—예를 들어, 횟수를 세기 쉬운 부분—에만 사용될 수 있고, 수업의 한두 가지 측면에만 초점을 두어야 한다. 수업참관에 사용될 수 있는 몇 가지 출판된 체크리스트가 있지만(예, Wajnryb, 1992), 각 교사의 필요에 맞게 개작될 필요가 있을 것이다. 대안으로 예비교사와 협력교사는 자신만의 체크리스트를 만들 수도 있다. 체크리스트의 예는 부록 A에 제공되어 있다.

- 좌석 배치도

교사가 가르치는 위치뿐만 아니라 교실 안의 책상 배열을 보여주는 좌석 배치도는, 학생들이 교사에게 질문하는 횟수 또는 그 반대의 경우나 학생이 다른 학생들에게 질문하는 횟수와 같은 것들을 범주화하는 데 사용될 수 있다. <그림 7.1>의 좌석 배치도 참관 기록(SCORE[11])은 한 학생(발표자)이 영어로 30분가량의 스피치를 한 후 10분 동안의 질문과 대답 세션 부분을 보여준다(Farrell, 2008d). 교사(MH)는 "수업에서 청자로서 조용한 참여자"였다고

---

11) SCORE: seating chart observation record

생각했기에, 그녀가 10분 동안 45개의 질문을 했다는 것을 SCORE 분석을 통해 확인하고 놀랐다고 말하며, "지금까지 제 질문 패턴에 대해 전혀 모르고 있었다"라고 덧붙였다.

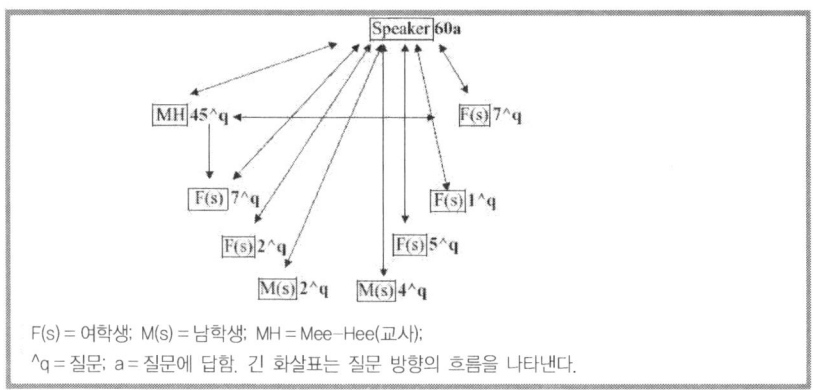

〈그림 7.1〉 SCORE 분석 I (Farrell, 2008d)

- 현장 노트(필드 노트)

이는 수업 전반에 걸쳐 발생한 주요 사건에 대해 메모 형식으로 간략히 서술해 놓은 것이다. 현장 노트는 수업 전체에 대한 요약을 제공할 수도 있고, 시간을 기반으로 할 수도 있다(예, 5분 간격으로). 예를 들어:

8:30 - 수업이 시작된다.
8:33 - 학생들이 컴퓨터 전원을 켜면 교사가 칠판에 수업 지시 사항을 작성한다.
8:35 - 교사가 온라인 읽기 과업에 대해 구두로 지시 사항을 전달한다.
8:40 - 학생들은 컴퓨터를 사용하여 온라인 읽기에 참여한다.
8:45 - 침묵 - 학생들이 독해를 시작한다.
8:50 - 침묵
8:55 - 교사는 한 학생에게 왜 독해를 하고 있지 않은지 확인하고, 다른 학생

9:00 - 학생들이 책을 읽는 동안 침묵이 계속된다.
9:04 - 온라인 읽기 과제를 마친 학생들은 교사를 쳐다본다.
9:05 - 교사는 학생들이 하던 온라인 읽기 과업에 대한 답을 한다.
9:08 - 교사는 학생들에게 컴퓨터로 돌아가, 스캐닝 연습을 하라고 말한다.
9:09 - 교사는 한 학생이 온라인에 접속할 수 있도록, 그리고 스캐닝을 이해할 수 있도록 돕는다.
9:13 - 교사는 학생이 스캐닝을 할 수 있도록 도와준 후, 학급 전체를 대상으로 "스캐닝"을 할 때 무엇을 해야 하는지를, 그리고 핵심 단어에 초점을 두어야 함을 알려준다.
9:17 - 교사는 교실을 돌며, 개별 학생이 컴퓨터에서 읽기 활동을 하는 동안 도움을 준다.
9:20 - 교사는 수업을 마친다.

- 들의 상황을 확인하기 위해 교실을 돌아다닌다.

● 내러티브 요약

내러티브 요약은 수업 과정 동안 일어난 주요한 일들—수업이 어떻게 시작되었는지, 활동 순서, 교사는 각 활동을 어떻게 소개했는지 등—을 포착하고자 하는, 수업에 대한 서면 요약이다. 내러티브 요약은 가능한 모든 정보를 포함해야겠지만, 수업에 대한 평가는 포함되지 않는다. 다음에 예시가 제시되어 있다.

협력교사는 쓰기 주기(cycle)의 동료 반응(peer response) 시간을 시작했고, 동료 반응지의 질문에 답하기 위해 모둠으로 가서 작업하도록 학생들에게 요청하며 수업을 시작하셨다. 학생들은 동료의 작문에 관한 질문에 답하기 위해 유인물을 작성해야 했다. 학생들은 4명의 모둠으로 앉아, 작문을 읽고 유인물에 길게 답하였다. 이후 학생들은 동료 반응지를 교환한 후, 남은 수업 시간에 대부분 만다린어로 서로 이야기를 나누었다. 수업이 끝났고, 모두 교실을 떠났다. ㅡ Tom, 싱가포르

● 후속 대화

참관 후, 협력교사는 보통 예비교사와 참관에 대해 논의하고 예비교사의 질문에 답하기 위한 시간을 마련할 것이다. 후속 회의에서 예비교사는 협력교사가 어떻게 자신의 교수활동에 접근했는지에 대해 더 잘 배우기 위해, 참관에서 얻은 정보를 명확히 하고 해석하는 데 초점을 두어야 한다. 예를 들면:

○ 왜 일들이 일어났는지에 대한 설명: 예, "왜 학생들이 이 활동을 어렵게 느낀다고 생각하시나요?", "수업의 이 지점에서 왜 모둠 활동을 사용하셨나요?"
○ 교사가 수업 중 일들에 어떻게 대응할 것인가에 대한 설명: 예, "학생들이 이 활동을 미리 마쳤었다면, 어떻게 하셨을 건가요?"
○ 협력교사의 제안: 예, "학생들이 이러한 활동은 너무 어렵다고 말한다면 어떻게 대응해야 하나요?"

> 협력교사가 학급에 지시 사항을 전달하는 걸 관찰했을 때, 해야 할 일을 학생들에게 말하는 것만으로는 충분치 않을 수도 있다는 걸 배웠습니다. 학생들이 몇 분이 지나서야 반응할 수도 있거든요. 협력교사가 구두로 지시 사항을 전달한 후 화이트보드에 이를 다시 적는 걸 보았을 때, 몇 명의 학생들은 그때서야 해야 할 일들을 이해하는 듯했습니다. — Tony, 브라질

> 제 협력교사가 문법 시제에 대한 수업을 가르치는 걸 관찰하면서, 교사 열정의 중요성을 알게 되었습니다. 종이에 적힌 수업계획서를 보는 것과는 별개로, 협력교사는 쾌활한 그녀의 성격으로 수업계획서를 생생하고 즐거운 수업으로 마술처럼 변환시켰습니다. 그때서야, 우리가 교수활동을 논할 때, 교사야말로 진정한 교수법 그 자체라는 것과, 교재나 심지어 수업 계획조차도 우리가 학생들을 몰입시킬 수 없다면 아무 의미가 없다는 걸 깨닫게 되었습니다. — Terry, 미국

협력교사나 교사교육자의 예비교사 수업참관

참관 절차에서 언급했듯이, 교육실습 동안 협력교사나 교사교육자의 정기적인 수업참관은, 예비교사가 의심의 여지없이 스트레스를 받을 만한 일 중 하나이다. 자신의 교수활동의 장단점이 평가받는다는 것을 아는 것은 당연히 어느 정도의 불안감을 야기한다. 하지만, 예비교사가 협력교사와 평안한 근로관계를 발전시킨다면, 수업참관은 긍정적인 학습 경험이 될 수 있다. 협력교사는 보통 예비교사의 교수활동에 대해 얘기해 줄 수 있는 많은 좋은 점들을 발견할 것이다. 또한 예비교사가 스스로 관찰하기 어려운 것들을 관찰함으로써, 예비교사가 자신의 교수활동을 모니터하는 데 도움을 줄 수 있다. 협력교사 수업참관에서와 마찬가지로 참관 전후의 대화가 예정되는데, 이는 예비교사와 참관자 모두를 예비교사 수업에 준비시키기 위한, 그리고 수업 후 논의를 위한 것이다.

협력교사나 교사교육자의 예비교사 수업참관의 몇 가지 목적은 다음과 같다.

- 예비교사가 관찰하기 어려운 수업의 일부분에 대한 정보를 수집하기 위해
- 예비교사가 시도해 보고자 하는 새로운 수업 전략이나 테크닉을 어떻게 도입하는지 관찰하기 위해
- 예비교사가 어떻게 수업의 특정 단계를 진행하는지 관찰하기 위해: 예, 예비교사가 어떻게 수업을 시작하고 마무리하는가
- 가장 성공적인 수업의 측면을 찾기 위해
- 수업에서 더 발전해야 하는 부분을 찾기 위해
- 예비교사가 교수활동에 적용할 수 있는 테크닉이나 활동을 찾기 위해

- 예비교사 스스로 자신의 교수활동에 대해 더 잘 이해할 수 있도록 돕기 위해

이에 덧붙여, 교사교육자가 예비교사의 수업을 참관한다면, 그/그녀는 다음과 같은 이슈에 관심을 가질 수도 있다:

- 예비교사가 교사교육 수업에서 논의한 전략과 아이디어를 얼마나 도입할 수 있느냐를 보는 것
- 예비교사가 교사로서의 능력을 발전시키고 있는지 보는 것
- 예비교사 및 타 예비교사들과 후속 논의 시간에 논의할 수 있는 이슈를 찾는 것

비록 장학에 관한 대부분의 연구는, 참관 후 회의에서 교사교육자와 예비교사 간 대화의 성격을 교사교육자가 결정한다고 제안하지만, 그럼에도 예비교사는 수업에 대한 자신의 반응, 자신이 맞닥뜨린 놀라운 일, 무엇을 다르게 할 것인지, 무엇을 배웠는지, 그리고 학생들은 무엇을 배웠다고 생각하는지에 대해 공유하며, 이러한 회의에서 좀 더 많은 주도권을 가질 수 있다. 교사교육자는 또한 예비교사가 교사로 발전하는 데 도움이 될 전반적인 실행 방안을 만들어 나가도록 도울 수 있다.

협력교사는 예비교사의 수업을 참관하는 데, 이 섹션에서 논의한 몇 가지 절차를 활용하거나, 또는 후속 논의에서 사용할 간단한 메모를 할 수도 있다. 하지만, 예비교사는 수업의 일부가 기록되도록 미리 계획을 세우는 것이 유용하다는 것을 알게 될 것이다. 녹음이나 녹화는 비교적 하기 간단하고 (녹음 및 녹화 절차에 관한 자세한 설명은 11장에 제시되어 있다) 체크리스트나 참관 서식보다는 수업에 대해 좀 더 자세한 기록을 제공한다. 이를 선택할 경우, 예비교사는 시간이 허락한다면 수업의 몇몇 부분 또는 모든 부분

을 전사하기를 원할 수도 있고, 수업의 특정 부분에 중점을 두기 위해 녹음/녹화본을 재생할 수 있다. 예를 들어, 예비교사는 수업에서 준 구두 지시 사항의 영향력에 대해 성찰하는 데 관심을 가질 수 있다. 이 경우, 예비교사는 자신이 지시 사항을 전달하는 부분을 듣고 전사할 수 있다.

제 수업의 오디오 테이프에서 제가 수업하는 것을 들을 때까지는, 제가 "OK"라는 단어를 그렇게 많이 사용하는지 몰랐습니다. 제 협력교사가 그렇게 말했다고 하더라도 제가 믿었을지 모르겠어요. 하지만, 제가 테이프에서 들었을 때 이는 너무나 명백했어요. 이제는 제가 "OK"를 말하기 전에 멈추려 하고, 보통은 효과가 있습니다. 하지만 제가 무언가를 학생에게 설명하면서 너무 흥분했을 때는 여전히 "OK"를 많이 사용합니다. – Bob, 미국

제 수업의 비디오를 보고 나서, 제가 보통 교실의 오른쪽을 신경 쓰지 않는다는 걸 깨달았어요. 시선을 주지 않는 것뿐만 아니라(시선은 보통 교실의 왼쪽에 맞추어져 있고요), 제가 질문하는 학생들도 마찬가지였어요(이 역시 교실 왼쪽에 앉은 학생들입니다). 제 전체 보디랭귀지도 제가 왼쪽을 향해 있는 듯 보였습니다. 그리고 당연히 오른쪽에 있는 학생들을 볼 수 없었는데, 특히 앞 열에 앉아 있는 학생들을요. 협력교사도 함께 수업 비디오를 볼 때까지 이를 눈치채지 못하셨어요. – Bernie, 싱가포르

장학참관 시 에티켓

예비교사가 행정적 이유로 수업참관을 받아야 할 경우, 참관자(협력교사, 교장, 교감, 그리고 교사교육자)는 가급적 수업에 방해가 되지 않도록 방문해야 할 것이다(Master, 1983). Master가 지적하듯이, 참관자는 교실에서는 낯선

사람이고, 예비교사의 눈에 전형적인 참관은 다음과 같이 진행된다.

> 참관자는 종종 수업이 시작된 후 교실에 들어와서, 조용히 뒷줄에 앉는다. 교사는 새로 온 사람을 소개할 수 있지만, 당연히 새로 온 사람이 왜 그곳에 있는지(즉, 교사가 얼마나 잘하는지 확인하기 위해서) 말할 수는 없다. 학생들의 얼굴을 훑어보며, 수업의 집중도를 나타내는 단서를 찾던 중, 교사는 갑작스럽게 비판적이고, 비참여적 참관자와 마주하게 된다. 이는 새로운 관계를 만든다-더 이상 교사와 학생 사이가 아니라 교사와 참관자 사이의 관계다. 학생들은 부차적이 된다. 한때 교사의 머릿속에 선명했던 수업계획서는 이제 증발하고, 교사는 리듬을 깨고 책상 위의 서면 수업계획서를 참고해야 한다. 학생들은 긴장하게 된다. 교사는 이제 좋은 교수자로 보이는 데 너무 몰두하여, 학생들의 기본적인 얼굴 신호를 포착하는 능력을 상실한다. 수업이 끝나고, 참관자의 평가를 기다리며, 교사는 수업이 평소처럼 잘 진행되지 않았다는 것을 깨달으며 긴장감을 느낀다. (Master, 1983, p. 498)

Master가 제안하듯이, 이러한 행정상의 목적을 위한, 수업참관의 "침해적 시나리오"는, 예비교사 수업참관의 필요성과 이러한 침해의 느낌 간의 간극을 중재하기 위해 참관자가 특정 에티켓을 따르도록 함으로써 피할 수 있다. Master는 참관 에티켓에 대해 다음과 같은 지침을 제시하는데, 그의 제안은 오늘날에도 여전히 영향력이 있는 듯하다.

- *방문 시기 결정하기*: 대부분의 교사는 참관자가 수업 도중보다는 수업이 시작되기 전에 도착하는 것을 선호한다. 이는 교사에게 적어도 잠깐이라도 참관자를 접촉할 기회를 제공하고, 학생들에게 그날 수업에 참관자가 방문할 것임을 말할 수 있도록 해준다(학생들은 이러한 상황에서 자연스

럽게 환영의 말을 할 가능성이 있는데, 이는 긴장감을 줄여 줄 수 있다). 만약 참관자가 수업 전에 근처에 앉은 학생들과 담소를 나누며, 그들이 무엇을 공부했는지 또는 그날 무엇을 배울 것인지 물어본다면, 학급 전체가 참관에 대해 더 편안하게 느낄 것이다. 방문이 사전에 공지되어야 하는지, 아니면 공지 없이 당일 방문이 괜찮은지에 대해 다양한 의견이 있다. 행정적 관점에서, 둘 다 단점이 있다. 사전 공지된 방문은 거의 항상 교사가 최고의 수업을 하도록 강요하여 일상적 수업에 다소 부자연스러운 느낌을 주게 된다. 공지 없는 당일 방문은 퀴즈나 학생들 보고서와 맞닥뜨릴 위험이 있다.

- *가장 좋은 위치 선택하기*: 학생들을 배제하는 교사-참관자 관계를 형성하는 위험을 피하기 위해, 참관자는 일반적으로 참관에서 행해지는 것처럼 교실의 뒤에 앉지 말고, 학생들의 얼굴을 볼 수 있도록 학생들 사이나 옆에서 그들과 마주하여 앉아야 한다.

- *적합한 참관 태도로 임하기*: 어떤 교사들은 참관자를 학생처럼 대할 수 있다면 더 편안함을 느낀다. 다른 교사들은 참관자를 지원 자원으로-교실 안의 또 다른 원어민으로서-활용하기를 선호한다. 또 다른 교사들은 참관자가 매우 친절한 존재이기를 바란다. 참관자는 교사가 선호하는 것을 미리 물어보며, 교사의 스타일에 민감해야 한다. 교사가 수업을 시작하면, 참관자는 유쾌하고 힘이 되어 주는 것처럼 보여야 한다(만약 참관자가 이를 할 수 없다고 느끼면, 방문은 다른 날로 미루는 것이 최선이다). 참관자의 시선은 교사보다는 학생들에게 집중해야 하는데, 학생들이 교사에게 어떻게 반응하고, 교사는 그들에게 어떻게 반응하는지를 보면서 말이다. 만약 학생들이 누군가가 그들을 면밀히 살펴보고 있다고 느끼면, 자극을 받아 열심히 수행하려고 할 것이고, 이는 학생들로부터 더 큰 반응이 있음을 교사가 느끼기에, 교사가 좀 더 자연스럽게 행동하도록 할 것이다.

- *노트하기*: 대부분의 참관자는 노트를 해야 한다. 단, 노트를 하는 참관자는 동시에 수업의 참여자는 될 수 없다. 계속해서 뭔가를 쓰는 참관자는 교사의 주의를 산만하게 할 것이다. 마치 수업 중 신문을 읽는 학생과 마찬가지로 말이다. 따라서 노트 작성은 최소한으로 유지해야 한다. 일반적으로 유용하거나 혼란스럽다고 생각된 수업의 어떤 지점을 기억하는 데 단어나 짧은 문구도 충분하다. 참관자는 나중에 노트를 더 자세하게 완성할 수 있다.

- *교사에게 구두 및 서면 피드백 제공하기*: 수업이 끝나고, 수업을 방문할 수 있었음에 교사와 학생에게 감사를 표한 후, 참관자는 즉시 수업에서 작성한 노트를 교사와 검토해야 하는데, 이때 칭찬뿐만 아니라 단점에 대해 지적하고 더 발전될 부분을 제안한다. 참관의 서면 보고서는 다양한 형식을 취할 수 있다. 바람직한 형식은 참관자가 먼저 수업의 핵심이 무엇이었는지 설명하고, 이후 사용된 절차를 기술한 후, 마지막으로 교사의 수업 운영에 대해 구체적으로, 그리고 전체적으로 언급하는 것이다. 이러한 형식은 참관자가 스타일뿐만 아니라 내용에 주의를 기울이도록 하고, 교사가 참관자의 서면 보고서에 수업의 핵심이 빠졌다고 느끼면 이에 문제를 제기할 수 있도록 한다. 이는 또한 참관자가 이 과정에서 좀 더 적극적인 참여자가 되도록 한다. 이러한 방식은 참관자가 사지선다형 시험처럼 그저 적절한 답에 체크해야 하는 그런 유형의 참관지보다 더 선호된다. 사지선다형 참관지 형식은 수업의 독특한 성격을 적절히 특징화하는 데 종종 실패한다. 어떤 형식을 사용하든, 교사에게 복사본이 제공되어야 하고, 만약 원하면 참관지에 문제제기하도록 허락되어야 한다. 만약 수업이 잘 진행되지 않았다면, 교사가 또 다른 방문(또는 가능하다면 또 다른 참관자)을 요청할 선택권도 주어져야 한다. 이는 마치 참관자가, 적절하다고 생각될 때, 교사가 얼마나 발전했는지 그리고 참관자의 제안을 수업에 받아들였는지 확인하기 위해, 추후 후속 방문을 요청할 수 있는 선택권이

있는 것처럼 말이다. (Master, 1983, pp. 499-500)

예비교사 수업참관 후 협력교사와의 대화

예비교사 수업을 참관한 후, 협력교사는 보통 가능한 신속히 예비교사를 만나 자신이 관찰한 것을 논의하고자 할 것이다. 하지만, 협력교사가 이에 대해 논의하고 예비교사가 가지고 있는 질문에 답할 시간이 제한적일 수도 있기에, 예비교사의 질문은 선택집중적이어야 함을 기억하라. 4장에서 보았듯이, 예비교사와 상호작용하는 협력교사의 스타일은 다양하고, 따라서 협력교사와 예비교사는 둘 다 편안하게 느끼는 장학 스타일 유형을 확립해 놓을 필요가 있다. 아래 비네트는 한 교사교육자의 접근법을 보여준다:

> 예비교사들이 자신의 교수활동에 대해 이야기할 때, 특히 그들이 가르쳤던 특정 수업에 대해 얘기할 때, 교사교육 과정의 방법론 수업에서 그들이 학습한 새로운 수업 절차와 테크닉을 실험해 보는 데 있어 자신이 성공적으로 해낸 것 또는 그렇지 못한 것에 대해 초점을 두는 것은 당연합니다. 수업참관 후 예비교사와의 대화에서, 교사교육자는 그러한 시도를 인정해 주고, 성공에 대해 칭찬하며, 문제점이 있을 시 정확하고 구체적인 교수법적 방향성을 제시하는 것이 중요합니다. 하지만 교사교육자로서, 전 예비교사들이 자신의 수업에 대해 스스로 평가할 때, 자신들이 무엇을 했는지 또는 하지 않았는지가 아니라 오히려 학습자들 그리고 학습에 대해 이야기할 때 늘 감동을 받습니다. 수업의 난이도는 적절했는지, 목표는 성취되었는지, 어떤 활동이 예비교사들의 생각에 학습자들이 가장 도움을 받았을지, 어떤 활동과 언어 포인트에 학습자들이 어려워했는지, 학습은 어떻게 더 잘 증진될 수 있었는지 등과 같은 것이요. 특정 절차와 테크닉에 대한 논의는 이러한 더 큰 이슈들에 대한 논의로부터 나올 수 있고, 나

와야 한다고 생각합니다. – Neil, 교사교육자, 호주

보통 수업 후 대화는 다음의 형식을 따를 것이다.

1. 예비교사는 수업에 대해, 잘 진행된 활동, 잘 진행되지 않은 활동, 그리고 다음 수업에서 다르게 할 것에 초점을 두어, 자신의 설명을 제시한다.
2. 만약 예비교사가 협력교사에게 참관 시 수업의 특정 부분에 집중해 줄 것을 요청했다면, 둘은 수집한 정보와 그 의미에 대해 논의할 수 있다.
3. 협력교사는 예비교사가 제시한 설명을 들어 주고, 자신이 관찰한 것도 덧붙여 전달한다.
4. 수업의 문제적 부분이 논의되고, 이를 다룰 전략을 찾는다.
5. 다음 참관의 목표가 정해진다.

아래에 예비교사와 협력교사의 수업 후 대화가 제시되어 있다.

수업이 끝나고 협력교사와 대화를 나누는 것에 좀 긴장했습니다. 그녀가 제 수업에 대해 어떻게 말할지 궁금했거든요. 전 수업이 잘 진행되었다고 느꼈지만, 좀 더 경험이 많은 선생님은 수업에 대해 무슨 말을 하실지 모르는 거잖아요. 다행히도, 협력교사는 수업에 대해 전반적으로 만족하셨고, 수업이 수업계획서에 있는 특정 방향대로 잘 진행되었다고 말씀하셨습니다. 그녀는 지난번 참관 때보다 제가 학생들에게 학습의 기회를 더 많이 제공하고자 시도했다고 하셨고, 저도 이 부분에 동의해요. 지난 번에는 학생들의 입장에서 생각하는 데 어려움을 겪었고, 제가 학생들의 능력을 과대평가했다고는 생각하지 못했어요. 제 생각에, 이는 제가 학생일 때의 경험과 관계가 있는 것 같습니다. 제가 학생이었을 때, 제 급우들과 저는 영어선생님이 하시는 말씀을 대부분 다 이해했거든요. 이건 저희가 영어를 잘했기 때문에 그랬던 것 같습니다. 그래서 협력교사에게, 이제는 새로운 주제를 소개할 때마다, 학생들이 주제에 대한 이해 기반을 튼튼

히 쌓을 수 있도록, 수업을 천천히 가르치고자 한다고 말씀드렸어요. 협력교사가 저의 이러한 변화를 눈치채셔서 정말 기뻤습니다. 그녀가 이전 수업에서 참관 기록지에 이 부분에 대해 지적하셨고, 이제 제가 그녀의 제안을 따랐다는 걸 보셨으니까요. 하지만 이번 참관에서 협력교사는 제가 좀 긴장해 보였다고 하시며, 수업을 좀 더 생기있게 만들도록 시도해 볼 것을 제안하셨습니다. 그건 맞는 말일 거예요. 그녀가 제 수업을 참관하실 때마다 전 언제나 좀 두렵거든요. 제가 혼자 가르칠 때 저는 좀 다르고 더 편안함을 느껴요. 그녀는 또한 좀 더 편안한 수업 환경을 만들고 수업에 유머를 더 사용해 볼 것을 제안하셨습니다. 제 생각에, 이것 역시 협력교사가 수업을 관찰한다는 것에 대한 제 긴장감과 관련이 있다고 생각해요. 어쨌든, 다음 수업참관 때는 좀 더 편안해지려고 노력할 생각입니다. — Tung, 싱가포르

<표 7.1>에는 교사가 수업참관 시 고려해 볼 수 있는 몇 가지 이슈가 요약되어 있다.

1. 수업참관의 본질	• 예비교사는 협력교사와 참관의 본질 및 제한점에 대해 논의한다.
2. 협력교사 수업 참관하기	• 예비교사는 현재 사용되는 교재와 교수 전략, 협력교사가 학생들과 상호작용하는 방식, 학생들이 협력교사 및 급우들과 상호작용하는 방식, 그리고 학생들이 이해하고 발화하는 언어에 대해 배운다.
3. 장학참관 시 에티켓	• 참관자와 예비교사는 방문 시기, 참관하기 가장 좋은 위치, 참관 태도, 언제/어떻게 참관 노트를 작성할지, 그리고 피드백 제시 방식에 대해 협상한다.
4. 참관의 초점	• 협력교사 또는 예비교사가 참관에서 중점을 둘 수업의 측면에 대해 제안할 수 있다.
5. 참관 절차	• 참관의 목적에 따라, 예비교사는 체크리스트, 좌석 배치도, 현장 노트, 그리고/또는 내러티브 요약 중에서 선택할 수 있다.

⟨표 7.1⟩ 수업참관

요약과 결론

참관을 통해 배우는 것은 교육실습에서 중요한 역할을 한다. 협력교사나 타 교사들의 수업을 참관할 기회를 최대한 활용하기 위해, 예비교사는 참관 시 집중할 명확한 초점을 가지고 있어야 하고, 참관한 내용에 대해 설명할 수 있는 적절한 절차를 구축해 놓으며, 수업에서 평가자나 참여자가 아니라 참관자로 있어야 한다. 교육실습에서 교수활동을 시작하기 전에 협력교사가 가르치는 방식을 관찰하는 것은, 예비교사가 교수활동과 관련된 몇 가지 이슈를 예측할 수 있도록 하며 교육실습을 더 잘 준비하도록 도울 것이다. 예비교사는 협력교사가 자신의 수업을 참관하는 것을 기대하고 있지 않을 수도 있지만, 이러한 과정에서 얻게 되는 피드백은 교사로서의 발전에 필수적이다.

예비교사가 참여하는 참관의 횟수는 협력학교의 교육실습 방식에 달려 있다. 예비교사는 스스로 참관 경험의 기회를 찾고자 할 수도 있다. 협력학교에 있는 다른 교사들은 때로 기꺼이 예비교사가 자신의 수업을 참관하여 다양한 유형의 학습자가 있는 수업을 경험하고, 타 교사들로부터도 배울 수 있도록 할 수 있다. 예비교사는 동료 예비교사들과 서로의 수업을 참관하도록 계획할 수 있다. 이런 방식으로 예비교사는 교육실습 수업에서 해결해야 할 문제를 다른 교사들이 해결하는 것을 보며 배울 수 있고, 타 교사들이 활용하는 교수 전략을 관찰하며 배울 수 있다.

추천 참고 도서

Bailey, K. M. (2006). *Language teacher supervision: A case-based approach*. New York: Cambridge University Press.

Gebhard, J. (1984). Models of supervision: Choices! *TESOL Quarterly, 18*,

501-513.

Oprandy, R. (1999). Exploring with a supervisor. In J. Gebhard and R. Oprandy (Eds.), *Language teacher awareness* (pp. 99-121). New York: Cambridge University Press.

Wajnryb, R. (1992). *Classroom observation tasks*. Cambridge: Cambridge University Press.

토론 질문

1. 다른 사람이 자신의 수업을 참관한 경험이 있는가? 누가 참관했고 왜 했는가? 이 경험에 대해 어떻게 느꼈나?
2. 관찰할 수 없는 교수활동의 중요한 면에는 어떤 것들이 있는가?
3. 다른 예비교사가 가르치는 수업을 참관하는 것을 통해 무엇을 배울 수 있는가?
4. 타 교사의 수업을 참관하기 위해 어떻게 가장 잘 준비될 수 있는가?
5. 학생들이 수업을 관찰하는 것과-여러분이 가르칠 때마다 일어나는 일-협력교사가 수업을 관찰하는 것의 차이는 무엇인가?
6. 수업에서 참관자의 존재가 만드는 긴장감이나 불안감을 어떻게 가장 잘 다룰 수 있는가?
7. 188-190쪽의 참관 에티켓에 대한 제안을 살펴보고 이에 대해 논하라.
8. 이 장에서는 수업참관을 위한 몇 가지 절차의 개요가 제시되어 있다. 각 절차의 장점과 단점을 논하라. 어떤 절차가 가장 잘/덜 편안하게 느껴지는가? 왜 그런가?
9. 협력교사가 참관 전, 참관 후 대화에서 포함하기를 기대하는 것은 무엇인가?
10. 협력교사와의 참관 후 논의에 대해 예비교사 Tung이 자신의 교수 일지

에 작성한 것을 읽으라(192-193쪽 참조). 그녀가 받은 피드백의 유형은 무엇이라고 생각하는가?

후속 활동

1. "참관의 초점" 섹션에서 논의한 이슈 어느 것이든, 이들을 관찰하는 데 사용될 수 있는 참관 형식이나 도구를 개발하라. 협력교사의 허락하에, 이를 수업참관 시 사용해 보라. 얼마나 유용했는가?
2. 협력교사의 수업참관 방문을 교사로서 처음 경험한 것에 대한 Jacob의 성찰을 읽어 보라(부록 B). Jacob이 이 방문을 통해 도움을 받았다고 생각하는가? 수업에 대해 다른 유형의 피드백이 유용했을 것이라고 생각하는가?

부록 A: 참관 체크리스트의 예시

1. 멕시코의 교사교육 프로그램에서 사용된 참관 체크리스트

참관 체크리스트
Benemérita Universidad Autónoma de Puebla
Facultad de Lenguas/Licenciatura en Lenguas Modernas
Práctica Docente II
Formato de Observación

학생 이름: _____ 학교: _____
교사 이름: _____ 수준: _____
학생 수: _____ 스케줄: _____ 날짜: _____

지시 사항: 자신의 기준에 따라 적절하다고 생각하는 항목에 체크하라(V).
좋음(O), 발전 필요(V)

	준비	O	V	이유
1	학생 수와 언어 수준에 따른 수업계획서			
2	수업을 위한 명확하고 구체적인 목표			
3	수업의 목표에 따른 기자재와 교재 선택			
4	수업의 목표와 제시된 활동에 따라 시간 계획			
	교수활동			
5	목표에 따른 교수 기술 활용 (예, 오류 수정, 강의, 설명, 피드백과 평가 등)			
6	의미 있는 의사소통의 사용과 증진			
7	수업에 활발히 참여하는 학습자들			
	수업 운영			
8	활동에 따른 학생 모둠화			
9	수업에 필요한 기자재 사용 (예, 칠판을 깔끔하고 조직화하여 사용)			
10	수업에 필요한 교재 사용			
11	수업 전개에 있어 속도와 시간 운영			
12	종종 생기는 수업 운영 문제를 다루는 능력			
	자기 관리			
13	시간 엄수			
14	학생들에게 친근하고 학생들을 존중함			
15	필요시 보디랭귀지, 제스처 및 교수 공간 활용			
	언어 사용			
16	학생들의 수준에 따라			
17	필요시 소리의 어조와 크기			

〈표 7.2〉 멕시코 교사교육 프로그램의 참관 체크리스트[(Brenes-Carvajal, M., 2009, p. 190). 멕시코의 언어교사 초기교사교육. Macquarie 대학 박사학위논문]

2. 문법 수정: 교사가 어떻게 학생들의 글에 문법적 피드백을 제공하는지 관찰하기

방법	교사 피드백의 수
교사는 학생들에게 오류 유형을 제시하고자, 오류 근처에 철자 (spelling)에는 "sp", 시제(tense)에는 "T"와 같은 부호를 쓴다	
교사는 수업에서 학생들이 많이 하는 문법 오류에 대해 구두로 설명한다.	
교사는 문법 오류를 찾은 후, 정확한 형식을 써준다.	

교사는 문법 설명을 글로 써준다.	
교사는 개별 학생들에게 구두로 설명한다.	
교사는 문법 오류에 대해, 밑줄을 치거나 지운다.	
그 외(예, 교사는 오류가 무엇인지 또는 열의 어디에 오류가 있는지 말하지 않고, 각 열에 있는 오류의 수를 여백에 쓴다.)	

3. 모둠 상호작용 관찰하기

아래 체크리스트는 참관자가 각 모둠이 과업을 완료할 때 시간을 어떻게 활용하는지 확인하도록 돕는다.

과업	빈도
글 읽기	_____
목표언어로 토론	_____
모국어로 토론	_____
과업 토론: 일반 모둠	_____
과업 토론: 한두 명이 장악	_____
절차적 토론	_____
과업 외 토론	_____
논쟁: 절차적(역할 등)	_____
논쟁: 과업 관련(답 내용)	_____
모둠 침묵(혼돈)	_____

4. 질문하기 전략

질문 유형	빈도
사실에 근거한: 교사는 학생들이 사실에 근거한 답을 찾음으로써 답할 수 있는 질문을 한다.	
의견: 교사는 학생들이 자신의 지식을 활용하여 답할 수 있는 질문을 한다.	
응답 유형	
보여주기: 학생들은 교사가 요청한 답을 제공해야 한다.	
추론적: 학생들은 자신의 생각과 논리를 포함한 답을 제공해야 한다.	

학생 선택	
질문하기 전, 학생들의 이름을 부른다.	
질문한 후, 학생들의 이름을 부른다.	
질문한 후, 자원자를 요청한다.	
질문에 대답할 때, 학생들이 스스로 선택하도록 한다.	

〈표 7.3〉 교사가 사용하는 질문 유형에 대한 체크리스트

부록 B: 참관 받기 — 어떻게 느껴졌는가?

대학의 TESOL 수업에서, 교수님이 제 수업의 일부를 참관하신 걸 기억합니다. 이전에 교사로서 참관을 받은 적이 없었기에, 무엇을 기대해야 할지 몰랐습니다. 제가 아는 것이라곤 교수님이 오셔서 제가 어떻게 가르치고, 학생들과 상호작용하며, 수업을 통제할 수 있는지를 관찰하신다는 거였어요. 저는 보통 이런 상황에서 긴장하지 않기 때문에 교수님이 오셨을 때 긴장하지 않을 것을 알고 있었습니다. 그리고 그 주에 수업에서 재미있는 주제를 다루었고 이에 대한 수업 계획을 잘 세웠기에, 교수님이 비판하거나 부정적으로 언급할 만한 것을 찾지 못하실 것이라고 생각하며 매우 자신감이 있었습니다. 참관 받았을 때 유일하게 좋지 않았던 점은 교수님이 늦으셨고, 유일하게 남은 자리는 교실의 정중앙에 있었어요. 교수님이 없다고 생각하려고 너무 많이 노력했어요! 참관 동안, 제가 한 것들이 매우 전문가다웠고, 잘 조직화된 듯했기에 정말 자신감이 있었습니다. 그리고 그날 학생들도 모두 수업에 적극적으로 참여하고, 제 지시 사항을 첫 번에 따르면서 "더없이 훌륭"했습니다. 수업이 끝나고 저는 교수님이 제 수업을 좋아하실 것에, 그리고 제가 정말로 ESL 교사가 될 능력이 있다는 데 자신이 있었습니다. 그 주 후반에 제가 수업에 대해 이야기하고자 교수님 연구실에 갔을 때, 당연하게도 교수님은 제 수업을 관찰하길 즐기셨고, 제가 정말 잘했으며, ESL 교사가 될 자격을 갖추었다고 말씀하셨어요. 참관의 모든 경험은 제가 어떻게 가르치는지에 대해 성찰하도록 했고, 제가 잘 가르친다는 걸 알도록 자신감을 주었습니다. — Jacob, 캐나다

8장
효과적인 교실 학습 환경 만들기

서론

TESOL 프로그램의 학생에서 교육실습을 하는 예비교사로의 전환 시 발생하는 주요 변화 중 하나는, 이제 예비교사로서 새로운 역할과 정체성이라는 책임을 떠맡게 된다는 점이다. 예비교사는 언어교사에게 기대되는 사회문화적 역할을 알고 수행해야 하며, 학생들은 이러한 새로운 역할을 수행하는 예비교사를 받아들여야 한다. 동시에, 학생들은 여러분이 예비교사라는 것을, 그리고 교수활동이라는 예술과 기술을 배우기 위해 수업에 있다는 것도 안다. 그들은 예비교사가 일반 교사의 깊이 있는 지식, 기술 및 전문성을 가지고 있다고 기대하지 않는다. 학생들이 예비교사를 신뢰하고, 존경심과 자신감을 가지게 되는 것은 천천히 일어나게 된다. 예비교사는 학생들에게 열려 있고 솔직한 태도를 취하면서, 그리고 교생실습 초기에 이와 관련된 이슈들을 다루면서 이러한 과정을 준비할 수 있다. 예를 들어, 예비교사는 짧은 모둠 토론 활동을 통해 학생들이 다음과 같은 질문에 대해 논의하도록 할 수 있다:

- 영어선생님에게 바라는 자질에는 어떤 것들이 있나요?
- 이 수업에서 영어선생님이 여러분들의 목표를 성취하도록 어떻게 가장 잘 도울 수 있다고 생각하나요?
- 교생선생님이 여러분의 영어선생님 수업을 맡게 될 때 가장 걱정이 되는 부분은 무엇인가요?
- 교생선생님이 수업을 맡게 될 때 가장 기대되는 부분은 무엇인가요?
- 교생선생님이 여러분의 수업을 가르치며 직면하게 될 어려움에는 어떤 것들이 있다고 생각하나요?
- 이러한 어려움을 극복하도록 여러분은 어떻게 도울 수 있나요?
- 교생선생님이 여러분을 가르치는 동안 어떤 부분에 중점을 두길 바라나요?

이러한 활동은 교실이라는 사회적 맥락 안에서 예비교사의 직업적 정체성을 확립하도록, 그리고 학생들의 정체성을 존중하고 이해하도록 하여, 예비교사와 학생들이 함께 수업에서의 학습 잠재력을 최대화하는 학습자 공동체를 만들 수 있도록 할 것이다. 아래에 한 교사교육자가 예비교사에게 기대하는 몇 가지 자질을 설명한다:

> 예비교사에 대한 제 기대는 높습니다. 함께 일하는 예비교사가 학습자, 가르치는 과목, 그리고 가르치고자 하는 영어 분야에 대한 지식을 갖추어, 수업을 신중히 계획하기를 기대합니다. 수업참관 시, 신중히 만들어진 계획은 드러나거든요. 긴장감이나 잘못된 수업 시작, 그리고 예비교사들이 자신의 결정을 재고하도록 하는 그런 순간들도 기대합니다. ... 이러한 경험은 문제를 더 깊이 있게 이해하도록 해줍니다. — Margo, 교사교육자, 미국

올바른 학급 분위기 조성하기

학급 분위기는 교실의 "정서적" 측면, 즉 학생들이 수업, 교사와 다른 학생들, 그리고 수업의 학습 분위기에 대해 갖는 감정을 말한다. 교사로서 예비교사는 학생들이 교사와 수업에 대해 긍정적인 시각을 발전시킬 수 있는 방법을 찾아, 그들이 예비교사와 그 수업을 긍정적으로 기대할 수 있도록 해야 한다. Senior는 Ormrod를 인용하며 효과적인 학급 분위기를 만들기 위해, 교사는 다음을 할 필요가 있다고 제안한다:

- 인간으로서 학생들을 받아들이고 존중하며 배려한다는 것을 소통하기
- 사무적이지만 위협적이지 않은 분위기 조성하기
- 교과에 대한 적합한 메시지 전달하기
- 학생들에게 수업 활동에 대해 어느 정도의 통제권 주기
- 학생들 간의 공동체 의식 조성하기 (Senior, 2006, p. 81, Ormrod(2000, p. 601)에서 인용)

Senior(2006)는 긍정적 학급 분위기가 조성될 수 있는 몇 가지 방법을 제안하는데, 여기에는 비공식적 수업 분위기를 만들기 위해 유머 사용하기, 공통의 흥미와 관심사 논하기를 통해 학생들 간의 라포 형성하기, 그리고 교사는 친근하며, 다가갈 수 있고, 학생들을 돕기 위해 있다는 것을 보여주기 등이 있다.

> 전 학생들이 끼어들 수 있는, 그리고 질문한다고 해서 멍청이라고 생각되지 않도록 느끼게 하는 그런 선생님이 되려고 굉장히 노력했습니다. 질문해도 괜찮고, 선생님 눈길을 끌어도 괜찮은—손을 확 드는 것은 아니지만, "네?" 또는 "다시

말해 주시겠어요?"를 표현하기 위해 손가락을 흔드는—수업 분위기를 만들려고 했다고 생각해요. - Senior(2006, p. 90)에서 인용한 교사

Senior가 논의하는 다른 요소들에는, 학생들이 위험을 감수하거나 실수하는 것을 두려워하지 않는 안전한 학습 분위기 조성하기, 전문가적 신뢰 및 수업에서 목표 의식 확립하기, 그리고 적절한 수업 행동 규범 확립하기 등이 포함된다. 수업의 내용 또한 학급 분위기에 영향을 줄 수 있다. 수업이 너무 어렵다면 학생들은 지루해하거나 집중력을 빼앗길 수 있다. 반면 수업이 너무 쉽다면 학생들은 충분히 도전받지 못한다고 느낄 것이다. 두 상황 모두 결과는 동기를 부여하지 못하는 수업일 수 있다. 아래에 한 예비교사가 어떻게 효과적인 학급 분위기를 만들고자 하는지 묘사되어 있다.

지난 학기에, 30시간 수업참관의 일부로, 저는 세 분의 교사가 서로 다른 방식으로 자신의 학급을 다루는 것을 관찰했습니다. 한 선생님은 모둠, 짝, 그리고 개별 활동을 섞어서 수업 활동을 하신 반면, 다른 두 선생님은 개별 또는 짝 활동을 더 편하게 느끼시는 듯했습니다. 하지만, 모든 수업에서 학생들이 수업을 정말 좋아하는 느낌을 받았어요. 예비교사로서 저도 개별 또는 짝 활동에 대해 편안하게 느끼고, 이러한 활동이 한 학급으로서 서로 더 잘 연결되도록 한다고 생각해요. 제 협력교사는 매주 가르칠 수업계획서를 주셨습니다. 제가 해야 할 일의 거의 모든 것이 교과서에 기반하고 있고, 질문과 답하기 연습이나 이와 관련된 활동이기에, 학생들이 개별 또는 짝으로 활동하도록 하는 것이 편리하다고 생각했습니다. 게다가 학생들이 돌아다니거나 모둠으로 나뉘어 활동하기에는 교실이 충분히 크지 않았어요. 이와 별개로, 지금 이 순간에도 전 여전히 이 수업이 처음이고, 수업에서 뭔가 잘못되면 잘 대응할 수 있을지 두렵습니다. 비록 학생들이 제 편이라는 느낌은 들지만요. 하지만, 제 수업에서 모둠 활동의 부재가 수업 활동의 자연스러운 흐름에 영향을 끼치지 않음을 알게 되었습니다. 모둠 활동의 부재를 메꾸기 위해, 때로 전체 학생들이 학급 토론을 하도록 했는데, 그들의 참여로 보았을 때 학생들은 이를 즐기는 듯했습니다. - **Vidya**, 캐나다

효과적인 학습을 증진하기 위해 수업 준비하기

수업계획서가 교사가 수업에서 다루고자 하는 영역의 지도 및 그곳까지 도달하기 위해 취할 경로를 대표하는 반면, 성공적인 수업은 수업을 하는 동안 교사가 제공하는 상호작용의 유형에 달려 있다. 이는 학생들 사이의 상호작용뿐만 아니라 교사와 학급 간의 상호작용을 포함한다. 수업을 구성하는 데는 네 가지 가능한 방법이 있고, 각 방법은 서로 다른 학습 잠재력을 제공할 것이다. 이는 전체 학급 활동, 개별 활동, 짝 활동 그리고 모둠 활동이다.

전체 학급 활동

이 교수활동 방식은 교사가 모든 학생들을 함께 가르치는 것을 수반하고, 이런 방식으로 수업을 구성하는 정도는 가르칠 수업의 유형과 수업의 특정 단계에 달려 있다. 수업은 전체 학급 활동을 시작한 후, 짝, 모둠, 또는 개별 활동을 할 수 있다. 전체 학급 대상 교수자 중심의 교수는, 학생들이 신속히 과업에 집중하도록 한다. 신중히 진행된다면, 시간 관리가 최대한으로 교사의 통제권 아래에 있기에, 전체 학급 활동은 수업의 목표를 신속하고 효과적으로 성취하도록 한다. 덧붙여, 전체 학급 활동이 교사가 장악하는 교수 스타일을 반영하기에 종종 비판을 받아왔지만, 만약 교수활동이 교사가 학생들의 학습을 중재하고, 도움을 주며, "발판이 되어 주는" 공동으로 구축된 활동으로 여겨진다면, 전체 학급 활동의 좀 더 긍정적 역할을 찾을 수 있을 것이다. "발판이 되어 준다는 것"은 학생들이 언어능력을 개발할 때 필요한 일시적인 지원—학생들의 언어학습이 점점 진행되며 천천히 축소되는—을 제공함을 의미한다. 적절히 활용되면, 전체 학급 활동에서 제공되는 지원은 수업에서 제공하는 학습 기회를 풍성하게 할 수 있다. 예를 들어, Verplaetse는 고등학교과학 수업에서 교사 중심의 토론을 다음과 같이 분석한다.

> (수업은) ... 영어 원어민과 비원어민 학생들 간의 높은 수준의 상호작용이 일어나도록 독려했습니다. *궁금증 크게 말하기, 질문하기, 그리고 학생 참여 이끌기*와 같은 교사의 시작 전략, 그리고 *학생들의 말 되뇌이기*나 *평가하지 않으며 수용하여 자신의 말로 다시 표현하기*와 같은 피드백 전략 모두 학생들이 온전히 수업에서 지식을 재창조하는 데 참여할 수 있는 수많은 기회를 만들어 냈습니다. (Verplaetse, Johnson, 2009, p. 72에서 인용)

수업을 계획할 때, 예비교사는 언제 전체 학급 활동이 적절한지와 언제 다른 유형의 학습 활동으로 옮겨갈지 – 학생 대 학생 상호작용을 증진하고 학생들이 자신만의 속도로 과업을 해내도록 하기 위해 – 를 고려해야 할 필요가 있다.

> 제가 협력교사를 처음 참관했을 때, 그녀가 교사 중심의 활동을 많이 활용하시는 걸 알게 되었습니다. 학생들은 이 방식에 모두 편안해 보였고, 그래서 그 수업을 가르치게 되었을 때 저도 똑같이 하기로 했어요. 제가 전체 활동을 하기로 한 또 다른 이유는, 제가 학생들과 아직 제대로 된 라포를 형성하지 못했기에 수업의 통제권을 잃어버릴까 두려웠고, 수업을 잘 책임지지 못하는 교사처럼 보이고 싶지 않았기 때문입니다. 제가 학생일 때 제 선생님은 모둠 활동을 활용하시지 않으셨기에 이 활동이 항상 편안하지는 않았어요. 비록 제 동료들과 하는 모의수업에서는 잘 진행되었지만요. 제가 전체 활동을 했을 때 학생들은 잘 반응해 주었고, 수업 후 기분이 좋았습니다. 제 협력교사도 결과에 대해서 흡족해하셨고요. – Kim, 한국

개별 활동

수업에서는 또한, 지문을 읽거나 들을 때 또는 교과서나 연습문제집의 문제를 풀 때처럼, 학생들이 개별적으로 가장 잘 학습하는 지점이 있다. 개별 활동은 학생들이 자신의 속도대로 학습하고, 자신의 언어능력 수준이나 흥미에 맞는 활동을 하도록 할 것이고, 교사는 학습자들에게 개별적 지원이나 도움을 제공하도록 한다. "시간의 효과적 사용이라는 측면에서, 개별 활동은 또한 학생들이 신속히 과업에 몰두하도록 한다. 특히 교사의 지시가 명료하고 정확할 때 그렇다. 개별 활동은 상호작용이 일시적으로 중단되었기에 규율 문제를 거의 일으키지 않는다. 개별 활동은 또한 개인적 성찰을 가능케 하고, 개별 학습자가 자신의 학습에 대한 목표를 세울 수 있도록 한다"(Anthony Seow, 개인 대화).

개별 활동을 계획할 때, 예비교사는 학생들이 자신이 해야 하는 일을 얼마나 잘 이해하고 있는지 그리고 과업이 학생들의 흥미를 유지시킬 만한 적절한 어려움, 지원, 그리고 동기를 제공하는지를 고려할 필요가 있을 것이다. 아래에 한 예비교사는 어떻게 수업에서 학생들이 과업에 집중할 수 있도록 하는지 설명한다:

> 작문 수업에서 학생들 스스로 컴퓨터 앞에서 작업하도록 할 때 제가 가장 잘하고 있다고 생각해요. 학생들에게 어떻게 글을 쓰는지 제가 계속해서 수업을 할 필요는 없습니다. 가장 중요한 건 학생들이 가능한 많이 글쓰는 경험을 하는 것입니다. 따라서 작문 수업은 저에게는 다음과 같이 요약할 수 있습니다. 학생들은 계속 글을 쓸 것이다. 전 보통 교실을 돌아다니며, 요청을 받으면 도움을 줍니다. 하지만 글쓰기를 잘하지 못하는 학생들에게 제가 먼저 다가가서 도움을 주어요. 이러한 방식은 결국에는 제가 학생들의 작문을 평가할 때 시간을 줄여줍니다. 사실 읽기 수업에서도 같은 방식으로 수업해요. 학생들은 가능한 많이 읽기를 경험해야 합니다. 교실 밖에서는 학생들이 영어 지문을—심지어 신문조

차도-읽지 않는 것 같아 걱정되거든요. 물론 학생들이 작문이나 읽기에 집중하지 않을 때는 때로 규칙을 정해야 하죠. 이 부분이 제게 가장 어려운 순간인데, 제가 아직까지 학생들을 어떻게 집중시키고, 개별적으로 작업하도록 하는지 경험이 많지 않기 때문입니다. - John, 영국

짝 활동

짝 활동은 학생들이 일정 기간 동안 상호작용할 기회를 제공하며, 언어 및 의사소통 역량을 증진시킬 주요 수단으로 오랫동안 지지받아 왔다. 학생들을 짝으로 활동하게 할 때, 학생들의 수준, 언어문화적 배경 및 긍정적 학습법을 촉진하는 다른 요소들을 고려할 수 있다. 이러한 학습 활동에 익숙하지 않은 학생들에게는, 짝 활동을 좀 더 신중히 소개하고 준비시킬 필요가 있을 수 있다.

모둠 활동

모둠 기반 학습은 모든 유형의 교수활동에서 광범위하게 사용되며, 교실의 상호작용적 역학을 크게 변화시킨다. 언어 교실에서 모둠 활동은 자존감을 증진시키고, 학생들의 이야기 시간을 늘리며, 언어 연습을 위한 위험 없는 환경을 제공함으로써 학생들의 동기를 향상시킬 수 있다. 하지만, 모둠 활동을 설정하는 데는 몇 가지 어려움이 따른다. 여기에는 다음이 포함된다:

- *시간*: 학생들을 모둠으로 분류하는 데 많은 시간이 소요될 수 있다.
- *끼리끼리 집단*: 학생들은 종종 나이, 언어, 우정 등의 이유로 자기들끼리만 앉는다.
- *제한된 언어능력*: 초급 수준 학생들은 수업을 따라가는 데 어려움을 느끼고, 더 잘하는 학생들과 모둠으로 일한다면 겁을 먹어, 결국 침묵을 유

지할 수도 있다.
- 통제: 어떤 교사들은 자신이 더 이상 수업을 통제하지 못한다고 느낄 수도 있다.

모둠 활동을 성공적으로 도입하기 위해 다음을 고려해야 한다:

- *모둠 규모*: 4명의 모둠이 수업 운영을 수월하게 하는 데 있어, 특히 예비교사에게, 가장 적합하다.
- *모둠 구성*: 동료 튜터링을 증진하고 각 모둠 구성원이 해야 할 과업에 집중하도록 하는 이질적 모둠 조합을 만들기 위해, 처음에는 예비교사 또는 협력교사가 모둠 구성원을 선택해야 한다.
- *언어 수준 혼합*: 모둠을 서로 다른 언어 수준의 학습자들로 구성하는 것도 한 방법이다. 이는 학습자들이 다양한 과업에서 서로를 도울 수 있도록 한다. 언어능력 수준이 더 높은 학생들에게는, 모둠 리포터의 역할을 하도록 하거나 모둠 토론에서 필기하도록 함으로써, 좀 더 도전적인 과업을 줄 수 있다.
- *소음 수준*: 각 모둠의 한 학생을 소음 모니터 요원으로 지정하여 소음이 적절한 수준으로 유지되도록 할 수 있다.
- *비참여자*: 모둠 활동에 익숙하지 않은 학생들은 모둠 기반 학습 활동을 중요하게 생각하지 않을 수 있다. 이런 경우, 부드러운 설득이 필요할 것이다.
- *동일하지 않은 과업 완료 시간*: 과업을 일찍 마친 모둠으로 인한 방해를 최소화하기 위해 대안 계획(예, 추가 과제)을 마련한다.
- *모둠 수행 평가*: Silver(2008)는 교사들이 다음을 하도록 제안한다:
    ○ 정기적으로 잠시 멈춰, 학급을 전체, 각 모둠, 그리고 개별 학생별로 살펴본다.

○ 각 모둠을 방문하는 시간을 짧게 유지하여 수업의 모든 학생을 지속적으로 관찰할 수 있도록 한다.
○ 학생들이 제대로 하고 있을 때뿐만 아니라 그러지 않을 때도 피드백을 제공한다.
○ 학생들이 잘못된 방향으로 가고 있는 것 같다면, 개입하기 전에 그들이 무엇을 하고 있는지 보고 듣는다.
○ 개입할 경우, 학생들이 스스로 작업할 수 있었던 시점으로 다시 안내할 목적으로 의견을 제시한다.

아래에, 예비교사들이 모둠 활동과 관련하여 내린 결정에 대한 설명이 제시되어 있다:

목요일에는 어휘 수업을 진행했는데, 이는 원래 일정에 예정되어 있었기 때문이기도 하지만, 학생들이 유의어 사전을 경험해 보고, 글을 쓸 때마다 매번 사용하는 단순한 어휘를 대체할 수 있는 수많은 어휘가 있다는 것을 아는 게 그들에게 도움이 되리라고 믿었기 때문입니다. 수업의 목표는 학생들이 감정적 어휘와 이에 대응하는 "중립적" 대체 어휘를 구별할 수 있도록 하는 것이었습니다, 예를 들어, *consume your food*와 *wolf down your food*에서처럼. 학생들은 온라인 유의어 사전에서 찾은 감정적 어휘를 가지고 문장을 만들 수 있는 능력을 보여주어야 했어요. 학생들을 4명의 모둠으로 나누었고, 각 모둠의 구성원은 이 활동을 위해 배정된 시간 안에 해야 할 특정 역할이 있었습니다. 각 모둠에 유의어 사전과 연습지를 주고, 활동을 시작하도록 했습니다. 학생들은 매우 재미있어 했고, 유의어 사전에서 *wolf*라는 어휘를 확인했을 때, *wolf*가 *consume*과 비교해 확실히 더 감정적인 어휘임을 구분하는 것이 더 쉽다고 느꼈습니다. 학생들이 더 흥미로워하고 몰두한 것처럼 보였을 뿐만 아니라, 실제로 몇 가지 질문도 했는데, 이는 그들이 집중했고 이 주제에 대해 배우고자 하는 진정한 관심이 있었다는 것을 증명해 주었어요. 수업 후에 협력교사는, 제가 학생들이 개념을 제대로 이해했는지, 그리고 그들이 찾은 단어를 가지고 문장을 만들 수 있는 지 확인하기 위해 문장 몇 개를 살펴볼 시간을 계획했었다면 좋았을 거라고 말 씀하셨습니다. 하지만, 학생들이 유의어 사전을 사용하는 법을 확실히 배웠고, 이는 앞으로 있을 그녀의 수업에서 학생들에게 유용할 것이라고 생각하셨습니다. - Zhez Zu, 싱가포르

이번 주에 진행한 또 다른 수업에서는 학생들이 글쓰기를 할 때 좀 더 확장된 직유를 사용하도록 돕고자 했습니다. 많은 학생들이 직유가 무엇인지 알고 있었지만, 대부분은 통상 쓰는 고정된 "dull as dishwater"와 같은 직유 이상은 활용하고자 하지 않았어요. 수업 초반에, 직유에 대해서 그들이 알고 있는 것을 찾아내고자 했고, 제 생각이 맞았습니다. 학생들이 자신만의 흥미로운 직유를 만들도록 하기 위해, 저는 먼저 색다르지만, 다소 이상한 방식으로 사용된 직유를 담은 연습문제지를 나눠 주었어요. 학생들은 짝과 함께 이상한 직유를 자신들만의 직유로 대체해야 했습니다. 수업의 두 번째 부분에서는, 학생들을 참여시키기 위해, 이날을 "예비교사 모욕하기의 날"로 대범하게 선포했어요. 이는 학생들이 원하는 대로, 하지만 예의를 지키고자 특정 지침을 따르면서, 저를 모욕할 수 있는 날을 의미합니다. 학생들이 짝과 함께 연습지에 만들어 낸 몇 가지 직유를 평가하고 좀 더 창의적이고 모험적인 직유를 칭찬한 후, 그들에게 4명의 모둠으로 예비교사를 묘사하고 모욕하는 문단을 쓰도록 했습니다. 수업 전에 이 수업계획서를 협력교사에게 제출했을 때 그녀는 수업에 대해 심각하게 의심했지만, 그럼에도 제가 할 수 있도록 해주셨어요. 마지막에는 수업이 학생들과 저에게 정말 재미있었다고 동의하셨습니다. 교수법 측면에서도, 전 수업이 성공적이었다고 느꼈어요: 학생들이 만든 몇 가지 직유는 제가 들은 직유 중 가장 창의적이고 냉소적이었습니다. 이 경험은 학생들을 짝 활동과 모둠 활동에 참여시킬 수 있다면, 학습이 훨씬 더 나아지리라는 제 믿음을 강화시켰습니다. - Carl, 홍콩

특정 모둠화-짝 또는 모둠 활동-를 활용할 때, 이러한 모둠화의 목적을 학

생들에게 확실하게 하는 것이 중요하다. 학생들이 짝 또는 모둠으로 학습하는 것은, 만약 교사가 그들이 짝이나 모둠으로 있음에도 불구하고 계속해서 전체 학급을 대상으로 가르친다면, 어떤 유용한 목적도 달성할 수 없다.

수업 시간 사용 관리하기

수업 시간은 40~50분 정도 지속되지만, 수업의 모든 시간이 교수와 학습에 할당되지는 않는다. 이는 과제를 돌려주고, 준비해 온 활동에 대해 논의하고, 어떤 절차로 진행될지를 설명하는 등 교사가 처리할 절차적 이슈들이 있기 때문이다. 어떤 수업은 속도와 흐름이 좋고, 수업의 기세를 유지한다—이는 수업에 대한 학생들의 흥미와 관심을 지속시키는 중요한 부분이다. 다른 수업은 너무 천천히 진행된다. Richards와 Lockhart는 교사들이 수업 속도를 유지하기 위해 사용할 수 있는 몇 가지 전략을 제시한다:

- 필요 없고 너무 긴 설명이나 지시 사항을 피하고, 학생들이 학습하도록 하기
- 하나의 활동을 하며 수업 시간 전체를 보내기보다는, 한 수업에서 다양한 활동 활용하기
- 가능하다면 예측가능하고 반복적인 활동 피하기
- 적절한 수준의 난이도를 가진 활동 선정하기
- 활동에 대한 목표와 시간 정하기: 확실한 목표나 결론이 없는 활동 또는 시간제한이 정해지지 않은 활동은 힘이 없는 경향이 있다
- 활동에 대한 학생들의 수행을 모니터해서 활동을 완수할 충분한 시간 주기(하지만 너무 많은 시간은 허락하지 않기) (Richards & Lockhard,

1994, p. 123)

> 초보예비교사로서 제가 가졌던(그리고 어떤 점에서는 여전히 가지고 있는) 중요한 문제점 중 하나는 시간 관리입니다. 특정 활동에 얼마나 많은 시간을 할애해야 하는지 아는 것이 어렵게 느껴졌습니다. 한 활동에서 다른 활동으로 적절히 전환하는 것도 어렵게 느낀다는 사실을 알게 되었어요. 연습이 쌓이면서, 전보다는 조금 더 나아지고 있습니다. 이제는 수업계획서의 이 두 부분에 특별히 중점을 둡니다. 수업계획서라는 형식에 검정과 흰색으로 모든 세부 사항을 적는 것이, 이러한 문제들에 초점을 더 잘 맞출 수 있도록 해주었어요. 학생들이 지루함을 느낄 때 가만히 있지 못한다는 것, 그리고 그들을 창의적이고 생산적인 방식으로 집중하도록 하는 것은 교사의 몫이라는 사실에 동의합니다. — Vidya, 캐나다

수업에서의 시간 사용에 대해 고민할 때 유용한 방법은 수업 시간이 4개의 서로 다른 카테고리로 구성되어 있다고 생각하는 것이다:

1. *할당된 시간*은 전형적인 40분 또는 50분의 수업 시간과 같은, 시간표에 제시된, 수업을 가르치기 위해 할당된 시간이다.
2. *교수 시간*은 교사가 출석 부르기, 숙제 돌려주기 등과 같은 비교수적인 활동을 한 후 교수활동에 가용한 시간이다. 아마도 40분 수업에서, 30분의 교수 시간이 사용 가능할 것이다.
3. *참여 시간*은 학생들이 수업 활동에 적극적으로 참여하는 시간이다(*과업에 참여하는 시간*으로도 알려져 있다). 학생들이 할당된 활동을 시작하는 데 시간이 좀 걸릴 수 있는데, 이는 그들이 담소를 나누고, 책상이나 컴퓨터를 정리하는 등의 일로 시간을 보내기 때문이다. 아마도 교수 시간의 25분이 실제로 학생들이 참여하는 시간일 것이다.
4. *학업 시간*은 학생들이 적극적으로 몰두하고 활동에 참여하며, 이로부터

성공적으로 학습한 시간의 양이다. 활동이 너무 어렵거나 잘 준비되지 않으면, 학생들은 활동을 완수할 성공적인 방법을 찾기 전에, 비효과적인 학습 루틴이나 전략에 시간을 보낼 수도 있다.

협력교사의 수업을 참관하거나 자신의 수업을 검토할 때, 수업에서 학생들에게 최대의 학업 시간을 제공하는 데 어떤 전략이 효과적인지 찾는 것은 유용하다. 아래 한 예비교사가 설명하는 것처럼 시간은 예비교사에게 이슈이다.

수업의 두 번째 부분은 현재진행형 시제를 다룬 이전 수업의 후속 활동이었습니다. 이전 수업에서는 이 시제에 대한 기본적인 이해 수준만 다루었기에, 이번에는 학생들이 이전에 습득한 기초를 바탕으로 잘 정의된 맥락에서 현재진행형 시제를 사용하여 텍스트를 작성하도록 돕는 걸 목표로 했습니다. 활동은 학생들이 그림에 제시된 진행 중인 활동을 묘사하도록 하는 것이었어요. 예상대로 학생들은 자신도 모르게 그림에 있는 진행 중인 활동을 묘사하는 데 현재진행형을 광범위하게 사용했습니다. 이 활동은 게임 형식으로 진행되었는데, 서로 다른 모둠이 누가 그림을 묘사하는 데 문장을 가장 많이 만들어 낼 수 있는지 경쟁했습니다. 활동의 진짜 목적은 마지막에 제시되었는데, 그때 학생들은 자신들이 무의식적으로 목표 문법 구조를 활용했다는 것을 깨닫게 되었습니다. 이 수업에서 한 가지 후회되는 점은 제가 너무 욕심을 부려, 35분 안에 너무 많은 걸 다루고자 했다는 거예요. 그 결과로 현재진행형을 다룬 수업의 두 번째 부분은 때로 조금 서둘러서 진행되었고, 제 생각에 학생들도 이를 느꼈을 겁니다. 어쩌면 제가 했어야 한 것은, 그림 묘사에 대한 게임으로 수업을 시작하고, 이후 학생들에게 그림에서 관찰한 것을 바탕으로 각자 이야기를 작성하도록 하는 것일지도 모르겠어요. 수업계획서 작성이 계획을 바탕으로 수업을 진행하는 것보다 더 쉬운 것 같습니다. 전 아직까지 제 수업에서 시간 관리 부분을 제대로 이해하고 있지 못하거든요. 제 협력교사도 같은 부분을 언급하시며 이는 교실에서의 경험이 쌓이면서 잘하게 될 거라고 말씀하셨습니다. 또한 제가 활동에 너무 시간을 소비하거나, 또는 수업이 너무 빠르게 진행된다면, 수업 중에 제 수업계획

서를 변경하는 걸 두려워하지 말아야 한다고 말씀하셨습니다. – Günter, 독일

적절한 교실 행동 유지하기

성공적인 수업을 하기 위해서는, 교사와 학생 간의 존중과 신뢰의 분위기 및 적절한 형태의 교실 행동에 대한 공유된 이해가 필요하다. 학급은 공유된 목표를 성취하기 위해 서로 협력하며 일하는 사람들 간의 공동체 의식을 발전시켜야 한다. 이는, 만약 학생들이 수업을 진지하게 여기지 않거나, 몇몇 학생들이 수업 중 부적절한 말과 행동을 하고, 핸드폰을 쓰거나 문자를 하며 수업을 방해하도록 방치되거나, 또는 만약 학생들이 수업에 오고 싶을 때 오고 숙제를 하고 싶을 때 하는 선택권이 주어지는 그런 환경에서는 성취되지 않는다. 예비교사로서의 어려움은, 교생실습을 시작하자마자 적절한 교실 행동의 기준을 정하여, 학생들에게 수업 중 책임 있고 협력적인 행동에 대한 인식을 개발하는 것이다. 협력교사가 이미 예비교사를 위해 이를 위한 기초 작업을 해 놓을 수도 있지만, 협력교사가 만들어 놓은 행동 규범이 예비교사에게도 효과적이라고 가정할 수는 없다. 이는 예비교사가 수업을 책임지게 되면, 예비교사가 학생들과 형성하는 관계 그리고 예비교사와 학생들이 서로를 어떻게 생각하는지에 따라 새로운 요소들이 나타나기 때문이다. 예비교사는 규율 전문가의 역할을 채택하기보다는, 생산적인 교수와 학습이 이루어지도록 하는 수용가능한 일련의 학급 규칙을 학생들과 함께 확립해야 할 것이다. 이는 다양한 방식으로 이루어질 수 있다. 예를 들면:

- 예비교사는 학생들이 교실 행동에 대한 적절한 규칙은 무엇이라고 느끼는지 토론하도록 할 수 있다.

- 예비교사는 교실 이슈를 다룰 다양한 방법을 제안하고, 학생들이 이를 토론하도록 할 수 있다.

학생들이 예비교사를 진지하게 받아들이길 원한다면, 당연히 확립한 교실 규칙은 예비교사와 학생 모두에게 적용되어야 한다. 한 수업에서, 교사와 학생들은 수업이 시작되면 교실 문을 잠그기로 동의했다. 며칠 후 교사가 수업에 늦게 도착했을 때, 교사는 학생들이 교실 문을 잠갔음을 발견했다! Dörnyei (2001, p. 46)는 다음과 같은 일련의 수업 규칙의 예를 제시한다.

학생들을 위한 규칙
- 항상 숙제를 작성한다.
- 학기에 한번은 "패스"할 수 있다.
- 소모둠 작업에서는 제2언어만 사용할 수 있다.
- 수업에 오지 않으면, 수업을 따라잡고 숙제가 무엇인지 물어봐야 한다.

교사를 위한 규칙
- 수업은 정시에 시작해야 한다.
- 숙제와 시험은 일주일 안에 채점되어야 한다.
- 시험에 대한 공지는 항상 미리 주어야 한다.

모두를 위한 규칙
- 수업에 늦지 말자.
- 서로의 이야기를 듣자.
- 서로 돕자.
- 서로의 생각과 가치관을 존중하자.
- 실수해도 괜찮다; 이는 학습 포인트다.

- 서로의 약점을 놀리지 말자.
- 언어적 또는 육체적으로 서로에게 상처 주는 일을 피해야 한다.
  (Dörnyei, 2001, p. 46)

다음의 예비교사는 어떻게 한 활동으로 수업 운영 문제를 최소화할 수 있었는지를 설명한다:

> 비공식 편지 쓰기 수업에서, 학생들에게 어려움에 처한 암탉이 한 잡지의 "동물의 고뇌" 칼럼에 기고한 내용의 기사를 읽게 했습니다. 이 기사를 선택한 이유는 학생들이 문제에 직면했을 때 문제를 표현하고 이에 대해 글을 쓸 수 있도록 하고자 했기 때문입니다. 이는 이후 이웃에 대한 공식적인 편지 쓰기를 할 때 학생들이 해야 하는 작업이었습니다. 비공식 글쓰기를 위한 활동을 하며 학생들은 굉장히 즐거워했습니다. 동물들이 직면한 문제에 흥미로워했고, 학생 중 몇 명은 자유라는 개념에 공감했습니다. 이 활동은 학생들로 하여금 글쓰기 작업을 더 흥미롭게 느끼도록 했고, 학생들은 지문의 동물들이 인간과는 다른 모습을 취한다는 사실을 좋아하는 듯했어요. 자신만의 주소를 만들어 내고, 종이에 적힌 기존 문제를 확장하면서 재미있어 했고, 주어진 문제에 개인적인 감정을 싣는 것도 즐겼습니다. 수업은 정말 잘 진행되었어요. 학생들은 활동을 즐겼습니다. 이 활동이 개별 활동이었고, 각각의 학생들은 서로 다른 임무가 주어졌기에 수업 운영에는 아무런 문제가 없었습니다. 협력교사가 제게 이야기한 것처럼, 만약 교사가 학생들을 수업에서 동기부여가 되고 바쁘게 만든다면 수업 방해와 같은 일은 없을 것입니다. 그들이 가만히 있지 못하는 것은 보통 지루함을 느낄 때니까요. 그녀의 말에 동의합니다. — Carl, 말레이시아

문화적으로 민감한 교실 만들기

제2언어 교실에는 본질적으로 다양한 문화적, 교육적 배경을 가진 학생들이 있다. 다양한 문화적 배경을 가진 학생들을 가르친다는 것은 특정한 수준의 민감성과 인식을 요구한다. 문화적으로 민감한 교실이라 불릴 수 있는 수업의 몇 가지 특징에는 다음이 포함된다:

학생들의 문화와 경험 합법화하기: 이는 학생들에게 자신의 문화와 전통에 대한 정보를 공유하도록 초대하고, 이들에 대해 더 많이 알고자 하는 진정한 관심을 표현하는 것을 통해 성취될 수 있다.

다양한 문화 및 이들의 기여도에 대한 의미 있고 포괄적인 정보를 수업에 포함하기: 이는 학습자의 문화로부터 온 정보를 포함하기 위해, 교과서나 교육과정의 주제를 조정하거나 보충하는 것을 수반할 수 있다.

학생들이 학문적 지식을 학습할 필터로써 다양한 학생들의 문화적 유산, 특성 그리고 방향성 활용하기: 이는 학생들의 선호하는 학습 스타일을 수용하기 위해 교수법을 조정하는 것을 포함할 수 있다. (Gay, 2006, Taylor & Sobel, 2008, p. 2에서 인용)

> 제가 교육실습을 한 수업이 문화적으로 다양한 학급이었지만, 지금까지 다양성으로 인해 생긴 문제는 없었습니다. 오히려 다양한 배경과 다양한 경험 때문에 수업을 더 흥미롭게 만들 수 있다는 사실을 알게 되었어요. 최근에, 세계의 다양한 교육체제에 대해 토론했는데, 학급 전체가 다른 나라 출신의 학생들 때문에 많은 것을 배울 수 있게 되었습니다. 교사가 다양한 문화에 대해 적절한 존

중을 표한다면, 학생들은 이를 따를 것이라고 생각합니다. 따라서, 조화로운 학습 분위기를 만들고 유지하는 것은 대체로 교사의 책임입니다. - Vidya, 캐나다

문화적으로 민감한 교실에서의 목표는, 학급의 광범위한 모국어, 문화, 인종적-민족적 배경, 종교, 학습 스타일, 그리고 능력을 수용할 수 있는 방식으로 학습 환경을 형성하는 것이다. Dörnyei는 이를 성취할 수 있는 다양한 방식과 활동을 제안하는데, 다음에 제시된 활동은 예비교사 교실에서 대표되는 문화에 초점을 둘 수도 있다.

- 학습자들이 급우들 문화의 흥미롭고/관련 있는 부분에 익숙해지게 하라.
- 문화적으로 비슷한 점(차이점뿐만 아니라)에 초점을 두며, 그리고 생경한 것을 익숙하게 하도록 비유를 활용하면서, 체계적으로 학습자의 비교문화적 인식을 개발하라.
- 제2언어 사용자에 대한 흔한 고정관념과 편견을 수집하고, 이들이 얼마나 타당한지 토론하라.
- 수업에서 긍정적인 비교문화적 경험을 공유하라.
- 언어학습의 중요성에 대해, 잘 알려진 공인이 말한 인용구나 서술문을 수집하고, 이를 학생들과 공유하라.
- 학생들에게 다양한 문화적 상품을 수업에 가져오도록 하라(예, 잡지, 음악, TV 녹화본, 비디오)
- 실제 자료로 교과서를 보충하라
- 자신의 문화에 대한 흥미로운 정보를 공유하고 발표를 준비하도록 학습자들을 독려하라.
- 다양한 문화권 출신 화자와의 만남을 계획하고, 흥미로운 손님을 수업에 초대하라.

- 문화적으로 구별되는 다양한 이웃으로 학급 여행을 기획하라. (Dörnyei, 2001, p. 55에서 개작하여 가져옴)

다음에는 한 예비교사가 문화적 민감성에 대해 작성한 내용이 제시되어 있다.

> 제 교생실습에서 대학 부속 언어학교에 배정되었을 때, 어떤 유형의 학생들이 있을지 그리고 학생들은 어디 출신일지를 알지 못했어요. 제가 참관하도록 배정받은 수업은 전 세계에서 온 많은 학생으로 마치 작은 UN 같아서, 첫 날 꽤 놀랐습니다. 협력교사가 수업을 가르치는 것을 관찰할 때, 그가 미국 삶의 문화적 부분에 대해서 설명하는 데 많은 시간을 투자했고, 이러한 문화 중 몇 가지는 학생들에게 생소했다는 것을 알게 되었습니다. 이 수업을 인계받아 가르쳤을 때, 제가 학생들의 오류를 수정하는 방식 때문에 학생들이 창피하거나, 또는 교과서에서 다루는 주제 때문에 학생들이 불쾌하게 느끼지 않도록 조심했습니다. 그리고 이 말하기 수업에서, 가능한 많은 학생들이 자신의 나라에서 X(교과서의 주제)의 경우는 어떠한지 설명할 수 있도록 신경을 썼습니다. 수업에서 인지하지도 못한 채 다른 문화권 출신의 사람들을 불쾌하게 할 수 있기 때문에, 이는 정말 어려운 일이었어요. – Frank, 미국

<표 8.1>에는 교사가 효과적인 교실 환경을 조성할 수 있는 방법이 요약되어 있다.

1. 올바른 학급 분위기 조성하기	• 교사는 학생들이 수업, 교사 및 다른 학생들, 그리고 학급의 학습 분위기에 대해 갖는 감정을 살펴본다.
2. 효과적인 학습을 증진하기 위해 수업 준비하기	• 교사는 수업을 준비하는 네 가지 가능한 방법을 고려한다. 각각의 방식은 서로 다른 학습 잠재력을 제공한다: 전체 학급 활동, 개별 활동, 모둠 활동, 그리고 짝 활동.

3. 수업 시간 사용 관리하기	• 교사는 속도, 흐름, 그리고 기세를 유지할 다양한 전략을 고려한다.
4. 적절한 교실 행동 유지하기	• 교사는 학급이 공동체 의식, 그리고 공동의 목표를 위해 협력하여 일하는 사람들에 대한 인식을 발전시키도록 할 필요가 있다.
5. 문화적으로 민감한 교실 만들기	• 교사는 학생들의 문화와 경험을 정당화함으로써 문화적 민감성과 인식을 기른다.

〈표 8.1〉 효과적인 교실 환경 조성하기

요약과 결론

성공적인 언어수업을 가르치는 것은 무엇을 어떻게 가르칠지를 아는 것뿐만 아니라, 성공적 수업을 위한 적절한 수업 환경 조성하기를 수반한다. 훌륭한 수업계획서라도, 교사가 적절한 학습 환경을 만드는 데 성공하지 못한다면 실패할 것이다. 하지만 교사가 어떻게 그렇게 하는가는, 종종 교사의 개인적 교수 스타일, 수업의 학생 유형, 그리고 수업의 성격 그 자체의 문제이다. 학생들은 수업 그리고 교사로서 여러분에게 긍정적 기대를 가지고 있어야 하고, 공통의 목표와 관심사를 가진 공동체 의식을 조성하기 위해 다른 학생들과 협력하여 기꺼이 일하고자 하는 마음도 있어야 한다. 이는 학급 분위기의 측면인데, 교사와 학생 간의 라포, 학생들 서로 간의 관계, 그리고 교사가 수업을 효과적으로 운영하는 능력에 달려 있다.

다양한 교수 방법의 선택권—예를 들어, 전체 활동, 모둠 기반 활동 및 개별 활동—은 교수활동에 다양한 기회를 제공할 것이고, 이는 과업의 적절성에 따라 활용되어야 한다. 수업에서 필요한 교실 구성 유형, 수업에서 학생들의 역할 그리고 수업 내용을 예측하는 것은, 예비교사가 학습에 긍정적 환경을 조성하는 수업을 수행하도록 할 것이다. ESL 교실은 문화적으로 다양하고, 학생들 배경의 문화적 풍성함을 인정하는 것은 예비교사의 교수활동을 의미 있게 지원한다.

추천 참고 도서

Farrell, T. S. C. (Ed.). (2008e). *Classroom management*. Alexandria, VA: TESOL Publications.

Hadfield, J. (1992). *Classroom dynamics*. Oxford: Oxford University Press.

Tudor, I. (2001). *The dynamics of the language classroom*. Cambridge: Cambridge University Press.

Wright, A. (2005). *Classroom management in language education*. Basingstoke: Palgrave.

토론 질문

1. 교육실습 수업에서 학생들과 긍정적 라포를 형성하기 위한 방법에는 어떤 것들이 있는가?
2. 전체 학급 활동이 다른 수업 구성보다 더 효과적일 가능성이 있는 환경에는 어떤 것들이 있는가?
3. 모둠 활동 시 어떻게 학생들의 수행을 가장 잘 모니터할 수 있다고 생각하는가?
4. 학생들은 때로 모둠 활동은 진정한 교수활동이 아니라고 느낀다. 어떻게 학습자들에게 모둠 기반 학습을 적절히 소개할 수 있는가?
5. 수업에서 최대한의 학업 시간의 양을 얻는 방법에는 어떤 것들이 있는가? 시간의 사용은 수업의 성공을 판단하는 데 가장 중요한 기준인가?

6. 협력교사 수업에서 규율 또는 행동 문제를 관찰한 적이 있는가? 협력교사는 이를 어떻게 다루었는가?
7. 문화적으로 다양한 교실에서 일어날 수 있는 이슈에는 어떤 것들이 있는가? 여러분은 어떻게 대응할 것인가?
8. 부록에 제시된 Tiffany의 수업 일지를 읽고, 여러분이 그런 상황을 맞닥뜨린다면 어떻게 할지 논의하라.

후속 활동

1. 경험이 많은 교사를 인터뷰하고, 그 교사는 어떤 수업 운영 문제들을 경험했는지 찾으라. 그 교사는 이들을 어떻게 다루었는가?
2. 교과서의 한 유닛을 살펴보고, 그 유닛을 가르칠 때 전체 학급 활동, 모둠 활동, 짝 활동 그리고 개별 활동을 활용할 다양한 방법을 논의하라.
3. 협력교사의 수업 또는 다른 교사의 수업을 참관하고 교사가 어떻게 다음을 하는지 기록하라:
○ 유머 사용
○ 학생들과 라포 형성
○ 학생들이 과업을 하도록 유지
○ 적절한 교실 행동 유지
○ 학생들의 문화적 또는 언어적 배경 인정

부록: 어려운 수업에 대한 한 예비교사의 이야기

맙소사, 대단한 수업이었어요. 이 수업을 계획하느라 많은 시간을 보냈지만, 지난 주 예비작문 수업에서처럼, 전 시간에 매우 쫓겼습니다. 하지만 제 잘못은 아니라고 느껴요. 학생들은 제 수업 전에 수학 시험을 보았고, 시험이 너무 어려웠기에 모두 기분이 정말 안 좋은 상태였거든요. 수학선생님이 학생들이 시험을 못 보면 방과 후에 학교에 남도록 하기 때문에, 학생들이 수학선생님을 진짜 좋아하지 않는다고 들었습니다. 학생들이 제시간에 수학 수업에서 나와 제 영어 수업에 올 수 있도록 수학선생님이 허락하지 않으셨기에, 전 학생들과 수업할 시간이 20분밖에 없었습니다. 수업 내내 서두른 느낌이었고, 그날 제가 몸이 좋지 않아서 상황은 더 안 좋았습니다. 어쨌든 전 동료 회의(peer conference)를 위한 질문을 빨리 살펴봤는데, 곧 이렇게 하지 말았어야 했다는 걸 깨달았습니다. 몇몇 학생들이 이 질문들을 가지고 할 일을 이해하지 못했거든요.

전 협력교사로부터 월요일까지 학생들이 에세이를 제출할 수 있도록 압력을 받았고, 이것이 의미하는 바는 학생들이 이 수업에서 동료 회의를 완료해야 한다는 것이었습니다. 하지만 학생들은 여전히 친구의 문법 실수를 수정하는 데 열중하고 있었고, 교실을 돌아다니거나, 몇몇은 너무 많은 소음을 내면서 이전 수학 시험에 관해 이야기하며, 제가 하라고 한 것은 하지 않았습니다. 그래서 학급 전체에 소리를 질러, 친구의 아이디어를 살펴보고 친구의 글에 제안을 하도록 했지만, 수업 중에 이 일은 일어나지 않았습니다. 학생들과 함께 예시 문단을 살펴보고 향상시킬 방법을 생각할 시간이 있기를 정말 바랐습니다. 이렇게 함으로써, 학생들은 초안을 향상시킬 방법을 더 잘 이해할 수 있게 될 겁니다. 이 반 또는 특별히 이 수업을, 제가 전혀 통제하지 못했다는 걸 알아요. 그리고 어떻게 해야 할지를 몰랐어요. 전 온전히 혼자 남겨졌고, 협력교사는 제가 진도를 다 마칠 거라고 절 믿고 계셨거든요. 그녀에게 뭐라고 말을 해야 할지 모르겠어요. 형편없이 보이고 싶지는 않거든요. ― Tiffany, 미국

9장
학습자 중심 교수활동 개발하기

서론

교육실습을 시작하며, 예비교사는 자연스럽게 학생들이 교사로서 자신에게 그리고 자신의 수업에 얼마나 잘 반응하는지에 관심을 가지게 된다. 예비교사는 학생들에게 좋은 인상을 남기고자 하며, 자신이 무엇을 하고 있는지 잘 알고 있고 수업은 신중하게 계획되었다는 느낌을 전달하고 싶을 것이다. 예비교사는 또한, 수업이 목표를 얼마나 성공적으로 실현했는지 그리고 수업은 교사교육 과정에서 배운 원칙을 얼마나 잘 반영했는지를 기준으로 자신의 수업을 평가하며, 자신의 수행에 대해 어느 정도 비판적일 것이다.

하지만 교수활동은 교사가 하는 수행 그 이상이다. 무엇보다도 성공적인 수업은-교사보다는-학습자를 수업의 중심으로 삼는다. 수업 내용이 학생들이 공감할 수 있고 그들의 필요와 관련 있는 것이었나? 수업 중 학생들이 참여한 활동은 학생들의 참여를 유도할 만큼 충분히 도전적이었지만, 좌절하고 흥미를 잃을 정도로 어렵지는 않았나? 수업이 진행되는 동안 학생들은 동기 부여가 되었나? 수업은 모든 학생이 적극적으로 참여할 기회를 제공했는가, 아니면 한두 명의 학생이 질문과 토론을 독점하는 방식으로 진행되었는가? 이 장은 예비교사가 어떻게 교사 중심 접근법에서 학습자 중심의 접근법, 즉 학생의 필요, 관심사 및 선호도가 수업에 우선순위가 되는 접근법으로 옮겨 갈 수 있는지를 살펴볼 것이다.

학습자를 교수활동의 초점으로 만드는 능력 개발하기

교수활동에 있어 중요한 기술은, 학습자를 교수활동의 초점으로 두는 능력이다. 이는 다음을 수반한다: 학습자의 필요와 목표 이해하기, 학습자에 대한 신뢰와 존중 소통하기, 학습자의 요구 및 학습 스타일의 다양성 인정하기, 학습자의 자신감과 자존감을 키우고, 체면 손실을 최소화하는 방식으로 그들의 학습에 대한 피드백 제공하기, 그리고 학습자 간의 협력과 상호 지원 분위기를 조성하도록 하는 전략 사용하기(Dörnyei, 2001; Lamb, 2003). 어떤 수업은 학습자 참여보다 교사 수행에 더 초점을 두는데, 이는 아래 제시하는 수업의 측면에 반영되어 있다:

- 수업 중 교사가 하는 발화의 양
- 학습자의 언어 입력이 수업의 형태와 방향을 결정하는 정도
- 수업 중 교사의 주된 관심사가 교실 운영, 통제 및 질서와 같은 것들에 얼마나 집중되어 있는지 여부
- 교사가 정보를 제시하고 과업을 설명하는 방식

- 수업이 교사의 수업계획서를 반영하는 정도

하지만 어떤 교사들은, 아래에 제시된 특징에 반영된 것처럼, 좀 더 학습자 중심 교수 접근법을 채택하고자 한다:

- 학습자가 수업에 참여하는 정도
- 학생 참여 및 상호작용의 양
- 수업이 만들어 내는 학습 결과
- 학습자의 관점에서 수업 내용을 제시하는 능력
- 수업은 학습자의 필요를 얼마나 잘 다루는지
- 교사는 학습자의 피드백을 바탕으로 수업을 얼마나 잘 재구성하는지
- 교사는 학습자의 어려움에 어떻게 대응하는지

경험이 많은 교사는 보통 초보교사보다는 학습자 중심 교수 환경을 더 잘 만들 수 있는 능력이 있다. 이는 이들이 학생들의 전형적인 행동에 익숙하고, 학습자에 대해 알고 있는 지식을 활용하여 수업에서 어떤 일이 일어날지를 예측할 수 있으며, 학생들의 어려움을 중심으로 수업을 구성하고, 수업에서 학생들의 적극적인 참여를 유지시킬 수 있기 때문이다(Lynch, 2001). 이들은 언어학습이 반드시 좋은 교수활동의 직접적인 결과가 아니며, 다음을 이해하는 것에 달려 있다는 사실을 알고 있다: 학습자의 다양한 학습 방식에 대한 이해, 학습자의 개별 학습 스타일, 동기, 배경 및 학습 목표의 역할, 그리고 교수활동은 학생들의 개별적 그리고 집단적 필요에 맞게 조정되어야 함(Benson, 2005; Tarone & Yule, 1989). 협력교사가 수업에서 이러한 특징들을 어떻게 성취하는지 관찰하는 것은, 예비교사 수업참관의 중요한 초점이다. 아래 인용문은 한 교사교육자가, 교수활동에 있어 학습자 중심의 중요성에 대해 설명하고 있다:

전 보통 예비교사들에게 수업의 초점은 언제나 학생들이라는 것을 얘기해 줍니다. 초점은 예비교사가 어떻게 수업을 가르치느냐가 아니라, 그들이 어떻게 학생들이 수업에서 최적으로 학습하도록 돕느냐에 있어야 합니다. 예비교사가 해야 할 첫 번째는 학습에 친숙한 교실 환경을 만드는 것입니다. 이는 다음을 수반합니다. 학생들의 관심을 수업의 목표과 목적으로 이끌기, 수업을 학생들의 이전 학습 경험과 연결함으로써 수업에 흥미를 가지며 동기부여 되도록 하기, 그리고 수업이 학생들이 미래에 학습할 내용과 관련됨을 볼 수 있게 돕기. 학생들이 충분히 동기부여가 되었다면, 그들은 수업에 좀 더 적극적으로 참여하고자 할 것입니다.

물론 그 뒤에 이어지는 활동들은 인지적, 정의적 관점에서 똑같이 흥미로워야 합니다. 다시 말해, 과업은 인지적 관점에서 충분히 도전적이어서, 학생들이 충분한 노력을 쏟아붓는다면 과업을 성공적으로 완료할 수 있다는 것을 알도록 해야 합니다. 과업 역시 충분히 동기를 부여해서, 학생들이 기꺼이 추가적으로 노력하고자 하고, 과업을 하는 데 흥미를 유지할 수 있도록 해야 합니다. 예비교사들에게 하는 또 다른 얘기는, 학습은 즐거워야 하고, 학생들이 학습을 즐거움과 연결시키게 되면, 그들이 학교에서의 학습을 즐기게 된다는 것입니다. ─ **Willy**, 교사교육자, 싱가포르

Benson(2012)은 다음과 같은 몇 가지 이유로 학습자 중심 교수활동이 다른 교수방식보다 더 효과적이라고 주장한다.

- 개별적 필요와 선호도에 민감하다.
- 지식과 의미를 구성해 나가는 것을 장려한다.
- 언어학습과 학생들의 삶의 경험을 활용하고 통합한다.
- 더 많은 학생 참여와 목표언어 출력을 만들어 낸다.
- 진정한 의사소통을 장려한다.
- 교실 내 학습과 교실 밖 학습 사이의 장벽을 무너뜨린다.
- 동기, 학습 선호도 및 학습 스타일을 논의할 공간을 열어준다.

- 학생들이 자신의 학습에 대해 더 개인적인 책임을 지도록 장려한다.
- 학습(learning)이 가르침 받는 것(being taught)과 동일하다는 관점에 문제 제기한다.

이제 학습자가 예비교사 교수활동의 초점이 될 수 있는 몇 가지 방법을 살펴볼 것이다.

학습자의 필요와 목표 이해하기

ESOL 수업은 많은 다양한 유형의 학습자들로 구성되어 있는데, 어떤 학습자들은 비슷한 필요와 목표를 공유하지만, 다른 학습자들은 매우 다양한 서로 다른 필요를 가지고 있을 것이다. 예비교사의 교육실습 수업의 학생들은, 비슷한 나이, 교육 배경, 그리고 목표에 있어 꽤 동질적 집단일 수 있다―예를 들어, 대학입시를 준비하는 학생들로 구성된 수업처럼 말이다. 반대로, 예비교사는 다양한 연령, 관심사, 국적, 문화적/언어적 배경 및 필요를 가진 학생들로 구성된 수업을 가르칠 수도 있다. 예비교사는 이미 학생들의 필요를 정리해 놓은 포괄적인 개요를 만들어 놓았을 수도 있다. 여기에는 다음과 같은 유형의 정보가 포함될 수 있다:

- 영어수업을 수강하는 이유
- 직업
- 현재 학습 목표
- 장기 목표
- 영어학습에 대한 태도

- 관심 분야
- 문화적 배경
- 현재 언어능력 수준
- 교실 밖 영어사용
- 필요한 능력
- 주 언어 어려움

학급 개요의 일부를 보여주는 예는 부록 A에 제시되어 있다. 이러한 유형의 정보가 없는 상황에서, 예비교사는 학습자의 필요와 목표를 이해하기 위해 다양한 방식을 사용할 수 있는데, 이는 다음을 포함할 수 있다 - 학생들과 대화하기, 수업에서 학생들이 자신의 필요와 목표와 관련된 이슈를 토론하는 수업 활동하기, 그리고 설문지, 일지 쓰기 및 다양한 유형의 글쓰기 활용하기. 아래에는 한 예비교사가 학습자 개요를 통해 무엇을 배울 수 있었는지를 보여주는 예시가 제시되어 있다.

> 제 수업의 학생들에 대한 학습자 개요를 만들었을 때, 학생들의 가정 배경, 언어 배경, 동기, 학습 선호도, 개인적 관심 분야, 그리고 영어학습에 대한 전반적 관점을 알게 되는 것에 관심이 있었습니다. 이들을 다 정리해 놓았을 때, 학생들 앞에 서기 전까지 학생들에 대해서 많은 것을 배울 수 있었고, 이러한 정보는 제가 수업을 더 잘 준비할 수 있도록 도움이 되었습니다. 예를 들어, 한 학생(Jin Hai)에 대해서 말하자면, 전 그가 저소득층 가정 출신이고, 집에서는 만다린어를 쓴다는 것을 알게 되었어요. 그가 영어로 말하는 유일한 시간은 이 영어 수업에서였습니다. 그는 영어를 학습하는 데 온전히 동기부여되지 않았고, 부모님이 수업에 참여하라고 해서 와 있었습니다. 그는 적극적으로 참여할 수 있는 활동들 - 게임과 같은 - 을 좋아했습니다. 반면, Lai Shan에 대한 제 학습자 개요는 달랐어요. 그녀는 중산층 출신이고, Jin Hai처럼 집에서 만다린어를 썼지만, 자매들은 서로 영어를 쓰고자 노력했습니다. 그녀는 보통 수업에 집중하

고 시각적 자극을 선호했습니다. 지루해지면 칠판을 뚫어지게 쳐다보곤 합니다. 그리고 짝 활동과 모둠 활동을 좋아합니다. — Khoo Wee, 싱가포르

학생들의 수업 참여 스타일 이해하기

모든 언어수업에는 학습에 대한 다양한 성향을 가진 학생들이 섞여 있다. 예를 들어, Good과 Power(1976)는 여섯 가지 유형으로 학생을 구분하여 설명하는데, 각 유형은 서로 다른 교실 상호작용 및 참여 스타일을 선호한다:

1. *과업 중심 학생*: 이 학생들은 일반적으로 과업을 완수하는 데 매우 유능하고 성공적이다. 이들은 학습을 즐기고, 적극적인 학습자며, 높은 수준의 수행을 목표로 하고, 협동적이며, 규율 문제를 거의 일으키지 않는다.
2. *사회적 학생*: 이 학생들은 개인 간 상호작용에 높은 가치를 두고, 비록 과업을 성취하는 데 경쟁적이지만, 서로 소통하는 데 더 높은 가치를 두는 경향이 있다. 다른 학생들과 함께 일하는 것을 즐기고, 수다스럽거나 활동적이며, 필요시 교사나 다른 사람들에게 도움을 요청하는 것을 주저하지 않는다.
3. *의존적 학생*: 이 학생들은 과업을 완수하는 데 지속적인 지원과 안내가 필요하다. 모둠 활동을 선호하지 않는 경향이 있고, 자신의 학습이 성공적이었는지 확인하기 위해 교사나 다른 학생들에게 의존한다.
4. *유령 학생*: 이 학생들은 일반적으로 과업에 꾸준히 임하지만, 자신에게 관심을 끌지 않는다. 이들은 먼저 대화를 시도하거나 도움을 요청하는 경우가 거의 없다. 수업이나 다른 학생들을 방해하지 않기에 교사는 이들을 잘 모를 수 있다.

5. *고립된 학생*: 이 학생들은 스스로를 다른 학생들과 분리하고, 수업 상호 작용에 참여하지 않는다. 이들은 동료 또는 모둠 활동과 같은 활동을 거부함으로써 학습을 회피할 수도 있다. 이 학생들은 자신의 작업을 다른 학생들과 공유하는 것을 꺼린다.
6. *소외된 학생*: 이 학생들은 교수와 학습에 반발하고, 적대적이고 공격적일 수 있다. 이들은 규율 문제를 일으키고, 주위 사람들이 함께 일하는 것을 어렵게 만든다. 이들은 면밀한 지도가 필요하고, 이들의 학습 문제는 개인적 문제와 관련이 있을 수 있다.

예비교사가 교생실습에 배정받은 학급에는 다행히도 학습에 긍정적 태도를 가진 학생들이 대다수일 수도 있다. 협력교사는 수업을 구성하고 있는 학습자들의 유형을 이미 잘 알고 있고, 어려움을 야기할 학생들과 어떻게 상호작용해야 하는지에 대해 예비교사에게 조언해 줄 수 있을 것이다. 아래에 예비교사들이 교생실습 동안 경험한 몇 가지 문제와 이들이 어떻게 이러한 문제들에 대처하여 성공적인 방법을 만들어 나갔는지가 제시되어 있다.

> 뒷줄 방해꾼
> 항상 뒤에 앉아서 다른 학생들을 방해하려고 하는 학생이 있었어요. 이 문제에 대해 논의하기 위해 수업 후 그 학생과 얘기하기로 결심했습니다. 그리고 그 학생을 남은 수업 동안 학급의 앞쪽으로 옮겼습니다. - Tersesa, 싱가포르

> 비참여자
> 활동에 참여하기를 원하지 않은 학생이 한두 명 있었습니다. 학급 전체를 대상으로, 교실 행동에 대한, 그리고 수업에 참여하기보다는 자는 것을 선호하는 학생들에 대한 몇 가지 규칙을 만들도록 요청하기로 결심했습니다. - Richard, 캐나다

과도하게 열의가 넘치는 학생

다른 학생들이 참여하도록 기다리지 않고 언제나 답을 외치고, 일방적으로 수업을 장악하고자 하는 학생이 있습니다. 재미있는 방식으로, 다른 학생들과 수업에서 영어를 연습할 필요가 있다는 것을 상기시키는 부드러운 농담을 하면서, 그 학생을 다루고자 했습니다. - Simone, 홍콩

학생들의 인지 스타일 이해하기

예비교사의 수업은, 다양한 방식으로 언어학습에 임하며, 교육적 배경과 언어학습 경험으로 이미 언어를 가장 잘 학습할 방법에 대한 일련의 특정 신념과 선호도를 가진 학생들을 대표할 것이다. 이는 다양한 방식으로 반영될 수 있다. 예를 들어:

- 특정 유형의 수업 활동에 대한 선호
- 특정 교수 스타일에 대한 선호
- 특정 교실 배치에 대한 선호
- 언어의 특정 부분을 학습하는 것에 대한 선호
- 특정 학습 방식에 대한 선호

이는 인지 스타일(또는 학습 스타일)의 차이라고 불린다. 따라서 어떤 학생들은 게임과 역할극을 즐거워하지만, 다른 학생들은 이러한 활동이 교수활동의 진짜 목표를 가지고 있지 않다고 느낄 수도 있다. 어떤 학생들은 교사가 자신의 발음 실수를 고쳐주는 것을 좋아할 수 있지만, 다른 학생들은 발음은 유창성보다는 덜 중요하다고 느낄 수 있다. 어떤 학생들은 교사가 전체 학급

활동을 할 때 더 편안함을 느낄 수 있는 반면, 다른 학생들은 모둠 기반 학습을 선호할 것이다. 그리고 어떤 학생들은 테크놀로지와 미디어 기반 자원을 통해 학습하는 것을 책이나 프린트 기반 교재를 가지고 학습하는 것보다 선호할 수 있다. 따라서 교사가 가장 좋다고 믿는 교수활동 원칙, 테크닉, 그리고 학습 접근법이 있는 것처럼, 학습자도 그렇다는 것을 교사로서 인지하는 것이 중요하다.

다음에 제시하는 인지 스타일은 학습 스타일 선호도를 논하는 데 보통 언급되는 것들이고, 예비교사는 이미 이러한 스타일을 학습자들에게서 발견하기 시작했을 수도 있다. 이러한 스타일은 다양한 교실 참여 스타일을 낳을 수 있다:

- *시각적 학습자*: 이 학습자들은 시각적 방식으로 새로운 정보에 반응하고, 경험을 시각적으로 그림이나 그래픽을 활용하여 표현하는 것을 선호한다. 이들은 읽기를 통해 가장 큰 혜택을 얻고, 책, 연습문제집, 칠판의 단어를 보면서 잘 학습한다. 이들은 보통 책을 가지고 스스로 공부할 수 있고, 새로운 정보를 기억하기 위해 강의를 필기한다.
- *청각적 학습자*: 이 학습자들은 구두 설명과 발화된 어휘를 듣는 것을 통해 가장 잘 배운다. 이들은 녹음한 것을 듣거나, 다른 학생들을 가르치거나, 급우나 교사와 대화 나누는 것을 통해 혜택을 얻는다.
- *운동적 학습자*: 이 유형의 학습자들은 학습 경험에 신체적으로 관여했을 때 가장 잘 배운다. 이들은 현장학습이나 역할극을 통해 활동에 적극적으로 참여했을 때 새로운 정보를 기억한다.
- *촉각적 학습자*: 이 학습자들은 "실제" 활동에 참여했을 때 가장 잘 배운다. 이들은 재료를 다루는 것을 좋아하고, 물건을 만들고, 고치거나 조립하는 것을 좋아한다.
- *모둠 학습자*: 이 학습자들은 모둠 상호작용 및 타 학생들과의 학급 활동

을 선호하고, 다른 학생들과 학습할 때 가장 잘 배운다. 모둠 상호작용은 그들이 새로운 내용을 더 잘 배우고 이해하도록 돕는다.
- *개별 학습자*: 이 유형의 학습자들은 스스로 학습하는 것을 선호한다. 이들은 스스로 새로운 정보를 학습할 능력이 있고, 혼자 학습할 때 내용을 더 잘 기억한다. (Richards & Lockhart, 1994, pp. 68-69)

성공적인 언어학습 및 덜 성공적인 언어학습 경험에 대해 학생들이 글을 쓰거나 토론하는 활동은, 그들이 선호하는 인지 스타일 및 기대하거나 선호하는 교수활동 유형을 예비교사가 파악할 수 있도록 할 것이다. 때로 학생들이 이해하는 바는 교사와는 매우 다를 수 있다. 예비교사는 설명 없이 학생들에게 강요하기보다는, 특정 활동의 유형 및 교수 접근법을 활용한 이유를 학생들과 공유함으로써 오해를 피할 수 있다. 학생들의 학습 선호도에 대한 예비교사들의 이야기가 아래에 제시되어 있다:

> 제 학생들 대부분은 영어로 말하기 전에 먼저 모국어로 자신의 생각을 정리한다는 걸 알게 되었어요. 이는 보통 잘 알아들을 수 없는 표현을 낳았는데, 제가 너무 많이 고쳐주면 학생들은 그냥 입을 다물어 버릴 거예요. 그래서 학생들이 영어로 듣고, 모국어로 번역하고, 모국어로 생각하고, 다시 영어로 번역한 후, 영어로 말하도록 충분한 시간을 주려고 합니다. – Phil, 캐나다

> 제 학생 중 한 명은 수업에서 매우 즉흥적이라는 것을 알게 되었는데, 이는 그의 외향적 성격 때문이라고 생각합니다. 그 학생은 때로 발음이 확실치 않더라도 영어를 사용하는 걸 덜 꺼리는 편이에요. 그는 항상 자기 모둠에 의견을 표현하려고 하고, 사람들이 너무 많이 그를 고쳐주려고 할 때만 부끄러워합니다.
> – Wei Ming, 홍콩

> 교실이 제 학생들이 하루 종일 영어를 사용하는 유일한 장소라는 것을 알기에

(학생들은 모두 한국인이고, 낮에는 한국어를 쓰면서 함께 어울리고, 게다가 한 집에서 삽니다), 따라서 영어에 온전히 노출되는 유일한 곳이기 때문에, 학생들이 너무 자신을 의식하지 않을 수 있는, 긴장도가 낮은 환경에서 영어로 말하도록 독려하는 활동을 만들고자 합니다. 이런 이유로, 전 학생들이 참여하지 않을까 하여 그들의 영어를 너무 자주 고쳐주려고는 하지 않습니다. – Melanie, 미국

학습자 공동체 만들기

학습자 중심 교수활동이 비록 학습자를 개인으로서 이해하고 학습자 각자의 필요와 차이를 다루는 방법을 찾는 것을 수반하지만, 언어수업은 학습자 공동체-즉 목표, 필요 및 관심사를 공유하는 한 무리의 사람들-로서 생각될 수도 있다. 영국 교실의 한 학생은 이러한 공동체의 느낌을 표현하며 다음과 같이 이야기한다: "제가 영어수업을 듣기 위해 수업에 도착했을 때, 마치 제가 대가족의 일원이 된 것 같았어요. 학생들은 서로 돕고, 이해하려고 노력했습니다"(Cooke & Simpson, 2008, p. 36). 학급을 공동체로 생각한다는 것은, 학급을 수업의 개별 구성원들이 공통의 목표를 성취하기 위해 협력하고 협동하는 곳으로 여김을 의미한다. 이는 좀 더 생산적인 학습으로 이어진다. Senior(2006, p. 201)는 다음과 같이 설명한다: "각 언어수업의 고유한 특징은, 개인(교사 포함)이 의사소통 수업이라는 틀 안에서 어떻게 행동하고, 반응하고 상호작용하는지에 대해 서로 공유한 이해에 바탕을 둔다." Arends는 이를 다음과 같이 강력히 주장한다:

자신의 교실을 학습 공동체로 만드는 것은 교사가 할 수 있는 가장 중

요한 일 중 하나이며, 아마도 수업의 좀 더 공식적인 측면에서 사용되는 관행보다 훨씬 더 중요할 것이다. 교실 학습 공동체는 학생의 참여와 성취에 영향을 미치며, 어떻게 교사의 수업이 개개인이 모인 집합체에서 하나의 응집력 있는 집단—높은 기대치, 배려하는 관계, 그리고 생산적인 탐구를 특징으로 하는—으로 진화할지를 결정한다. (Arends, 2004, p. 137)

캐나다의 한 예비교사는 이에 대해 그리고 ESL 교사 공동체의 일원으로서에 대해 다음과 같이 성찰한다:

저는 정말 자랑스럽게 생각하고, 교실 안팎에서 이 공동체에 무언가 기여하고 싶다고 느낍니다. 교실 안에서는, 전 세계 각지에서 온, 수업료를 내는 학생들로 구성된 교실에서 가르치는 것을 넘어, 이를 하나의 학습자 공동체—학생들의 과거와 민족성이 더 이상 중요하지 않고, 모두가 평등한 학습 기회를 가진 동등한 사람들인 공동체—로 만들고 싶습니다. 수업 밖에서는, 이제 제가 속한다고 느끼는 교사 공동체로부터 더 많이 배울 수 있기를 희망합니다. — Frank, 캐나다

효과적인 교사는 다양한 방식으로 자신의 교실에서 공동체 의식을 구축한다 (Dörnyei, 2001; Senior, 2006). 여기에는 다음이 포함된다:

- 학생들의 이름을 사용하며
- 학생들의 다양한 인지 스타일을 인식함으로써
- 학생들이 편안하게 느끼는 학습 파트너 및 모둠을 찾도록 도우며
- 수업에서 상호작용을 북돋우며
- 학생들 간의 우정을 장려하며
- 소모둠 과업을 정기적으로 활용하며
- 협력과 협동을 요하는 활동을 사용함으로써

- 학생들이 흥미로운 경험과 이야기를 공유하도록 격려하며
- 학생들을 공정히 대우함으로써
- 학급 운영 문제를 다루는 방법에 대해 의견 일치를 도모함으로써

예비교사는 교육실습 수업이 이미 공동체 의식을 형성했음을 알게 될 수도 있다. 만약 그렇다면, 이는 예비교사의 교수 경험을 더 생산적이고 즐겁게 만들 것이다. 그렇지 않다면, 예비교사는 어떻게 학생들 사이에 친화적이며 응집된 하나의 집단을 가장 잘 만들 수 있을지 신중하게 생각해 볼 필요가 있다. 다음은 학생들의 상호작용에 초점을 둔 멕시코 예비교사들의 이야기이다.

> 제가 한 번도 제 소개를 한 적이 없다는 것을 깨달았어요(아이고!). 그래서 저를 소개했고, 제 모든 개인정보를 주었습니다. 그리고 저에 대해서 더 알고 싶은 것이 있다면 질문하도록 했는데, 학생들이 제 삶, 학교생활, 그 외 많은 것에 대해 수많은 질문을 하기 시작했을 때 정말 놀랐습니다. 이 시간이 학생들에게 교사로서 저에 대해 더 자신감을 느끼도록 했다고 생각해요. 저에게도 도움이 되었습니다. ― Hada

> 학생들을 더 알아 가면서 학생들에게 더 자신감이 생기게 됨을 느낍니다. 그리고 이는 제가 수업을 더 잘할 수 있도록 합니다. ― Anita

> 학생들과 친구가 되어야 하고, 학생들의 일부가 되어야 합니다. 이건 정말 흥미로운 일이에요. 그리고 학생들의 일부가 됨을 즐겨야 합니다. ― Reina

> 오랜 시간 대규모 수업을 진행한다는 것은 꽤 어려운 일입니다. 학생들이 청소년이라면 더 힘들죠. 그리고 그들의 관심을 끄는 것도 쉽지 않습니다. 수업의 첫 2분 동안은 어떻게 좋은 수업 환경을 만들 수 있을지 몰랐지만, 시간이 지나면서 정말 편안해졌습니다. ― Hada

교수활동 개인화하기

교수활동 개인화하기는, 예비교사의 교수활동을 가능하다면 가르치는 학생들과 그들의 삶, 관심사, 목표 및 흥미에 중심을 두도록 한다는 것을 의미한다. 이는 수업의 내용을 학생들의 삶과 연결함으로써, 그리고 학생들이 수업 내용을 만들거나 선택하는 데 참여할 수 있도록 하면서 성취될 수 있다. 예를 들어, 내러티브를 가르칠 때, 예비교사가 사용하는 교과서는 내러티브가 무엇인지의 예를 제시하고, 언어 및 본문의 특징을 설명하겠지만, 학생들이 자신의 이야기를 공유하도록 하는 것은 진정한 의사소통을 증진시키는 데 강력한 방법이 될 수 있다. 어린 시절의 이야기를 공유하고 자기 삶의 중요한 사건이나 경험을 논의하며, 학생들은 질문하거나 또는 확실하게 이해할 수 있도록 설명해 주기를 요청하거나, 자신의 이야기로 응답하거나 하며, 스스로의 의사소통 자원을 연습하고 개발하게 될 것이다. 이때 서로 다른 문화권에서는, 공개적으로 드러내도 될 정보 및 개인적 영역이라고 여겨지는 정보가 무엇인지에 대해 서로 다르게 이해할 수 있음을 인지하는 것도 중요하다. 나이, 수입, 결혼 여부 및 가족은 어떤 문화권에서는 공개하기에 적합하다고 여겨질 수 있지만 다른 문화권에서는 그렇지 않기에, 특히 성인 학습자와 수업을 한다면 예비교사는 일부 학습자들에게 불편함이나 당혹감을 야기할 수 있는 이슈는 다루지 않도록 신경 쓸 필요가 있다.

학생들은 또한 수업 내용을 구성하는 데 관여할 수도 있다. 예를 들어, 에세이 쓰기에 적합한 주제를 선택하도록 모둠으로 일할 수 있다. 관용구에 대한 수업을 진행하기 위해 교과서의 예시를 활용하는 것 대신, 학생들은 수업 밖에서 접한 관용구 목록을 모아서 이를 수업에 가져올 수 있다. 학생들은 또한 다독(extensive reading) 연습을 위해, 교사가 책을 선정하는 것보다 자신들이 읽고 싶은 책을 가지고 오도록 독려될 수 있다(Cooke & Simpson,

2008). 듣기 활동을 위해, 학생들은 책이 제공하는 녹음본(audio recording) 보다는 자신들이 좋아하는 노래를 듣고, TV 프로그램이나 DVD를 시청하도록 독려될 수 있다. 예비교사는 또한 학생들에게 특정 TV 프로그램을 시청하도록 숙제를 내주고, 후에 듣기 수업에서 이를 논의하도록 할 수 있다. 아래에 한 예비교사가 자신의 교수활동을 어떻게 개인화하고자 했는지를 보여주는 예시가 제공되어 있다.

> 말하기 수업에서 학생들에게 수업에서 이야기하고 싶은 것들을 가져오라고 했습니다. 이는 잡지의 사진, 신문의 새로운 이야기, 또는 그들이 최근에 구입한 물건일 수 있습니다. 제가 학생들을 모둠으로 구성한 후, 모둠의 각 구성원은 먼저 자신의 아이템을 제시하고, 다른 구성원들은 그에 대해 논의하거나 질문합니다. 이후 학생들은 전체 학급을 대상으로 자신의 아이템에 대해서 돌아가며 이야기합니다. 이때 제가 학생들 발화의 정확성이나 어휘를 좀 더 도와줍니다.
> — Steven, 미국

예비교사의 교수활동을 개인화하는 또 다른 방법은 학생들이 영어를 사용하는 실제의 상황과 연결짓도록 하는 것이다. 학생들은 다음의 상황에서 영어를 사용할 기회가 있을 것인가?—구직 면접에서, 이메일을 보낼 때, 쇼핑할 때, 이웃과 이야기 나눌 때, 또는 병원에서. 학생들이 어떤 상황과 목적으로 영어를 필요로 할지를 찾고, 이러한 상황을 수업으로 가지고 오라. 역할극을 통해, 실물교재(예, 카탈로그, 브로슈어, 광고지)를 수업에 가지고 와서 이들을 수업 활동의 기반으로 사용하면서, 그리고 현실 세계에서 학생들의 영어 사용을 반영하는 대화나 다른 활동을 활용하면서 말이다. 다음의 인용문에는, 한국의 한 예비교사가 학생들이 수업 밖에서 실제 영어를 사용하도록 하는 예가 제시되어 있다.

> 학생들이 현재 자신의 언어능력을 사용하도록 그리고 실제 사람들과 연습하도

록 하기로 했습니다; 협력교사의 허락을 받은 후, 전 모든 학생에게 숙제로 다음의 과업을 내주었습니다: 나가서 영어 원어민(성인 또는 아이)의 삶과 레저 활동에 대해 인터뷰하라. 짝과 함께 나가도록 했고(안전을 위해), 인터뷰를 시작하기 전에 질문 목록을 만들도록 했습니다. 그리고 인터뷰 몇 개를 완료한 후에 질문을 바꾸어도 된다고 했습니다. 그다음 주에 학생들은 사람들을 인터뷰하면서 배운 것뿐만 아니라 영어가 살아있는 언어라는 것을 깨달았다며 정말 기뻐했습니다. 왜냐하면 많은 학생들에게, 이는 교과서를 벗어나서 영어를 사용하는 첫 경험이었거든요. — Marie, 한국

수업에 동기 불어넣기

가르치는 모든 수업에 대해 해야 할 중요한 질문 하나는, "수업은 학생들이 참여할 만한 가치가 있었는가?"이다. 수업의 가치에 대한 학생들의 의견에 영향을 주는 몇 가지 특징이 있다:

- 수업은 흥미로웠다.
- 학생들은 수업을 즐겼다.
- 학생들은 수업에 열중했고, 적극적으로 참여했다.
- 수업과 수업의 활동은 목표가 뚜렷했다.
- 학생들은 뭔가를 학습했다는 느낌으로 수업을 마쳤다.
- 활동은 적절한 수준이었다.
- 활동은 실패보다는 성공했다는 느낌을 주었다.

상기 제시한 특징의 공통점은, 이들이 교사가 수업에서 얼마나 잘 학생들을

동기부여할 수 있느냐와 관련되어 있다는 것이다. 그리고 이는 교사가 수업에서 다음 유형의 질문들을 어떻게 다루는지에 달려 있다:

- 수업 내용은 수업에 적절했는가?
- 재미, 유머, 그리고 즐거움을 느낄 기회가 있었는가?
- 수업의 속도는 적절했는가, 또는 수업이 한 활동에 너무 많은 시간을 소비해서 지루했는가?
- 활동은 학생들의 관심사와 관련이 있고, 학생들의 상호작용, 협동, 그리고 정보 공유를 독려했는가?
- 학생들은 수업을 통해 성취한 것에 만족했고, 교사는 학생들이 과업을 완수하는 데 필요한 지원을 제공하며, 성공 시 칭찬했는가?

아래에는, 예비교사들이 어떻게 자신의 수업을 학생들에게 좀 더 동기부여하는 수업으로 만들고자 하는지의 예시가 제시되어 있다:

> 학생들이 자리에서 일어나서 움직이도록 하는 활동을 가지고 작문 수업을 가르치기로 했습니다. 학생들이 칠판으로 가서, 어제 숙제로 내준 글쓰기의 줄거리를 각 장르 아래에 핀으로 고정하도록 했어요. 각 장르에 2명 이상이 있기를 바랐습니다. 이 경우 학생들이 서로 자신의 생각을 공유할 수 있고, 그러면 쓸 이야기가 더 많을 테니까요. 이 활동은 잘 진행되는 듯했고, 학생들 모두 좀 더 생동감이 있어 보였습니다. 특히 싱가포르의 이 더운 오후에 말이죠. 학생들이 그저 제가 하는 얘기를 듣는 대신, 모두 일어서서 뭔가를 했기에 그랬던 것 같습니다. — Serene, 싱가포르

> 학생들은 읽기 수업에서 모둠 활동을 즐기는 듯했습니다. 전체 학급을 대상으로 제가 읽어줄 때보다, 모둠으로 모여 서로 돌아가며 모둠 전체에 한 문단씩 소리 내어 읽어줄 때, 더 잘 집중하는 듯했어요. 많은 학생이 스스로 모든 문단을 읽

는 것보다는, 이런 방식으로 독해하는 것을 선호한다고 얘기해 주었습니다. 모둠 활동 후에 대부분의 학생들은 독해 질문에 정답을 제시할 수 있었는데, 이는 그들이 지문을 이해했다는 것을 보여줍니다. - Martin, 홍콩

수업에 학습자 중심 결과 구축하기

예비교사는 교사교육 수업을 통해 아마도 교수활동에 목표를 세우는 방법을 학습했을 것이다. 또한 교수활동을 계획하는 장치로서 목표나 역량을 사용하도록 학습했을 것이다. 이들은 전형적으로 교사가 수업이나 유닛에서 성취하고자 하는 것을 묘사한다. 예를 들어, 읽기 수업은 다음과 같은 결과를 다룰 수 있다:

- 학생들은 텍스트의 서로 다른 부분을 연결하기 위한 공식적인 응집장치(cohesive device)를 인지하고 해석하는 법을 배운다.
- 학생들은 텍스트의 담화 표지(discourse marker) 기능을 인지한다.

이와 같은 방식으로 결과를 설명하는 것이 수업 내용을 구성하는 유용한 방법일 수 있지만, 수업은 학습자가 수업에서 얻어 가는 것 그리고 학습자 스스로 생각하는 학습의 결과 측면에서 생각될 수도 있다. Dörnyei는 학습 결과가 이러한 학습자 차원의 관심을 반영할 수 있는 몇 가지 방법을 제안한다:

- 결과에 대해 공개적으로 전시 또는 수행하도록 하는 과업 포함하기: 역할극과 같은 활동 또는 학생들이 디자인한 포스터를 전시하는 것은 학생들이 학습한 것을 공개적으로 드러내 보일 수 있도록 한다.

- 결과를 눈에 보에 보이도록 하기: 월차트 형식이나 학급 소식지에 언급하는 것과 같이, 학습한 것에 대한 시각적 또는 서면 요약은 학생들이 학습한 것을 스스로에게 상기시킬 수 있다.
- 성공 축하하기: 성공적인 학습에 대해 학생들을 칭찬하고 보상하는 다양한 방법 찾기. (Dörnyei, 2001, p. 126)

다음은 예비교사들의 수업계획서에서 찾은 이러한 유형의 학습 결과 예시들이다:

> 수업 마지막에, 학생들은 자신의 고향에 대한 여행 안내 책자를 디자인하고 작성한다. 이 안내 책자는 흥미로운 정보, 재미있는 방문지, 그리고 그 외 관련된 정보를 포함한다. 이 활동은 수업의 근사한 마지막 활동이 될 것이다. — Jerry, 미국

> 수업은 각 모둠의 학생들이 자신이 작성한 역할극을 실제 연기하는 것으로 끝난다. 이후 교사는 전체 학급에 어느 역할극이 가장 좋았는지 투표하도록 요청한다. 이는 매우 재미있는 활동이 될 것이다. — Jung Hee, 한국

요약과 결론

학습자 중심 교수활동은 학습자의 인지 스타일, 동기, 필요 및 흥미에 있어 개별적 차이를 반영하는 교수활동을 의미한다. 예비교사의 교수활동을 학습자 중심으로 발전시킨다는 것은 학생들의 삶의 경험에 기반하고, 학생들이 상호작용하고 서로 협력하는 기회를 만들고, 공통의 흥미와 관심사라는 느낌

을 만들어 가는 것을 수반한다. 학생들의 수업 참여 및 인지 스타일의 다양성을 인정한다는 것은, 학습이 단순히 교수활동의 거울 이미지가 아님을 우리에게 상기시킨다. 학습자 중심 교수활동의 목표는 학습자 사이에 공동체 의식을 형성하고, 교수활동을 개인화하여 학습자들이 좀 더 적극적으로 수업에 참여하도록 하는 것이다. 학습 동기를 북돋는 수업을 구성하는 것은, 교사가 활용하는 활동 유형뿐만 아니라 학습의 정의적/사회적 부분을 다루는 목표를 세우는 데 달려 있다.

학생들의 필요와 흥미를 교수활동의 가장 중요한 점으로 삼는 것은 언제나 쉬운 일은 아니다. 교수활동의 과정과 루틴을 관리하는 것이, 때로 교수활동의 핵심-즉, 학습자들의 학습을 촉진하는 것-에 대해 예비교사가 집중할 수 없게 만들기 때문이다. 자신의 교수활동을 좀 더 학습자 중심이 되도록 하기 위해, 가능할 때마다 자신의 수업 및 활용하는 교수활동을 학습자의 관점에서 숙고하고, 이 장에서 논의한 핵심들을 활용하라. <표 9.1>에는 학습자 중심 교수활동을 개발할 수 있는 방법이 요약되어 있다.

1. 학습자를 교수활동의 초점으로 만드는 능력 개발하기	• 예비교사는 학습자의 필요와 목표를 이해하고, 신뢰와 존중을 표현하며, 학습자의 요구 및 학습 스타일의 다양성을 인정하고, 효과적인 피드백을 제공하며, 효과적인 전략을 사용한다.
2. 학습자의 필요와 목표 이해하기	• 예비교사는 다양한 유형의 학습자들이 있음을 이해하며, 어떤 학습자들은 비슷한 필요와 목표를 공유하지만, 다른 학습자들은 매우 다양한 서로 다른 필요와 목적을 가지고 있다는 것을 이해한다.
3. 학생들의 수업 참여 스타일 이해하기	• 예비교사는 수업을 구성하고 있는 학습자들에 대한 이해를 높이고, 어려움을 야기할 수 있는 학생들과 어떻게 상호작용할 것인지에 대한 협력교사의 조언에 귀 기울인다.

4. 학생들의 인지 스타일 이해하기	• 예비교사는, 다양한 방식으로 언어학습에 임하는, 그리고 교육적 배경과 언어학습 경험으로 인해 이미 언어를 가장 잘 학습할 방법에 대한 일련의 특정 신념과 선호도를 가지고 있는—다시 말해, 다양한 인지 스타일의—학생들에 대한 이해도를 향상시킨다.
5. 학습자 공동체 만들기	• 예비교사는 언어수업을 공통된 목표, 필요 및 관심사를 공유하는 한 무리의 사람들로서 이해한다.
6. 수업에 학습자 중심 결과 구축하기	• 예비교사는 수업을, 학습자가 수업에서 얻어 가는 것 그리고 학습자들이 인지하는 결과의 관점에서 이해한다.

〈표 9.1〉 학습자 중심 교수활동 개발하기

추천 참고 도서

Benson, P. (2001). *Teaching and researching autonomy in language learning*. London: Longman.

Benson, P. (2003). Learner autonomy in the classroom. In D. Nunan (Ed.), *Practical English language teaching* (pp. 289-308). New York: McGraw Hill.

Scharle, Á., & Szabó, A. (2000). *Learner autonomy: A guide to developing learner responsibility*. Cambridge: Cambridge University Press.

토론 질문

1. 학습자의 필요에 대해 더 알아볼 수 있는 몇 가지 방법에는 어떤 것들이 있는가? 획득한 정보는 어떻게 사용할 수 있는가?

2. 협력교사의 수업에서 어떤 수업 참여 스타일을 관찰했는가? 교사는 어떻게 학생들의 서로 다른 수업 참여 스타일을 다루었는가?
3. 참관한 또는 가르친 학생들에게서 언어학습 선호도의 예시를 발견한 적이 있는가?
4. 여러분은 선호하는 인지 스타일을 가지고 있다고 생각하는가? 만약 그렇다면, 그러한 인지 스타일은 어떻게 여러분이 학습하는 데 영향을 주는가?
5. 협력교사가 자신의 수업에 학생들의 동기를 부여하는 몇 가지 방식에는 어떤 것들이 있는가? 여러분은 수업에서 동기부여를 위해 어떤 전략을 사용했는가?
6. 여러분의 교육실습 학급은 학습자 공동체로서 잘 기능한다고 느끼는가? 공동체 의식을 지속하도록 돕기 위해 어떤 활동을 활용하는가?
7. 부록 B의 학습자 중심 교수활동에 대한 예비교사들의 보고서를 읽고 비교하라. 각 예비교사의 경험을 통해 어떤 원칙을 배웠는가?

후속 활동

1. 교과서의 한 과를 살펴보고, 이를 여러분의 학습자들에게 더 재미있도록 만들기 위해 개인화할 수 있는 방법을 제안하라.
2. 부록 A에 제시된, 캐나다 한 학교의 초급반 수업을 위한 학급 개요 일부의 예시를 보라. 여러분의 교육실습 수업에서 사용할 학생 개요에는 어떤 특징들을 포함하고자 하는가?

부록 A: 북미 언어학교의 초급반 ESL 수업의 학급 개요 일부의 예시

이름	배경 정보	영어능력	관심사	학습 스타일	수업에 대한 제언
Jae Hee	한국인; 여성; 18; 정규 학생	읽기-중급, 쓰기-초급, 말하기-기초, 문법-중급	컴퓨터 게임을 즐긴다; 영화	청각적, 시각적	격려하는 환경 제공, 독립성을 독려하거나 아직까지 공개 석상에서 말하도록 하지 않는다, 다른 학생들과의 상호작용 독려
Abdullah	이집트/미국이중; 남성; 22; 정규 학생	읽기-초급, 쓰기-기초, 말하기-중급, 문법-기초	영화와 빠른 차를 좋아한다, 읽기를 좋아한다	운동적; 쉽게 집중이 흐트러짐; 시험을 싫어한다	수업 활동과 과제에 대한 구체적 태도 개발, 쓰기 능력은 친천히 개발한다, 다른 학생들이 말하도록 하는 협동심 독려
Franco	이탈리아; 남성; 22; 정규 학생	읽기-초급, 쓰기-초급, 말하기-중급, 문법-부족	신체 활동을 즐긴다, 영화를 보고 이야기 듣는 것을 좋아한다	운동적; 청각적	소모둠 상호작용 독려; 다른 학생들이 말하도록 하는 활동심 독려, 누가 충분히 말하지 않는지를 모니터하는 역할을 준다

부록 B: 인도네시아 예비교사들의 수업 이야기

첫 주가 아마 강렬함 측면에서는 제게 최악이었어요. 2주 차에 학생들과 만들어 가는 관계를 즐기기 시작했고, 모두가 서로를 격려하고 학습하도록 돕는 "안전한" 학습 환경을 만들고 있다고 느꼈습니다. 2주 차에는 꽤 좋은 수업도 몇 개 진행했고, 자신감은 확실히 생겼습니다. – Hannah

처음 교생실습을 시작했을 때 완전히 압도되었습니다. 잘 수행해야만 하고, 그렇지 않으면 실패할 거라고 느꼈어요. 제가 교사가 되고자 한 이유-제 학생들-는 완전히 잊어버렸습니다. 학생들은 제가 그들을 위해 최선을 다하도록 동기부여를 합니다. 나중에서야, 전 교생실습이 제가 얼마나 많은 것을 이미 알고 있느냐가 아니라, 제가 한 발전 그리고 향상하고자 하는 제 결단력에 관한 것이라는 걸 깨달았습니다. – Michelle

교생실습 동안 학생들의 관점에서 수업을 계획하고, 실제 사용하기 전에 모든 수업 활동을 충분히 생각해 볼 필요에 대해 점점 더 인지하게 되었습니다. 수업의 난이도를 적절히 정하고 흥미 있는 주제와 활동을 선택하는 것의 중요성 역시 제게 분명해졌습니다. – Eldri

처음 몇 차례의 수업을 하는 동안, 대부분의 학생들이 저와 동갑이거나 또는 나이가 더 많다는 걸 알게 되었습니다. 따라서 전 학생들과 대등한 사람으로서 라포를 만들고, 제 교수활동의 기반으로 비슷한 관심사를 활용하고자 매우 노력을 했습니다. – Bryony

언어능력은, 학생 중심의, 낮은-TTT[12] 교수 접근법을 사용한, 적절한 학습 환경에서는 놀랍도록 빨리 개발될 수 있다는 걸 이제는 알게 되었어요. 제가 학생 중심의, 최소한의 TTT 접근법에 대해 더 많은 경험이, 그리고 이러한 접근법을 내재화하기 위

---

12) TTT: teacher talking time

해, 훨씬 더 많이 다양한 교사들을 참관해야 할 필요가 있다는 것을 알게 되었습니다.
— Linda

주요 초점은 학생이며, 그들에게 생산적인 학습 경험을 위해 교재와 수단을 제공해야 한다는 걸 배웠습니다. 적절한 교재를 선택하고, 이를 학생들의 흥미를 충분히 돋우고 유지하기 위해 다양한 방식으로 잘 활용해야 합니다. 그리고 학생들의 발화 시간도 최적화해야 합니다. — Claire

전 수업에서 의식적으로 교사 발화 시간을 줄이고, 교실 환경이 제공할 수 있는 가장 실제적인 상황에서 학생들이 말할 기회를 늘리고자 노력했습니다. 이는 어려운 일이었고, 제가 적절한 균형을 성취했는지에 대해 만족하지는 않습니다. 하지만 이 부분에서의 제 능력은, 경험이 쌓이면서 더 발전될 것이라는 데 낙관적입니다. — Cheryl

10장
교실 담화와 소통

서론

제2외국어 수업에서 언어는 학습의 수단이자 목표이기 때문에 다양한 방식으로 사용된다. 따라서 언어수업에서의 중요한 핵심은, 교사가 언어학습 과정을 지원하고 관리하기 위해 언어를 사용하는 방식이다. 학습자가 수업 중 듣는 언어 입력 및 이러한 언어 입력이 언어를 연습하고 사용하도록 하는 기회는, 교사, 교사가 활용하는 교수 자원, 그리고 학생들 간의 상호작용에 의해 제공된다. 언어수업을 관찰한 많은 사람은, 수업에서 학생들이 언어를 의사소통적이고 상호적인 방식으로 사용할 수 있는 기회가 제한되어 있기에 언어학습의 기회도 제한적이라고 말한다(Thornbury, 2005). 이 장에서는, 수업의 교수적 단계(교사가 수업 운영과 같은 비교수적 활동을 할 때가 아니라)에서 일어나는 의사소통, 상호작용 및 담화의 유형을 살펴보고, 어떻게 이들이 제2언어

학습을 효과적으로 지원하고 안내하는 데 활용될 수 있는지를 탐구하고자 한다.

교수 담화(instructional discourse)의 특징

제2언어 교실에서 이루어지는 언어적 상호작용의 특징은 다른 교과 교실에서 이루어지는 언어적 상호작용의 특징 몇 가지와 유사하다. 타 교과의 교사와 마찬가지로 영어교사는 새로운 학습 내용을 다음의 방식으로 제시할 수 있도록 방법을 찾아야 한다: 학습자의 참여를 유도하고, 이전 학습과 연계하며, 학습자가 이해할 수 있고 학습가능한 속도로 내용을 제시하고, 학습자가 분석, 성찰, 적용 및 연습과 같은 과정을 통해 내용을 익힐 수 있는 기회를 제공하는 방식으로 말이다. 많은 교과의 교수활동에서 나타나는 흔한 상호작용 구조는 다음의 패턴을 따른다: 교사의 시작 발화(I), 학생(또는 학생들)의 반응(R), 그리고 학생들의 반응에 대한 교사의 평가(E) - 즉, IRE[13] 순서이다. Johnson(1995, p. 9)에 의하면, 교실에서 교사는 "통제할 수 있는 권한을 가진 사람으로서, 교실 담화를 통제하는 방법으로 시작 발화와 평가를 지배적으로 수행하는 사람이다." 이와 대조적으로, 학생들은 교사의 질문에 주로 응답자 역할을 한다. 이 IRE 순서는 교실 수업의 "전형적인" 또는 "기본" 패턴이라고 불린다(Cazden, 1988, p. 53). 아래에는 말레이시아의 한 중등학교 중급 EFL 수업의 예가 제시되어 있다(Johnson, 1995). 수업 내용은 교과서에 나온 어휘 연습이고, 재고 정리 세일에 대한 광고에 기반한다. 교사(T)가 학생들에게 일련의 질문을 하고 있다:

---

13) Initiation, Response, Evaluation

차례 1-34

1. T: 이 광고는 무엇에 관한 것인가요?
2. Peersak: 라디오 ... 세일.
3. Milo: 저렴한 세일 ...
4. T: 여기에서 쓰이는 단어는 무엇인가요?
5. Suchada: Clearance sale.
6. T: Clearance sale. 좋아요, 먼저 "clearance sale"의 의미를 아나요?
7. Suchada: Clearance sale.
8. T: Clearance sale. "clearance" 단어를 봅시다. 어떤 단어에서 왔나요?
9. Peersak: Clear.
10. T: 따라서, "clearance" sale은 무엇을 의미할까요?
11. Suchada: 정리하는 것.
12. T: 정리하는 것, 맞습니다. 상점의 모든 물건을 정리하는 것. 자, 어떤 상품들이 판매되는지 살펴봅시다. 사진 부서는 어디에 있나요? Peersak, 광고를 보고 답하세요, 사진 부서는 어디에 있나요?
13. Peersak: 1층.
14. T: 네, 1층에 있죠. 자 이제, 사진 부서로 가면 – 갔나요?
15. Peersak: 카메라.
16. T: 카메라. 좀 더 구체적으로 말해 줄 수 있나요? 어떤 종류의 카메라인가요?
17. Peersak: 코닥 ... 인스터매틱 76X 카메라.
18. T: 좋아요, 코닥 인스터매틱 카메라. 평상시 이 카메라의 가격은 얼마인가요?
19. Peersak: 27달러 40센트.
20. T: 27달러 40센트. 세일 후 가격은 얼마인가요?
21. Peersak: 23달러 75센트.

22. T: 23달러 75센트. 자, 카메라를 산다면 어떤 사은품이 있나요?
23. Peersak: ... 공.
24. T: 공. 네, 이제 상점의 다른 부서로 가봅시다. Milo.
25. Milo: 2층.
26. T: 거기서 무엇을 살 수 있나요?
27. Milo: 스테인레스 주전자.
28. T: 몇 가지 사이즈의 주전자가 있나요?
29. Milo: 다섯 가지.
30. T: 좋아요, 이 스테인레스 주전자는 다섯 개의 사이즈로 나옵니다. 이 주전자의 특징은 무엇인가요?
31. Milo: 수입품입니다.
32. T: 다른 특징들은?
33. Milo: 손잡이가 움직여요.
34. T: 네, 스테인레스로 만들어졌고, 손잡이가 움직이죠. 자, 이제 ...

(Johnson, 1995, pp. 94-96)

이 예시의 기본 의사소통 순서는, 교사가 시작하고 학생이 응답하고 교사가 평가하는 전형적인 IRE 순서이다. 이 IRE 순서에서, 학생들은 말하기 전에 교사가 지명하기를 기다린다. 따라서 교사는 모든 대화의 시작과 평가에 통제권을 유지한다. 만약 학생의 답이 맞다면, 교사는 다음 시작 발화를 하기 전에 이를 긍정해 줄 것이다(차례 5). 학생의 답이 맞지 않을 경우, 교사가 학생의 답을 무시하고 대신 다른 질문을 시작하는 것을 차례 1-6에서 볼 수 있다. 이때의 시작 발화는 교사가 정확한 답을 얻기 위해 다른 말로 표현하며(차례 4) 평가의 역할을 한다(평가 역할의 시작). 변화를 볼 수 있는 것은 차례 25 이후인데, 이때 교사는 학생의 정확한 응답에 긍정적인 평가를 중단한다.

수업과 수업 순서는 일반적으로 *시작 단계*(opening phase), *교수 단계*(instructional phase), 그리고 *마무리 단계*(closing phase)의 형태를 띤다. 시작과 마무리 단계는 교사마다 다르다. 하지만, 교수 단계는 *시작 발화, 반응/대답*, 그리고 *평가/피드백*의 형태로, 교사와 학생 간의 협력적 발화로 여겨진다. 교실에서의 교수 단계를 설명하며 Mehan(1979)은, 교과 수업에서 학문적 정보는 수업 중 교사와 학생 사이에 교환된다고 주장한다. 이를 위해 유도해 내기(elicitation) 순서라고 알려진 상호작용 순서가 주제(topic) 위주로 구성되는데, 이 상호작용 순서는 시작 발화, 반응/대답, 그리고 평가의 형태로 이루어진 교사와 학생 간의 협력적 발화이다. 언어교사들은 수업의 이 단계들을 소개하는 데 서로 다른 다양한 방법을 사용하기에, 예비교사는 협력교사의 수업을 참관할 때 그들이 활용하는 몇 가지 전략을 확인해 볼 수 있을 것이다(부록 A 참조).

교실에서의 제2언어 사용에 대해, 연구자들은 너무 많은 제2언어 상호작용이 이 장에서 설명한 IRE 담화 패턴에 영향을 받고 있다고 지적해 왔다. 이러한 영향의 결과, 상호작용은 보통 교사주도적이며, 교사의 질문은 의사소통을 위해서라기보다는 문법적 지식을 이끌어 내거나 보여주기 위해서만 사용되는 경우가 너무 많았다는 것이다(Nunan, 1987; Thornbury, 2005). 언어학습에 더 유용한 상호작용은 "대화적 상호작용"(Aljaafreh & Lantolf, 1994) 또는 "협력적 대화"(Swain, 2000)라고 알려진 방식을 활용한 학습 지원이다. 이 과정은 때로 "비계화 학습"(Lantolf & Thome, 2006)이라고도 불리는 조력 수행(assisted performance)을 통한 지식의 공동 구축을 수반한다. 즉, 교사는 다음을 하며 학습자들이 학습 활동을 완수하는 것을 돕는다: 현재 학습자들이 할 수 있는 것이 무엇인지를 관찰하며, 과업을 완수하는 과정에 일련의 안내 단계를 제공하고, 협동적 대화를 통해, 그리고 초기에는 지원(즉, "스캐폴드")을 제공하고, 학습이 진행됨에 따라 천천히 이러한 지원을 제거하면서 말이다. 학습은, 초기에는 교사 또는 좀 더 잘하는 학습자들에 의해 중재

되고 주도되지만, 천천히 개별 학습자에 의해 적절히 조정되며 자신의 것이 된다. 이 과정에서 교사는, 언어가 어떻게 사용되는지 살펴볼 수 있도록, 언어사용 방식을 실험해 보도록, 새로운 담화 모드를 연습하고, 기존의 언어 지식을 재구성할 수 있는 그런 기회를 제공한다. 이러한 대화적 상호작용 과정은 다음의 예시에 반영되어 있는데, 이 예시에서 교사는 학생들의 참여를 지원하고 확장한다. 이 수업은 바르셀로나의 한 교실에서 진행되었고, 학생들은 산에서 할 수 있는 활동을 제안하며 논의한다.

S1: 산에 가는 건 어떨까요?(What about go to mountains?[14])
T: What about ... ?
S1: 산에 가는 건 어떨까요?(What about going to mountains), "barrancking" 을 할 수 있어요.

[학생들이 웃는다]
T: "barrancking"이 뭐죠?
S2: 스포츠예요.
T: 네, 근데 정확히 뭘 하는 거죠?
S3: 강이 있고, 작은 강이 있고 [제스처]
T: 내려가나요?
S3: 네, 폭포처럼요.
T: 오케이, waterfall [칠판에 적는다]. waterfall이 뭐죠, Manuel?
S1: 나이아가라 같은 거요?
T: 맞아요. 그럼 폭포에서 뭘 하나요?
S4: 내려가요.

---

14) 역자 주: 차례 1~3의 교사와 학생간의 대화적 상호작용을 독자가 이해할 수 있도록 영어 원문을 괄호 안에 제공한다.

T: 네? 배를 타고?
S: 아니요, 아니요, ... como se dice "cuerda"?
S3: Cord.
T: 아니, rope, 코드는 더 작아요, 창문에 있는 것처럼, 자, 보세요 [가리킨다].
S4: 로프, 로프, 폭포에서 로프를 내려갑니다.
S2: 당신은 ... "검정색 옷"[잘못 발음]을 입어요.
T: 검정색 옷. 따라하세요 [학생이 따라한다] ... [...] 위험하게 들리네요. 위험한가요?
Ss: 아니요, 아니요.
S3: 여름에는요, 물이 많지 않아요.
T: 뭐라고요?
S3: Poco ... poco ... 물이 적고, 강이 험하지 않아요.
T: 오케이 ... 그래서 이걸 해 봤나요? 스페인어로 뭐라고 하나요?
S4: Barranquismo. 영어로는요?
T: 모르겠네요. 다른 사람에게 물어봐야 겠습니다.
S2: 좋아요, 오실래요? Com ed diu? 함께 가요.
T: 안 될 것 같은데요 [웃음]
S4: 네, 네, 오세요, 여름에 갈 수 있어요.
T: 음, 여름에는요, 지금은 말고, 너무 추워요.
Ss: 네, 네. (Thornbury, 2005, pp. 127-143)

이 과정이 어떻게 진행되는지에 대한 또 다른 예는 Lantolf와 Thome에 제시되어 있다. 이 예시에는, 학생이 작성한 에세이 쓰기에 대한 피드백 세션 중, 미국 대학 프로그램의 ESL 튜터와 학생 간의 상호작용이 설명되어 있다. 아래에 제시된 것처럼, 튜터가 학생의 작문에서 문법적 오류에 대응하면서 사용한 전략이 요약되어 있고, 이러한 전략이 학습자의 독립적 수행을 반영하는지(0) 또는 튜터와 학습자 간의 다양한 정도의 협력적 상호작용을 반영하는지에 따라 정리되어 있다(1-12 단계):

0. 튜터는 개별지도를 시작하기 전에 학습자에게 독립적으로 읽고, 오류를 찾아 수정하도록 요청한다.
1. 잠재적인 대화 파트너로서 튜터의 존재로 인해 '협동적 틀'의 구축이 촉진된다.
2. 학습자나 튜터가 오류가 포함된 문장을 집중하여 읽는다.
3. 튜터가 특정 부분(예, 문장, 절, 행)에 무언가가 잘못되었음을 보여준다― '이 문장에서 잘못된 부분이 있나요?'
4. 튜터는 오류를 찾는 데 있어 실패한 시도는 받아들이지 않는다.
5. 튜터가 오류가 있는 위치를 좁힌다(예를 들어, 튜터는 오류가 있는 특정 부분을 반복하거나 가리킨다).
6. 튜터는 오류의 성격을 알려주나, 오류 자체를 알려주지는 않는다(예를 들어, '여기에는 시제에 문제가 있습니다').
7. 튜터가 오류를 알려준다('여기에 조동사를 쓸 수 없습니다').
8. 튜터는 오류를 수정하는 데 있어 학습자의 실패한 시도는 받아들이지 않는다.
9. 튜터는 학습자가 올바른 형식을 찾도록 단서를 제공한다(예를 들어, '과거는 아니고, 여전히 진행 중인 것입니다').
10. 튜터는 올바른 형식을 제공한다.
11. 튜터는 올바른 형식의 사용에 대한 설명을 제공한다.
12. 다른 유형의 도움이 실패했을 때, 튜터는 올바른 패턴의 예시를 제공한다. (Lantolf & Thorne, 2006, pp. 278-280)

언어학습은 이 섹션에서 설명한 바와 같이, 교사와 학생이 공동으로 문제를 해결해 나가는 유형의 상호작용에 의해 촉진된다. 이 과정 동안, 교사는 일종의 조력 수행을 통해 학습자가 좀 더 복잡한 언어를 사용하는 것을 돕고, 이는 언어 발달의 중심이 된다.

언어사용 모델 제시하기

다른 교과를 가르칠 때 언어와 담화는 목적(내용 이해)을 위한 수단인 반면, 언어 교실에서 언어는 수단인 동시에 목적이다. 즉, 교사의 언어와 담화는 학습 과정을 지원하고 주도하며, 안내하고 구성하는 역할을 하며, 동시에 학생들이 배우는 언어 유형의 모델이 된다. Lantolf와 Thorne은 다음과 같이 설명한다:

> 학교 환경에서의 외국어 학습은 상당히 다르다[즉, 교실 밖의 자연스러운 언어학습과는-저자들의 말]. 모국어와 달리 외국어는 의식적이고 의도적으로 학습되며, 일반적으로 글을 광범위하게 쓰고 읽는 것을 수반한다. 즉 교실 환경에서는, 처음부터 더 복잡하고, 의식적이며, 의도적인 외국어의 형식과 사용을 학습한다는 것이다. (Lantolf & Thorne, 2006, p. 294)

예를 들어, 장르 또는 텍스트 기반 교수활동이라고 불리는 언어교수의 한 접근법은, 학생들이 직장에서 또는 학교와 관련된 다양한 학습 상황에서 익혀야 하는 텍스트 유형을 이해하고 사용하도록 하는 데 초점을 둔다. 여기에는 에세이, 편지, 내러티브뿐만 아니라, 대화, 인터뷰, 토론과 같은 다양한 말하기 및 쓰기 텍스트가 포함될 수 있다. 학생들이 다양한 텍스트 유형을 이해하고 사용하도록 가르칠 때, 교사는 먼저 적절한 텍스트의 모델을 제공한 후, 협동적 분석, 공동 글쓰기 작업, 그리고 마지막으로 개별적 글쓰기 작업과 같은 활동을 한다. 이 과정 동안, 교사는 텍스트 인식 및 텍스트 구성의 과정을 거쳐 학습자가 독립적으로 텍스트를 만들 수 있는 단계에 이르기까지 이들을 안내한다. 아래에 한 예비교사가 이 접근법을 사용한 경험에 대해 이야기한다.

> 교생실습에서, 장르 접근법을 활용해 수업을 계획했습니다. 협력교사가 주신 계획표에 따르면, 저는 다양한 텍스트 구조에 대해 가르치고, 이를 3주 안에 마쳐야 했습니다. 각 수업에서 학생들은 읽기, 이해, 그리고 쓰기 과업을 수행하도록 요구되었고, 문법에 대한 강조는 거의 없었습니다. 전 학생들에게 특정 텍스트 구조와 그 특징들을 설명하는 데 다양한 방식을 시도해 보고자 했지만, 협력교사는 보통 제가 특정 텍스트 구조의 특정한 부분을 다루는 데 있어, 특정한 활동을 계획하도록 하셨습니다―예를 들어, "비교와 대조"에 관한 수업처럼요. 그리고, 교생실습 동안 모든 텍스트 유형을 위한 몇 가지 IT(Information Technology) 수업도 계획하고 가르쳐야 했어요. 하지만, 텍스트 유형을 가르치는 데 도움이 되는 멀티미디어 자원을 찾지 못했습니다. 학생들이 텍스트 유형의 다양한 특징을 이해하도록 돕는 웹사이트를 만들어야 했는데, 제가 이를 수행할 능력이 있었음에도 여전히 웹사이트를 만드는 데 너무 많은 시간이 걸렸어요. 이런 시간은 사실 다른 활동들을 계획하는 데 쓰는 것이 훨씬 낫다고 생각했습니다. ― Lance, 싱가포르

Ko, Schallert와 Walters(2003)는 스토리텔링 과업에서 교사가 어떻게 언어적으로 도움을 주는지를 설명한다. 교사는 스토리를 들으며 주요 정보가 생략된 부분에 대해, 스토리를 전하는 학생들에게 이를 제공하도록 상기시킨다. 교사는 또한 이들에게 이야기가 기반한 문화적 가정들을 명확하게 하도록 짚

어 주며, 청자들에게는 스토리를 이해하기 위해 질문하도록 독려한다. 교사는 스토리를 전달하는 학생들의 발음을 고쳐주고 필요한 어휘를 제공하며 도움을 준다. 이 예시는 교사가 활동이 진행되며 간접적으로 스토리 구조의 예를 보여주는 경우이다.

다음 예시는 대화적 언어 및 상호작용의 예를 보여주기 위해 교사가 어떻게 실제 대화의 전사본을 활용하는지를 보여준다.

> 학생들에게 영어 말하기를 가르칠 때, 짧은 실제 대화의 전사본-수업에서 학습한-을 제공해 주었습니다. 말차례(turn-taking)나, 청자가 다른 사람이 말하는 것에 반응하거나 관심을 보이는 방법, 짧은 대화를 활용하는 방법 등을 살펴보았어요. 이후 학생들이 학습할 몇 가지 특징들을 제거한 대화의 예시를 주었고, 학생들로 하여금 짝끼리 대화를 어떻게 다시 구성할 수 있을지 작업하도록 했습니다. 이는 역할극 활동으로 이어졌고, 학생들은 실제 대화의 상호작용 특징들을 연습해 보았습니다. – Anna, 미국

학생들이 이해할 수 있는 교수 담화 사용하기

언어교사로서 숙달해야 할 기술 중 하나는, 학생들이 이해할 수 있고 그들의 학습을 지원할 수 있을 만한 적절한 수준으로 언어를 사용하는 법을 배우는 것이다. 교수 환경 밖에서 예비교사가 사용하는 언어 유형은, 학습자에게 너무 복잡하거나 관용적일 경우, 언어학습에 가장 적합한 입력을 제공하지 못할 수 있다. 경험이 풍부한 교사들은 보통-아마도 무의식적으로-제2외국어 학습자가 좀 더 이해하기 쉽도록 자신의 언어를 만드는 법을 알고 있다. 예를 들어, Saville-Troike(2006, p. 107)는 미국 대학에서 유학생들이 이해하기

가장 쉽다고 생각한 교수가 누구인지에 관한 설문 연구를 진행했는데, 그 결과 제2언어 맥락에서 오랜 교수 경험이 있는(따라서 자신의 발화를 적절히 변경하는 연습을 더 많이 한) 교수가 가장 이해하기 쉬운 교수로 평가되었음을 알 수 있었다.

예비교사로서 자신의 담화를 이해가능하도록 만들 때 활용할 수 있는 다양한 전략들이 있다. 예를 들어:

- 요청 및 지시 사항 반복하기
  교사: What's the subject of the sentence? (2초간 멈춤) The subject ... What is the subject of the sentence?
- 더 천천히 말하기
- 일시 정지 활용, 학습자가 예비교사 발화를 처리할 시간 더 주기
  교사: OK now. What I want you to do ... is to get into groups. ... Find your group partners. ... Tony, what's your group called ...?
- 좀 더 표준적 말하기 스타일로 자신의 발음 변경하기
- 어휘 변경하기: 예를 들어, 자주 사용하지 않은 어휘를 좀 더 자주 사용되는 어휘로 대체하기
  교사: What can we say when we meet someone for the first time ... like at a party ... and you meet someone and you don't know them ... what do you say to them(교사는 "introduce"를 사용하지 않으려고 한다)?
- 문법 변경하기: 예를 들어, 더 단순한 문법이 사용 가능할 때 복잡한 문법 사용 피하기
  교사: So Maria forgot to leave a tip in the restaurant and the waiter was angry ... Normally you should ... leave a small tip ... and she didn't ... (교사는 "she should have left a tip"을 사용하지 않으려고 한

다).
- 구어적 표현과 관용어구 사용 피하기
- 의미를 좀 더 분명하게 하는 것과 같이 담화를 변경하기

  교사: Can anyone give me the answer to Question 1? [답 없음]

  교사: Look at Question 1. Who has the answer?
- 답을 하도록 특정 학생 지명하기. 이런 방식으로 교사는 담화를 "수행한다"

  교사: So what's the answer? Maria, can you tell us the answer?

수업참관 시 초점을 둘 유용한 부분은, 협력교사가 어떻게 자신의 교실 담화를 변경하여 학습자들에게 좀 더 이해가능하도록 하느냐이다.

학습자 언어 자원 재구성 및 확장하기

교사는 언어에 대한 정보를 제공하고 언어 모델의 역할을 한다. 언어가 어떻게 사용되는지에 대한 예시를 제공하고, 학습자가 자신의 언어능력을 개선하고 확장하도록 도우면서 말이다. 이러한 역할은 예비교사가 학습자의 언어사용에 대해 피드백을 제공하는 방식을 통해, 그리고 그들의 언어 자원을 확장하고 개발하도록 돕는 방식에 의해 성취될 수 있다. Swain(2000)에 따르면, 성공적인 언어습득은 이해가능한 입력을 듣는 것뿐만 아니라 이해가능한 출력—즉, 다른 화자들이 이해할 수 있는 언어—을 할 수 있도록 연습하는 것이 필요하다. Swain이 주장하는 바는, 학습자가 자신의 메시지가 전달되도록 노력해야 할 때, 이는 학습자로 하여금 자신의 발화와 유창한 화자의 발화 간 차이를 더 잘 알아채도록 하고, 이러한 과정은 결국 학습자의 제2언어 발달을 촉진시킨다는 것이다. 신중히 구조화되고 관리된 출력(출력 가설)은 학

습자가 새로운 언어를 습득하고자 할 때 필수적이다. *잘 관리된 출력* (managed output)이란, 목표언어의 특정 형식을 사용하도록 하는 과업과 활동-즉, 학습자의 언어 지식을 "늘려" 결국 그 지식을 "재조정"하도록 하는 것-을 말한다. 다음에 제시된 발췌문에서, 교사는 학생들이 현재진행형 문장을 발화하도록 한다.

T: Look at the picture at the top of the page. What's that?[15]
S1: Mobile phone.
T: A mobile phone. It's a mobile phone. Say after me, it's a mobile phone.
SS: It's a mobile phone.
T: OK. So the man ... what's he doing?
S2: Talking ... the phone.
T: Yes, he's talking on the phone.
S2: Talking on the phone.
T: Say together, the man is talking on the mobile phone.
SS: The man is talking on the mobile phone.

예비교사가 학습자의 언어사용에 대해 피드백을 제공하는 방식 역시 학습자 언어 발달을 촉진하는 데 중요한 역할을 한다. 상기 발췌문에서 살펴보았듯이, 교사와 학습자들 간의 대화적 상호작용은 학습자의 언어사용에 대한 직간접적 피드백을 포함한다. 교사가 활용할 수 있는 또 다른 전략들은 다음과

---

[15] 역자 주: 이 섹션에서 저자들이 설명하고자 하는 제2언어 학습을 돕는 교사의 역할, 즉 학습자의 잘 관리된 출력-여기에서는 영어 현재진행형의 사용-을 이끌어 내는 대화적 상호작용의 예시를 보여주기 위해, 영어 원문 그대로의 수업 대화를 제시하여 독자의 이해를 돕고자 한다.

같다.

- 학생에게 발화한 것을 반복하도록 요청해서, 학생이 오류를 알아채는지 확인하기
- 학생 담화의 오류를 정정하며 학생 담화 반복하기
- 다른 학생들이 오류를 정정하도록 하기
- 문장에 오류가 있다고 제안하기
- 학생이 한 오류를 가리키기
- 필요한 언어의 예시가 제공된 칠판 가리키기
- 학생들의 발음을 도와주기 위해 발음 차트 가리키기

아래에 제시하는 피드백 전략 체계는, 특히 피드백이 글의 형태로 제시될 때 유용할 것이다(Lewis, 2022에서 변경하여 가져옴):

- *동의/비동의*: "여기에 ...라고 주장한 부분에 대해 동의합니다/동의하지 않습니다"
- *질문하기*: "이걸 말하는 건가요 ... 아니면 ... ?"
- *느낌 표현하기*: " ... 이렇게 한 걸 보니 정말 기쁩니다."
- *일반화하기*: "일반적으로 이는 정말 잘했습니다."
- *예시 제시하기*: "예를 들어, ..."
- *이유 제공하기*: " .... 때문에, 수학 시험지에 빨간색으로 표시했습니다."
- *비교 제공하기*: "연설 끝부분에서는, 자신을 훨씬 더 잘 표현했어요."
- *제의하기*: "자신의 연설에 대해 논의하고 싶나요?"
- *예측하기*: "이 연설로 보면, 앞으로 ... 문제에는 어려움은 없을 거라고 생각합니다."
- *계획 말하기*: "다음 주 수업에서는 ... "

- *제안하기*: " ...을 하기를 제안합니다."

(교사가 과거형을 사용하고자 하는 학생의 시도에 대해 어떻게 피드백을 주는지의 예시는 부록 B를 참조하라.)

교사의 피드백이 학생들을 격려하는 것뿐만 아니라 그들의 언어학습을 안내하고 발전시키는 역할을 하도록, 피드백 유형을 신중히 고려하는 것은 중요하다.

Kramsch(1985, Thornbury, 2005, pp. 138-139에서 요약함)는, 학습자의 학습 기회를 최대화하기 위해 교사가 수업에서 자신의 언어사용을 변경하는 것의 중요성을 강조한다. 그녀는 다음을 추천한다:

대화의 차례
모둠 중심의 상호작용에서, 교사는 학생들이 말차례 매커니즘을 통제하도록 체계적으로 독려해야 하는데, 다음에 제시하는 자연스러운 말차례의 다섯 가지 규칙을 따르면서 말이다.

1. 침묵을 용인한다: 말차례 중간에 공백을 채우려고 하지 말라. 이는 학생들이 새로운 대화를 시작하도록 압력을 가할 것이다.
2. 학생 말의 잠재적 수신인에게 눈길을 주라: 교사 자신이 다음 화자, 그리고 학생의 독점적 수신인이라고 가정하지 말라.
3. 발언권을 얻을 방법을 학생들에게 가르쳐라; 발할 기회를 타인에게 항상 내주지는 말라.
4. 학생들이 한두 문장 이상으로 말을 유지하도록, 그리고 자기 차례에 좀 더 오래 대화하도록 독려하라; 학생들의 짧은 말을 교사 자신이 오래 말할 발판으로 사용하지 말라.
5. 개별 학생과의 대화를 화자의 의도를 묻는 것과 의미 협상을 포함하도록

연장하라; 다음 학생에게 넘어가기 위해 대화를 너무 금방 마무리하지 말라.

주제 관리
학생들이 상호작용에서 적극적인 역할을 해야 한다면, 주제가 설정되고 유지되는 방식을 어떻게 통제하는지와 어떻게 수업에 참여하는지를 배워야 한다. 아래 제시된 자연스러운 담화의 규칙이 유용할 것이다.

1. 학습할 내용을 다루는 것뿐만 아니라 수업의 상호작용을 조절하기 위해 영어를 사용한다. 예비교사는 따라서 자연스러운 담화에서 어떻게 상호작용적 전략을 사용하는지의 모델이 될 것이다.
2. 전시 질문의 수는 최소화하라. 정보를 묻는 질문이 진짜 질문일수록, 담화는 더 자연스러워진다.
3. 학생들과 함께 주제를 구축하라. 학생들이 무슨 말을 하든 주제에 기여한다고 생각하라. 교사가 관계없다고 느껴 학생의 말을 인위적으로 자르지 말라. 주제에 대한 학생의 관점에서는 매우 관계있는 것일 수도 있다.

교정 과업(repair tasks)
교실에서의 자연스러운 상호작용을 위해 ... 교사는 다음의 자연스러운 교정 규칙을 자주 준수하는 것이 필요하다.

1. 학생들 말의 형식보다는 메시지에 집중하라. ... 교사의 의견은 후에 제시하라.
2. 언어적 오류에 대한 교정은, 표준 형식에 기반한 교정이 아니라 화용론적 또는 상호적 조정으로 여겨라.
3. 학생들 발화의 언어적 형식에 대한 선택은 학생들에게 맡겨라. 예를 들어,

학생들이 가정법에 대해 확신이 없다면, 그들이 이 형식을 피하고 대안을 찾도록 하라.
4. 학생들의 모든 발화를 평가하고 판단하기보다는("좋아요/잘했습니다") 자연스러운 피드백을 광범위하게 사용하라("음/흥미롭군요/저도 그렇게 생각합니다"). 과도하게 칭찬하지 말라.
5. 학생들을 인용하여 구체적으로 인정해줘라("X가 말했던 것처럼"); 교사가 이전에 그 문제를 생각해 봤다는 인상을 줌으로써, 학생들이 기여한 것에 대한 공을 빼앗지 말라. (Kramsch, 1985, Thornbury, 2005, pp. 138-139에서 요약함)

아래 제시한 스페인에서의 한 수업 예시는, 교사가 수업계획서를 따르기 위해 메시지의 내용(학생의 결혼)을 무시하는 것을 보여준다.

[출석을 부른 후, 교사는 학생들과 이야기 나누기 시작한다]
T: Jorge, 주말 잘 보냈어요?
S: 네.
T: 뭘 했나요?
S: 결혼했어요.
T: [웃으며] 결혼했군요. 그럼 확실히 좋은 주말을 보냈군요. [웃음과 대화 소리]
T: 이제 책 56페이지를 보세요. 지난번에 전기에 대해 이야기했던 걸 기억할 겁니다. [학생들이 스페인어로 Jorge에게 그의 결혼식에 대해 이야기하는 동안 교사는 책과 수업계획서를 확인한다] (Thornbury, 2005, p. 130에서 인용)

효과적인 질문 기법 사용하기

교과 및 제2언어 수업 모두에서, 질문하는 것은 교사가 수업을 진행하고 조직화하는 가장 일반적인 방법 중 하나이다. 교사가 하는 질문의 유형은 수업에서의 사고 유형에 영향을 미칠 수 있다. ESL 수업에서 질문은, 학습자를 새로운 수업 내용으로 안내하고, 이전 학습 및 학생들의 배경지식과 연결지으며, 학생들이 이해했는지를 확인하고, 상호작용을 장려하며, 새로운 언어의 발화 및 연습을 이끌어 내는 역할을 한다. 질문은, 언어를 이해하고 사용하도록 하는 근간을 제공하며 스캐폴딩(scaffolding) 과정에서 중요한 역할을 한다. 제2언어 학습자들에게—특히 제한된 제2언어 능력을 가진 학습자들에게—질문은, 교사가 학생들의 현재 수행 수준, 그리고 이들이 과업을 이해하고 수행하기에 필요한 수준 사이를 중재하는 수단을 제공한다.

아래에는 예비교사들이 협력교사의 수업에서 관찰할 수 있는 몇 가지 질문하기 전략의 예시가 제시되어 있다:

- 개념 질문(concept questions): 새롭게 학습한 아이템의 의미를 이해했는지 확인할 때 사용되는 질문. 예, "이 문장은 현재 일어난 일을 말하나요, 아니면 과거에 일어난 일을 말하나요?"
- 이해 점검(comprehension checks): 예, "All right? OK?"
- 확인 점검(confirmation checks): 예, "이 일이 여러분에게 일어났다는 건가요?"
- 명료화 요청(clarification requests): 예, "무슨 뜻인지 설명해 줄 수 있나요?"
- 도입 질문(lead-in questions): 이러한 유형의 질문은 학생들의 배경지식이나 이전 학습을 확인하면서, 다음 학습 활동으로 안내한다. 예를 들어,

학생들이 새로운 영화에 대한 리뷰를 읽기 전에, 교사는 다음과 같은 질문을 한다. "영화 좋아하나요?", "얼마나 자주 영화를 보나요?", "어떤 영화를 좋아하나요?"

- *도전적 질문*(challenging questions): 이 유형의 질문은 더 확장된 학생들의 참여와 토론을 증진하고자 하며, 학생들이 자신만의 의견과 생각을 표현할 것을 요구한다. 예를 들어, "또 뭐가 있을까요? 다른 이유를 제시해 주세요."
- *구조화 질문*(structuring questions): 이 유형의 질문은 교수활동 항목을 일련의 단계로 나눈다. 예를 들어, 교사는 다음과 같이 말할 수 있다. "자, 이제, 언어의 주요 특징을 알아보았으니, 여러분들은 침팬지가 서로 소통하기 위해 무엇을 사용한다고 생각하나요? 이들은 인간과 같은 방식으로 소통하나요? 침팬지는 새와 같은 방식으로 소통하나요? 새들은 인간과 같은 방식으로 소통하나요?"
- *형식기반 질문*(form-focused questions): 이 유형의 질문은 교사가 학생들의 언어 정확성을 평가하도록 하기 위해, 특정 언어사용을 이끌어 내는 역할을 한다. 예를 들어, "이전에 한 번도 만난 적이 없는 사람에게 자신을 소개하는 좋은 방법에는 무엇이 있나요?"

비언어적 교실 의사소통 이해하기

교사는 다양한 유형의 메시지를 전달하고자, 단어뿐만 아니라 행동이나 비언어적 신호로 의사소통한다. 교실 상호작용에 영향을 주는 비언어적 행동의 두 가지 측면은 동작(kinesis)과 공간학(proxemics)이다. 동작은 얼굴 표정, 눈맞춤과 눈 표현, 몸의 움직임, 제스처와 자세, 그리고 몸의 형태와 촉각을 다루는데, 이러한 행동의 측면들은 문화권마다 다를 수 있다. 학생이 과업을 하고 있는 모습을 보며 교사가 학생의 어깨에 손을 올리는 것은 한 문화권에서는 허용될 수 있지만, 다른 문화권에서는 전혀 허용될 수 없다. 공간학은 공간의 일반적인 사용 및 공공장소에서 사람들의 공간에 대한 태도를 말한다. 예를 들어, 어떤 문화권에서는 다른 문화권에서보다 사람들이 이야기할 때 서로에게 더 가까이 서 있을 수 있다. 공간 배치는 언어 교실의 상호작용적 역할에서 중요한 역할을 할 수 있다. 이는 교사가 학생들에게 적절한 학습 환경을 만들어 주고자 교실 공간을 배치하려고 할 때 특히 그렇다.

학생들이 교사의 비언어적 의사소통을 이해할 수 있는 것 역시 중요하다, 학생들은 교사의 언어적 표현뿐만 아니라 비언어적 신호로부터 교사가 그들에게 요청하는 것을 "읽을 수" 있어야 한다. 이러한 비언어적 신호에는 교사 목소리의 높낮이, 얼굴 표정과 자세가 포함된다. 학생들은 또한 그들이 해야 할 일을 얼마나 잘 해내고 있는지의 정도를 판단하기 위해, 교사의 칭찬을 정확히 해석할 수 있어야 한다. 예를 들어, Johnson(1995)에 따르면, 높은 실력을 가진 학생들은 교사의 칭찬을 보상으로 여기고, 칭찬을 받은 결과로 수업에 더 열심히 참여할 것이라고 한다. 반대로, 낮은 실력의 학생들은 보상보다는, 그들이 제대로 하고 있는지에 대한 정보를 얻는 측면에서 교사의 칭찬을 이해한다. 따라서 수업에 성공적으로 참여하기 위해, 학생들은 교사의 기대를 인지할 수 있어야 한다.

교실의 공간 배치와 깊이 관련 있는 것은, 교실에서 교사 자신의 공간 사용 및 이것이 수업 참여에 미치는 영향이다. Duncan과 Biddle(1974)은 교사가 사용하는 상호작용 공간을 묘사하기 위해 교사의 "활동 구역"이라는 용어를 사용한다. 이는 교사의 눈맞춤이나 시선과 같은 비언어적 행동 및 질문과 지명하기와 같은 언어적 행동을 통해, 특정 학생들이 교사의 모든 관심을 받는 교실 공간으로 정의된다. Richards와 Lockhart(1994)는, 교사의 활동 구역이 얼마나 좁거나 넓은지는 교실의 물리적 레이아웃—즉, 책상은 어떻게 배치되었는지(열, 반원형 등)-에 달려 있을 수 있다고 설명한다. 교사의 활동 구역은 또한 교사가 얼마나 활동적인지, 그리고 개별 교사의 선호도(개인적 활동 구역), 다른 쪽보다는 수업의 한쪽을 보는 성향, 또는 특정 성, 인종, 학습 능력에 따라 수업에 참여시키는 경향에 달려 있을 수도 있다. <그림 10.1>은 수업에서 교사의 활동 구역 예시를 보여준다. 이는 수업의 얼마나 많은 학생이 구역 밖에 있는지, 따라서 수업에 적극적으로 참여할 수 없는지를 명확히 보여준다.

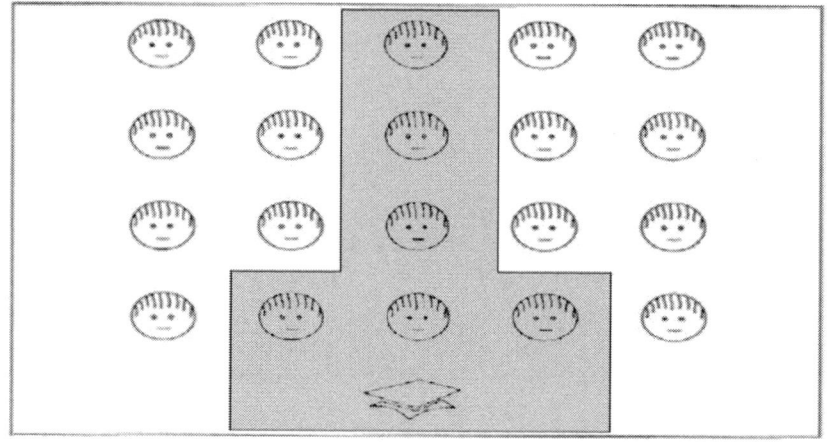

앞쪽

<그림 10.1> 교사의 활동 구역 - 회색 영역은 교사의 활동 구역 안에 있는 학생들을 나타낸다. 회색 영역에 포함되지 않은 학생들은 교사의 활동 구역 밖에 있다.

<표 10.1>은 교사가 어떻게 교실 담화와 의사소통에 대해 이해할 수 있는지를 요약한다.

1. 교수 담화의 특징 이해하기	• 교사는 새로운 학습 내용을 다음의 방식으로 제시할 수 있도록 방법을 찾아야 한다: 학습자의 참여를 유도하고, 이전 학습과 연계하며, 학습자가 이해할 수 있으며 학습가능한 속도로 내용을 제시하고, 학습자가 분석, 성찰, 적용 및 연습과 같은 과정을 통해 내용을 익힐 수 있는 기회를 제공하는 방식으로 말이다.
2. 언어사용 모델 제시하기	• 교사의 언어와 담화는 학습 과정을 지원하고 주도하며, 안내하고 구성하는 역할을 하며, 동시에 학생들이 배우는 언어 유형의 모델이 된다.
3. 학생들이 이해할 수 있는 교수 담화 사용하기	• 교사는 학생들이 이해할 수 있고 그들의 학습을 지원할 수 있을 만한 적절한 수준으로 언어를 사용하는 법을 배운다.
4. 학습자 언어 자원 재구성 및 확장하기	• 교사는 언어가 어떻게 사용되는지에 대한 예시를 제공하고, 학습자들이 자신의 언어능력을 개선하고 확장하도록 돕는다.
5. 효과적인 질문 기법 사용하기	• 교사는 질문이 다음의 역할을 한다는 것을 이해한다: 학습자를 새로운 수업 내용으로 안내하고, 이전 학습 및 학생들의 배경지식과 연결지으며, 학생들이 이해했는지를 확인하고, 상호작용을 장려하며, 새로운 언어의 발화 및 연습을 이끌어 낸다.
6. 비언어적 교실 의사소통 이해하기	• 교사는 교실 상호작용에 영향을 미치는 비언어적 행동의 두 가지 주요 측면인 동작과 공간학에 대해 이해한다.

〈표 10.1〉 교실 담화와 의사소통 이해하기

요약과 결론

언어교수의 중요한 목표는 학생들의 언어학습을 촉진하기 위해 실제 언어를 사용할 수 있는 기회를 만드는 것에 있다. 하지만 교수 담화는 보통 교사가 주도하는 경우가 많으며, 따라서 의사소통을 위한 언어사용의 기회를 충분히 제공하지 못할 수도 있다. 학습자의 학습 잠재력을 최대화하기 위해, 교사가 교실에서 자신의 언어사용을 조정하는 것은 매우 중요하다. 이는 언어사용의 모델을 제공하거나, 이해가능한 담화를 사용하며, 적절한 질문을 활용하고, 학습자의 언어 발달에 도움이 되는 피드백을 제공하는 것을 통해 성취될 수 있다. 대화적 상호작용의 과정은 스캐폴딩 과정을 통해 학습을 지원하는데, 이때 스캐폴딩 과정은 학습자가 좀 더 복잡하고 정확한 언어를 사용하도록 안내하고 돕는다.

이러한 상호작용 과정 가운데 언어의 의미가 명확해진다. 또한 학습자의 언어 자원은 예시 제공하기 및 피드백을 통해, 그리고 언어적/의사소통적 능력을 강화하고 발전시키는 활동을 통해 확장된다. 언어교사에게는, 이러한 목표를 성취하기 위해 교실 담화를 사용하는 것이 교수활동이라는 예술과 기술의 핵심적 측면이다.

추천 참고 도서

Allwright, D., & Bailey, K. M. (1991). *Focus on the language classroom: An introduction to classroom research for language teachers*. Cambridge: Cambridge University Press.

Johnson, K. E. (1995). *Understanding communication in second language classrooms*. New York: Cambridge University Press.

Lewis, M. (2002). *Giving feedback in language classes*. Singapore: RELC.

토론 질문

1. 협력교사 수업을 참관하며, 교사가 수업의 다음 단계를 다루는 몇 가지 방식을 노트하라.

- 시작
- 활동의 시작
- 마무리

2. 협력교사가 학생들이 학습해야 하는 언어 특징에 주목(notice)하도록 돕는 방법에는 어떤 것들이 있는가? 다른 방식이 있다면, 어떤 것들이 적절할까?
3. 협력교사가 학습자들에게 언어사용 모델을 제공하는 몇 가지 방식을 목록화하라.
4. 이 장에서 언급된 언어사용 모델을 제시하는 몇 가지 방법은 무엇인가? 생각할 수 있는 다른 방법이 있는가?
5. 협력교사가 자신의 언어와 담화를 변경하여 학습자들에게 더 잘 이해할 수 있도록 한 몇 가지 예를 제시하라.
6. 학생들 구어(spoken language)의 정확성에 대해 피드백을 제공할 때 어떤 전략이 도움이 된다고 생각하는가?
7. 협력교사는 학생들의 구어를 수정하는가? 어떻게? 교사의 수정 테크닉은 도움이 된다고 생각하는가?

후속 활동

1. 협력교사의 수업을 참관하고, 교사가 사용하는 서로 다른 유형의 질문의 예를 기록하라.
2. 자신의 수업 녹음 또는 녹화본을 검토하고, 다음의 것들을 어떻게 했는지 기록하라.
- 시작과 마무리하기
- 언어사용의 모델 제시하기
- 학생들이 언어의 특징을 주목하도록 돕기

- ○ 자신의 담화를 더 이해가능하도록 하기
- ○ 학습자들에게 언어사용에 대한 피드백 주기
- ○ 질문 사용하기

3. 부록 A와 B는 "비교와 대조"에 관한 수업의 짧은 전사본을 포함한다. 이 장에서 논의한 교실 담화의 어떤 특징들이 이 전사본에 반영되어 있는가?
4. 부록 C에서, 교실 의사소통을 IRE 순서로 분류해 보라. 여러분이 발견한 순서에 대해 무엇을 말할 수 있는가?

부록 A: 비교와 대조에 관한 수업의 일부에서 가져온 전사본

T: 오늘은, 우리 모두에게 꽤 관련이 있는 문단을 읽을 거예요. 자, 지문은 자신의 학교생활을 묘사하는 학생에 관한 것입니다. 오케이? 3분을 주겠습니다. 먼저 모든 것을 읽고, 이후에 짧은 활동을 할 거예요. 모두 이해했나요? 좋습니다. 읽기 시작하세요.
(3분 후)

T: 끝났나요?

Ss: 끝났어요.

T: 오케이, 좋습니다.
방금 읽은 문단이 무엇에 관한 것이었는지 누가 말해 줄 수 있나요?

Ss: 교사들.

T: 네, 좋습니다. 교사에 관한 것이었습니다.
이제 좀 전에 나눠준 '비교와 대조' 유인물을 보세요.
이게 우리가 할 활동입니다. 지문에서, 두 교사가 어떻게 비슷하고, 어떻게 다른지를 살펴보세요.
Hee Soon, 이 두 교사는 누구인가요?

Hee Soon: Miss Foo와 Mr. Lee입니다.

T: 네, Miss Foo와 Mr. Lee, 맞죠?
지문의 3문단을 볼까요? 이 행부터 시작해서, Mr. Lee와 Miss Foo

	가 어떻게 비슷한지를 묘사하는 행들을 살펴볼 거예요. Sang Ho, 2행에서 4행까지 읽고, Mr. Lee와 Miss Foo가 비슷한지를 말해 주는 것이 있는지 얘기해 줄 수 있나요?
Sang Ho:	읽는 건가요?
T:	네, 그렇습니다.
Sang Ho:	Two of them who taught me in high school really stick out in my mind. Mr. Lee and Miss Foo. I admire these two the most out of all the teachers I have come across.
T:	오케이. 맞습니다. 이 세 줄 안에 Mr. Lee와 Miss Foo가 어떻게 비슷한지를 말해 주는 다른 것들은 없나요? 예, 아니요? Bung Soon, Sang Ho를 도와줄 수 있나요?
Bung Soon:	저자에 의해 존경받는 것이 비슷합니다.
T:	네, 잘했습니다. 저자가 이 두 분을 존경합니다. '비교와 대조' 유인물에서, '얼마나 비슷한가' 아래에, 여러분들이 써야 하는 답은: 저자에 의해 존경을 받습니다. 오케이, 다들 어떻게 하는지 이해했나요? 좋습니다. 계속합시다. 이제는 이 두 분의 다른 점 하나를 살펴볼 거예요. Pam, 5행부터 읽어줄래요? They both ...
Pam:	They both possess many similarities and differences. For instance, Miss Foo is young and hip and modern. Mr. Lee is more the fatherly type that will be concerned over his students.
T:	오케이, 좋습니다. 고마워요, Pam Marly, 다른 점이나 비슷한 점을 말해 줄 수 있나요?
Marlyn:	Mr. Lee가 Miss Foo보다 확실히 더 나이가 많습니다.
T:	잘했어요. 아마도 차이점은 나이에 관한 것인 듯합니다. Mr. Lee가 훨씬 더 나이가 많고, Miss Foo는 훨씬 더 어립니다. 왜 그런가요, Marlyn?
Marlyn:	문맥을 보면, Mr. Lee가 fatherly로 묘사되어 있거든요.

T: Mr. Lee는 아버지 같죠. Miss Foo는 어리고 세련되었구요. 정말 잘했어요. Marlyn.
오케이, 다음에는 이 활동을 할 겁니다.
자신의 모둠에서 완성된 차트를 만들게 될 겁니다.

부록 B: 형식 중심의 수업 절차

[이 수업에서 두 명의 학생은, 두 명의 캐릭터 Benny와 Penny의 표음식 철자와, 두 개의 물건, 셔츠(shirts)와 반바지(shorts) 그림이 있는 교재를 보고 있다]

T: 자 ... 누가 첫 번째 문장을 만들까요? ... Penny에 대해서 누가 문장을 만들고 싶나요? ... 또는 ... Abdullah, Benny에 대해서 문장을 만들어 주세요.
S1: What does Benny ...
T: 아니요, 아직 질문이 아니고 ... 문장을 만드세요.
S2: 누구요?
T: 아니 ... 질문이 아니고요.
S2: 아, Benny요?
T: 네, Benny에 대해서 말해주세요.
S2: Benny washing.
T: IS washing. Benny IS washing.
S2: 아, 셔츠 ... 어 ... 마지막 날에 ... 마지막 날 ... 마지막 날에 ... 아니.
T: 어제.
S2: 네.
T: 오케이 ... 어제 무엇을 세탁했나요?
S2: He was wash ... 어, He washing.
T: Mohammed, 도와줄 수 있나요?
S3: Benny washED his short ... shirt.
T: 음, washED라고 발음하지는 않아요, 그렇지 않나요?
S3: washED

T: 아니요, 1음절이요. washt라고 발음합니다.
S4: wash.
S3: washt:
S2: washt.
T: 네, 좋아요. Khalid, Benny는 어제 무엇을 했나요?
S2: He washt his shirt.
T: 좋아요. Mohammed, Benny에 대한 문장을 만들 수 있나요?
S3: He washed his shirt.
T: 아니요, 그림을 보세요.
S3: 아, shorts, shorts, he washed his shorts.
T: 네, 맞습니다. 좋아요.

부록 C: 사실과 의견에 관한 한국의 영어수업

다음의 전사본은 한국의 대학 언어 프로그램의 영어수업에서 가져온 것이다. 수업은 26명의 학생—17명의 여학생과 9명의 남학생—들로 구성되어 있고, 이들은 다양한 영어실력을 가지고 있다. 필수 영어수업이고, 교사는 유창한 영어실력을 가진 한국인 여성이다. 교사에 따르면, 수업 토론의 주제는 학생들이 "사실과 의견" 서술문을 만들도록 하는 것이다. 수업 전 교사는, 학생들이 얼마나 많은 실수를 하는지와 상관없이 영어로 말하는 것을 연습하기를 원한다고 했다. 그녀 스스로 영어를 학습하며 어려움을 많이 겪었기에, "영어로 말하는 데 무엇이 필요한지를 안다고" 덧붙였다. 교사는 학생들이 올바른 문법이라는 측면에서 정확하게 말하도록 하기보다는, 영어를 유창하게 말하는 법을 가르치고자 한다고 했다.

1-21 차례

1. T: 오늘은 영어로 사실적 서술문과 의견 서술문을 말하는 걸 연습할 거예요. Brendan, 시작해 볼까요. 사실 서술문에 대해서 무엇을 알고 있나요?
2. Brendan: 사실은 진실(true)입니다.
3. T: 진실. 진실 서술문은 사실 서술문입니다. 이 설명에 덧붙일 사람 없나요?

Susan?
4. Susan: 일어날 거예요.
5. T: 일어날 것이다. 음. 사실은 진실인 무언가를 의미합니다. 다른 사람들은요? Peter?
6. Peter: 이전에 일어난 일들인가요?
7. T: 이전에 일어난 일들. 좋아요. 의견은 어떤가요? 누가 의견의 의미를 알고 있나요? John?
8. John: 무언가에 대해서 생각을 묻는 것이요.
9. T: 무언가에 대한 여러분의 생각을 묻는 것? 음 ... Paul은 어떤가요? 무엇을 ... 무엇을 이해했나요?
10. Paul: 무언가에 대해 우리가 생각하는 것은 의견인가요?
11. T: 무언가에 대해 우리가 생각하는 것은 의견인가요? Sally는 어때요?
12. Sally: 진실이 아닌 것들.
13. T: 의견은 진실이 아닌 것들을 의미합니다. Sally, 예를 들어 줄 수 있나요?
14. Sally: 전 미국 영화는 좋지 않다고 생각해요.
15. T: 미국 영화는 좋지 않다고 생각하는군요. 오케이. 하지만, 그 반대를 의미하는 건가요. 제가 알고 싶은 것은 ... 이게 Sally의 진짜 의견인가요, 아니면 미국 영화를 좋아하나요?
16. Sally: 아니요, 좋아해요. 좋아해요.
17. T: Sally, 미국 영화를 보는 것을 좋아한다고 말했습니다. 이게 Sally의 의견이죠, 맞죠?
18. Sally: 네, 미국 영화를 좋아해요 ... 좋은 액션 장면이요.
19. T: 좋은 액션이 있어서 미국 영화를 좋아하죠?
20. Sally: 네.
21. T: 좋아요. 미국 영화에 대한 다른 의견들 있나요?

11장
나의 교수활동 탐구하기

서론

교생실습 기간 동안 예비교사는 여러 번 다양한 사람들—교사교육자, 협력교사, 그리고 아마도 다른 동료 예비교사—이 자신의 수업을 참관하는 경험을 할 것이다. 수업에 대해 그들이 관찰한 것을 듣고, 교육실습 동안 일어난 일들을 논의하는 것은 교생실습 경험의 중요한 부분이 된다. 예비교사는 또한 스스로 자신의 교수 경험에 대해 정보를 모으고, 이를 자신의 교수활동의 다양한 면면들을 검토하는 데 사용할 수도 있다. 자신의 교수활동에 대해 정보를 수집하는 것은 몇 가지 목적을 달성한다. 이는 먼저 예비교사의 수업에 대한 기록을 제공할 수 있다. 또한 예비교사가 자신의 수행을 평가하는 데 사용할 수 있는 정보를 제공하고, 스스로가 정한 목표에 비추어 얼마나 향상하고 있는지를 기록해준다. 덧붙여, 교수활동 자체에 대해 그리고 예비교사 자신의 교수 접근법에 대해 깊이 있게 이해하도록 한다. 이 장에서 우리는 자기 검토(self-review)라는 이 과정이 수행되는 몇 가지 방식을 살펴볼 것이다.

7장에서 우리는, 예비교사가 참관한 수업의 정보를 수집할 때 고려할 수 있는 다양한 방법-예를 들어, 체크리스트 및 좌석 배치도 참관 기록(SCORE) 활용, 구체적인 현장 노트나 내러티브 요약 쓰기, 그리고 수업 녹음 또는 녹화하기-을 간단히 요약했다. 이제 이러한 절차들을 좀 더 자세히 살펴보며, 이들이 예비교사가 자신의 수업을 평가하는 데 어떻게 사용될 수 있을지를 설명할 것이다.

수업의 녹음 또는 녹화

수업의 녹음 또는 녹화는 예비교사가 인지하고 있지 못한 자신의 교수 스타일에 대해 통찰력을 제공할 수 있다. 가르칠 때 우리는 종종, 타인의 눈에는 분명하게 보이는 자신의 교수활동의 몇 가지 측면에 대해 인지하지 못하곤 한다-이는 수업의 기록을 검토할 때 드러날 것이다. 예를 들어, 자신의 수업 녹음본을 들을 때, 예비교사는 놀랍게도 자신이 수업을 너무 많이 장악하고 있다는 것을, 자신이 질문에 대해 스스로 답한다는 걸, 또는 학생들의 오류에 대해 일관되지 않은 피드백을 제공한다는 것을 알게 될 수 있다. 예비교사는 또한 자신의 설명과 지시 사항이 명확하고 간단명료하며, 자신이 친절하고 격려하는 스타일임을 알게 되어 기분 좋게 놀랄 수도 있다. 녹음은, 보통 교실 중앙에 녹음기를 배치하고, 수업 중 녹음기가 위치한 거리 밖으로 너무 멀리 서지 않도록 노력하는 것을 수반한다. 녹음기가 수업에서 일어난 모든 것을 포착할 수는 없겠지만, 그럼에도 예비교사가 검토할 수 있는 유용한 정보를 제공해 준다.

수업의 녹화는 수업에 대해 훨씬 더 풍부한 자료를 제공하는데, 동료 예비교사나 학생 중 한 명에게 수업 또는 수업의 일부를 녹화하는 것을 도와달라고 요청할 수 있다. 녹화를 위해, 예비교사는 수업의 어떤 부분에 초점을 둘 것인지 생각해 보아야 한다. 수업 전체의 느낌을 포착하고자 하는가, 교사로서 자신에 대해 주로 초점을 두고자 하는가, 아니면 학생들 또는 개별 학생에게 중점을 두고자 하는가? 비록 녹화 장비가 있다는 것이 예비교사와 학생들의 수행에 어느 정도 영향을 줄 수도 있지만, 보통 학생들은 곧 익숙해지고, 수업은 비교적 자연스럽게 진행된다. 녹음 및 녹화 모두 예비교사 교수활동의 많은 다양한 부분을 살펴보는 데 사용될 수 있다. 예를 들어:

- 예비교사와 학생들이 말하는 양
- 예비교사가 지시 사항을 전달하는 방식
- 예비교사가 사용하는 언어의 질과 명료성
- 예비교사가 학생들의 연습과 발화를 이끌어 내는 방식
- 예비교사가 학생들에게 피드백을 주는 방식

다음의 인용문에서 예비교사들은 자신의 교수활동을 녹음/녹화하는 것을 통해 배운 몇 가지에 대해 설명한다:

> 제 수업의 녹화본을 처음 보았을 때, 정말 제겐 눈을 번쩍 뜨이게 할 만큼 놀라운 일이었습니다. 수업에서 일어났을 거라고는 전혀 상상하지 못했던 것들을 보고 들었거든요. 저를 놀라게 한 첫 번째는 제 목소리—그리고 제가 말하는 방식—였습니다. 이전에는 녹음된 제 목소리를 들어본 적이 없었습니다. 제 목소리와 제 모습이 저의 수업 녹화본에 대한 제 첫인상을 장악했어요. 녹화본을 두 번째 볼 때까지 학생들의 학습에 대해 분석했는지도 확실치 않습니다. 두 번째 녹화본을 보면서 좀 더 교실과 학생들의 상호작용에 주목하기 시작했어요. 하지

만 제게 깊은 인상을 남긴 건, 녹화본을 본 첫 번째였습니다. – Bruce, 한국

제 말하기 수업의 녹화본을 들었을 때, 제가 의심했던 것들을 확인할 수 있었습니다. 즉, 수업의 몇몇 학생들이 토론을 장악하고 있었고, 너무 많은 학생들이 그저 한 단어로 제 질문에 답한다는 것이요. 제가 알게 된 놀라운 점은, '이러한 장악이 교실의 어디에서 일어나는가'였습니다. 네, 뒤쪽 오른편에 앉은 한 남학생이 가장 자기주장이 강했고, 이 학생에 대해 알고 있었어요. 수업할 때 제가 파악하지 못한 것은, 앞쪽 오른편의 한 여학생과 남학생도 수업을 장악했다는 것인데, 제 생각에 이들은 대부분 제 시야에는 없었거나, 또는 제가 알아채지 못했을 수도 있습니다. 하지만, 뒤쪽 왼편에서는 학생들의 참여가 부족하다는 걸 알고는 있었습니다. – Yuko, 일본

전 사립어학원에서 중급반 학생들을 가르칩니다. 최근에 학생들의 오류에 제가 어떻게 반응하는지를 알고 싶어졌고, 제 수업 두 반을 녹화하기로 했습니다. 이후 제가 오류를 수정하는 방식에 어떤 패턴이 있는지를 보기 위해 녹화본을 살펴보았습니다. 저를 놀라게 한 첫 번째는, 제가 학생들 오류의 80%를 그냥 지나쳤다는 점이었습니다. 그리고 통제된 연습 활동을 할 때는 제가 오류를 수정하지만, 유창성 활동 시—예를 들어, 학생들이 모둠 토론에 참여할 때—에는 거의 수정하지 않는 경향이 있다는 것을 알게 되었어요. 학생들을 수정할 때 제가 사용하는 흔한 전략은 그저 학생들을 중단시키고 정확한 단어나 문법 형식을 제공하는 것이었습니다. 그런데 제가 그렇게 했을 때의 50% 정도에서, 학생들은 정확한 형식을 따라 하거나 오류를 수정하려고 하지 않았습니다. – Sergio, 아르헨티나

수업의 서면 기록

수업 중에는 많은 일이 일어난다. 어떤 것들은 관찰가능하고 비교적 기억하기 쉬울 수 있다―예를 들어, 예비교사가 수업 계획에 따라 수업을 진행할 수 있었는지(또는 그렇게 했어야 했는지), 그리고 수업에서 사용하고자 계획했던 교수 자원들을 사용할 수 있었는지처럼 말이다. 하지만 다른 것들, 예를 들어, 개별 학생이 활동에 어려움을 느끼는 정도나 뭔가 유용한 것을 학습했다는 기분으로 수업을 마치는가와 같은 것들은, 예비교사가 관찰하거나 노트해 놓기가 쉽지 않을 수 있다. 자신의 수업에 대한 서면 기록을 작성한다는 것은, 비교적 기억하기는 쉽지만 메모하지 않는다면 잊어버릴 수 있는 교수 활동의 측면에 대해 기록을 남기도록 하려는 것이다. 이러한 서면 기록의 주 독자는 예비교사 자신이겠지만, 예비교사가 교육실습 세미나에서 자신의 기록을 공유하고자 하는 협력교사, 교사교육자 또는 동료 예비교사를 포함할 수도 있다. 만약 그렇다면, 학생들의 사생활 보호를 위해 실제 이름이 아니라 가명을 사용해야 한다.

수업의 서면 기록을 작성하는 쉬운 방법은, 수업 후 자신의 수업계획서에 기록하는 것이다. 이는 다음을 포함할 수 있다. 발음, 문법 또는 어휘에 대해 학생들이 겪은 예측하지 못했던 문제점, 수업의 활동 순서나 특정 활동이 야기한 어려움에 대한 예비교사의 생각, 특정 활동에 대해 더 좋은 준비 활동이나 후속 활동이 필요했는지, 또는 활동을 위해 다른 교실 배치가 더 효과가 있었을지 등. 이러한 기록은 후에 협력교사나 교사교육자와의 회의에서 논의 초점으로 사용될 수 있다.

체크리스트

체크리스트에는 수업을 가르친 후 바로 작성할 수 있는 수업 특징의 목록이 포함되어 있다. 이는 다음과 같이 간단한 목록일 수 있다:

```
잘 진행된 것: _____
잘 진행되지 않은 것: _____
예상치 못한 문제: _____
다음에 다르게 할 것: _____
```

대안으로, 체크리스트는 수업의 특정 부분에 초점을 둘 수도 있는데, 예를 들어 수업 중 어휘와 관련하여 학생들이 가지는 문제의 유형에 중점을 둘 수 있다. 예를 들어:

```
학생들이 수업에서 학습한 주요 어휘: _____
예비교사가 준비한 관용어구와 연어: _____
학생들이 실수한 어휘: _____
학생들이 계속 연습해야 하는 어휘: _____
```

수업 내러티브

내러티브는 수업이 어떻게 진행되었는지에 대한 요약과 수업의 전반적인 장단점에 대한 성찰의 역할을 하는, 수업에 대한 서면 서술서이다. 일반적으로 내러티브는 수업의 전반적 순서를 기술하며 시작하고, 이후 평가적 언급이 뒤따른다. 내러티브는 수업을 통해 예비교사가 배운 것, 수업이 제기한 이슈, 또는 교사교육자, 협력교사나 동료 예비교사들과 토론하고 싶은 질문에 대한 성찰로 마무리할 수 있다. 아래에 한 예비교사가 작성한 수업 내러티브가 제시되어 있다:

오늘은 듣기 수업을 가르쳤고, 이 과목에서 듣기 부분에 쭉 사용해왔던 교과서를 사용했다. 각 유닛은 3개의 활동-듣기 전 활동, 듣는 중 활동, 듣기 후 활동-으로 이루어져 있다. 이 유닛은 관계에 관한 것이었는데 학생들은 이 주제에 정말 관심이 많았다. 도입부 활동으로 학생들에게 우정에 있어 중요하다고 생각하는 요소를 떠올리도록 했고, 이후 책을 대략 따르면서 활동들을 진행했다. 내가 계획한 것보다 활동을 마치는 데 시간이 덜 걸려, 마지막에 시간이 좀 남았다. 그래서 들었던 녹음 부분으로 돌아가 학생들이 대화를 받아쓸 수 있도록 테이프를 멈추면서, 이 부분을 일종의 받아쓰기 활동으로 활용했다. 이후 녹음테이프에 있었던 언어 특징 몇 가지를 살펴보았다. 지금 생각해 보면, 다시 돌아가서 학생들이 듣기에서 들었던 언어를 살펴본 것은 잘했다고 생각한다. 이를 통해, 학생들은 의미를 파악한 후, 실제 듣기에서 나온 언어를 좀 더 자세히 살펴보고 몇몇 특징들을 배우게 될 수도 있다. 협력교사에게 이 아이디어를 가져가서 논의할 생각이다. - Yoko, 일본

교수 일지

교수 일지는 공책, 책 또는 전자 매체에 작성한, 교수 경험에 대한 지속적인 기록이다. 이는 수업 및 수업에서의 사건에 대한 다양한 유형의 서면 기록-내러티브, 성공과 문제점에 대한 보고서, 수업 중 일어난 일에 대한 요약-을 위해 사용될 수 있다. 교수 경험에 대해 작성하는 것은 이러한 경험에 대한 기록 역할을 하며, 수업 후의 검토나 성찰의 근간을 제공하고, 교수와 학습에 대해 이론화하는 자료 역할을 할 수도 있다. 일지 기록은 이에 투자하는 시간에 따라 짧거나 길 수 있고, 온전히 서술적이거나, 서술적이고 평가적이거나, 또는 문제적 이슈와 사건, 문제의 성격 및 원인과 해결책에 중점을 두는 문제 지향적일 수 있다. 일지는 또한 목표 지향적일 수도 있는데, 이는 예비

교사가 스스로 정한 목표, 이 목표를 성취하기 위해 취한 단계, 그리고 성취한 결과를 기술한다. 예를 들어, 예비교사는 익숙하지 않은 교수 전략과 테크닉을 도입하고자 하고, 이에 대해 일지에 작성할 수 있다. 다른 서면 수업 기록과 같이, 일지의 청자는 예비교사, 협력교사, 교사교육자 그리고 동료 예비교사일 수 있다.

아래에 홍콩에서 교육실습을 진행한 한 예비교사가 작성한 일지 2개가 예로 제시되어 있다; 첫 번째는 이 예비교사가 수업을 가르치기 전 교생실습 2주 차에 작성한 것이고, 두 번째는 수업을 가르친 후에 작성한 것이다.

일지 1

최상급 반을 배정받았고, 내가 가르칠 수업을 조율하기 위해 협력교사와 밀접히 일해야 했다. 교생실습에서 이 부분은 나에게는 진짜 어려움이었다. 협력교사는 자신이 말하기와 구조적 글쓰기를 가르칠 것이고, 나는 내러티브 쓰기, 독해, 문법 그리고 아마도 듣기를 할 것이라고 했다. 협력교사가 왜 이런 식으로 수업을 나누었는지는 모르지만, 문법을 가르치게 된 것이 그렇게 기쁘지는 않았다. 교사교육 수업에서, 이제 대부분의 영어교실에서는 더 이상 문법을 명시적으로 가르치지 않는다고 들었다. 그런데 나는 학생들에게 문법 규칙을 가르치도록 요청받았고, 학생들은 이러한 규칙을 외워야 하고 연습문제지의 빈 칸을 채워야 한다. 이와 함께, 협력교사는 내가 적절하다고 생각하면, 교과서 이외의 자료를 사용해도 된다고 하셨다.

일지 2

음, 나는 협력교사가 원하는 방식을 따르려고 해왔지만, 그녀가—내가 생각하기에는—너무나 예전 방식으로 가르치시기에, 요즘 어려움에 봉착해 있다. 그녀는 장르 이론과 이 접근법을 어떻게 가르치는지 전혀 모르는데, 우리는 교사교육 수업에서 이를 집중적으로 배웠다. 내가 이 접근법을 활용하여 가르친 수업을 협력교사가 참관했을 때, 그녀는 내 수업이 "초점이 없다"고 말씀하셨다. 하지만 이는 협력교사가 이 접근법에 대해 모르기 때문이었다. 그 수업에서 학생들이 많은 질문을 했는데, 그녀는 이를 학생들 역시 수업을 이해하지 못하는 것으로 해석했다. 다른 시간에는 읽기 수업, 또는 협력교사의 말로는 독해 수업을 가르쳐야 했다. 이 수업에서 나는 학생들과 답을 확인하고, 학생들은 그 즉시 자신의 답을 채점하도록 되어 있었다. 나에게 이러한 방식은 학생들의 독해 실력을 시험해 보는 것으로 느껴져서, 다른 것들도 함께 해보기로 했다. 이날은 협력교사가 참관하지 않을 것이라고 들었기 때문이다. 읽기 지문은 대화에 기반하고 있기에, 나는 학생들에게 각각 대화 속 인물의 역할을 하며 역할극처럼 지문을 읽도록 했다. 이후 지문에 대해 짧은 토론을 하고, 마지막으로 답을 확인했다. 학생들에게 답을 제공하라고 했고, 필요시 내가 답을 제공했다. 지문은 간단한 것이었고, 질문은 주로 참조 질문과 어휘 의미 찾기 질문이었다. 따라서 학생들은 질문에 큰 어려움이 없었고, 이 수업은 잘 진행되었다. 학생들은 내가 이 독해 수업을 진행해서 모두 기뻐하는 듯했다. 학생들은, 선생님(협력교사)이 언제나 그들에게 지문을 읽고, 10개의 질문에 답하라고 하셨으며, 이때 어떻게 답을 찾는지에 대해 이야기하거나 보여주시지는 않았다고 했다. – Sze, 홍콩

사례 보고서

사례 보고서는 일정 기간에 걸쳐 수집한 교수활동의 사건이나 경험에 관한 서술서이다. 사례 보고서를 작성하는 목적은, 사건이나 상황이 시간이 지남에 따라 어떻게 전개되는지에 초점을 두고자 함이다. 사례 보고서의 주제는, 특별히 중요하기 때문에 또는 어떤 면에서 문제적이기에, 그리고 사례 보고서를 통해 시간의 경과에 따라 이에 대한 정보를 수집하는 것이 이 주제를 명확하게 하고 더 잘 이해하도록 하는 역할을 하기 때문에 선택된다. 예를 들어, 예비교사는 우수한 학생과 성취 수준이 낮은 학생을 특정 기간 동안 모니터하기로 할 수 있는데, 이때 각 학생이 특정 교실 과업과 관련하여 어떤

학습전략들을 활용하는지 찾아내고자 할 수 있다. 또한 예비교사는 시간이 지남에 따라 특정 교수 테크닉이나 수업 운영 전략을 스스로 어떻게 도입하고자 하는지에 초점을 둘 수도 있다. 예비교사의 사례 보고서는 일반적으로 교수 환경, 특정 이슈 및 선택 이유, 그리고 일정 기간 동안 기록한 일련의 관찰에 대해 기술한 후, 마지막에 결론을 쓸 것이다. 아래에 예시가 제시되어 있다.

> 영국에서 교생실습을 시작했을 때, 수업 시 학급을 통제하고 유지하는 데 이슈가 있었다. 비록 수업 안팎에서 학생들에게 친절하게 대하며 학생들의 마음을 얻고자 했지만, 그들은 여전히 나를 예비교사일 뿐이라고 생각하며 나를 진지하게 대하고 싶어 하지 않았다. 내가 수업에서 해야 할 활동을 주면, 학생들은 협력교사가 교실에 있을 때만 활동을 완료했다. 하지만 이 문제에 대해 협력교사에게 말하기가 두려웠는데, 이는 내가 부족한 예비교사이며 학생들을 제대로 통제할 능력이 없는 교사로 보여, 교생실습에서 낮은 점수 또는 심지어 낙제 점수를 받을까 걱정했기 때문이다. 그래서 이 학교가 학생들과 정기적으로 일일 견학을 간다는 걸 들었을 때, 꼭 할 필요는 없었지만 등록을 했고, 학생들을 지역의 역사적 의미가 있는 곳으로 데리고 가기로 했다. 버스에 탔을 때 학생들은 언제나처럼 시끄러웠고, 순간 이 생각이 좋은 것이었는지 의문이 들었다. 일일 견학 장소에 도착했을 때 비가 엄청 내렸고, 버스가 약 세 시간 뒤 다시 올 때까지 비를 피할 수 있는 유일한 곳은 매우 비싼 카페뿐이었다. 비록 나는 여전히 금전적 어려움이 있는 학생 신분이었지만, 학생들 모두에게 점심을 사주기로 했다. 학생들은 너무나 기뻐했고, 나를 대하는 것이 변하기 시작했으며, 나를 "진짜" 교사로서 받아들이기 시작했다. 학생들 모두 그날 즐거운 시간을 보냈고, 다음 날 수업에서 모두 열심히 경청했으며, 늘 있었던 방해 없이 다양한 활동을 수행했다—이 얼마나 잘한 투자인가. — Steven, 영국

교수활동 포트폴리오

교수활동 포트폴리오는 예비교사가 시간이 지나며 모은 문서 및 다양한 아이템들의 모음집인데, 예비교사의 교수활동에 대한 기록을 제공하고, 성찰과 검토를 위한 정보의 원천을 제공하며, 예비교사가 어떤 유형의 교사인지에 대한 그림을 제공하는 역할을 한다. 포트폴리오는 특정 목표를 성취하기 위해 (예를 들어, 자신의 교수활동을 학생들에게 좀 더 다양하고 흥미롭게 하기 위해) 예비교사가 한 것에 초점을 둘 수도 있고, 또는 예비교사의 최상의 상태, 즉 예비교사가 소유한 일련의 능력과 지식을 보여주고자 할 수도 있다. 어떤 교육실습 과목에서는, 교수활동 포트폴리오가 예비교사의 수행과 발전에 대한 평가 요소로 사용될 수도 있다.

포트폴리오의 내용은 포트폴리오를 만드는 예비교사의 목적에 달려 있다. 이는 다음을 포함할 수 있다:

- 개인적 교수철학에 대한 기술
- 실습에 대한 요약
- 수업계획서의 예시
- 수업을 위해 준비한 교재
- 예비교사의 교수활동에 대한 학생들의 평가
- 수업에 대한 서면 서술서
- 예비교사 수업에 대한 참관자 의견

다음은 한 예비교사가 교수활동 포트폴리오를 만들면서 성찰한 내용이다.

교생실습을 할 때, 교사교육자가 제게 교육실습에서 저의 성장과 발전을 기록하기 위해 잠정적 교수활동 포트폴리오를 만들도록 제안하셨습니다. 이를 위해, 수업계획서, 일화 기록, 학생 프로젝트, 학급 소식지, 비디오테이프, 연간 평가서, 추천서 등을 포함하도록 안내 받았습니다. 처음에는 이 모든 게 그저 일만 많이 만드는 일이지는 않을지, 그리고 예비교사로서 나에게 어떤 목적이나 가치가 있을지 궁금했습니다. 교생실습 마지막에 제가 만든 교수활동 포트폴리오를 보고 정말 놀랐어요. 예를 들어, '수업 계획과 실행' 부분에, 저는 교수와 학습에 대한 제 신념의 개요, 몇 개의 수업계획서 예시, 학생들의 작업물 예시, 그리고 제 수업에 대한 학생들의 평가를 포함했습니다. 그리고 제 수업 중 하나를 촬영한 DVD 녹화본과 그날 무엇을 가르쳤는지에 대한 설명 및 수업에 대한 저의 성찰을 함께 넣었습니다. 협력교사가 이 수업을 참관했기에, 그녀의 피드백도 포함했습니다. 그리고 수업을 계획 및 진행하고 평가하는 데 있어 저의 성장에 대한 성찰적 에세이도 썼습니다(이건 교사교육 기관의 필수요소였습니다). 이 모든 것을 모아서 보았을 때, 교생실습을 하며 교사로서 저의 발전을 말 그대로 볼 수 있었습니다. 이제 전임교사 자리를 찾을 때 이 포트폴리오를 사용할 생각입니다. – Frank, 캐나다

결정적 사건

교육실습 동안 예비교사는 때로 예상치 못한 교실 사건을 맞닥뜨릴 수 있다. 이러한 사건은 예비교사로 하여금 잠시 멈춰 사건의 함의를 고려하도록 하고, 심지어 예비교사가 가지고 있던 가정에 대해 재고하도록 하거나 교수활동의 특정 부분을 더 깊이 있게 이해하도록 할 것이다. 예를 들어, Teresa는 수업의 주요 부분에서 모둠 활동을 활용하고자 계획하였다. 하지만 한 학생이 "모둠 활동이 싫어요–전 혼자서 할 거예요"라고 말하며 그녀를 놀라게 했다. 그녀는 이 상황을 어떻게 처리할지 몰랐고, 당혹감을 피하기 위해 모둠 활동

을 하고자 한 그녀의 계획을 포기하기로 했다. 이 사건을 협력교사와 논의한 후, 그녀는 학생들이 유용하다고 생각하는 학습 활동의 유형에 대해 학급 전체와 이야기할 필요가 있으며, 그녀가 활용하고자 하는 활동을 학생들에게 설명하고 설득할 필요가 있음을 알게 되었다.

이러한 사건은 때로 결정적 사건이라고 불린다. 결정적 사건은 수업 도중 발생하는 계획하지 못한 사건이다. 사건은 처음에는 결정적이라기보다는 전형적으로 보이지만, 분석을 통해 결정적이 된다. 이러한 사건에 대해 성찰하고 이에 대해 글로 작성했을 때, 교수와 학습 과정에 대한 새로운 통찰력을 얻게 될 수 있다. 일반적으로 예비교사가 결정적 사건에 대해 보고할 때, 어떤 일이 발생했는지, 특히 무엇이 이러한 사건에 이르게 했는지 그리고 이 사건 이후 어떤 일이 벌어졌는지에 대해 자세히 묘사하여 기술하도록 해야 한다. 이후 예비교사는 스스로에게 왜 이런 일이 발생했다고 생각하는지 묻고, 어떻게 이 사건이 교수활동에 대한 자신의 생각에 변화를 가져왔는지(또는 가져올 수 있는지)에 대해 고려해 볼 수 있다.

결정적 사건에 대해 기술할 때 사용할 수 있는 절차가 다음에 제시되어 있다(Farrell, 2008f):

1. 결정적 사건을 경험할 때, 누가 관여되어 있고, 어디서 일어났으며, 언제 그리고 정확히 어떤 일이 일어났는지를 구체화하여, 사건에 대해 짧게 기술하라. 첫 단계에서 사건을 설명하거나 해석하려고 하지 말라.
2. 다른 페이지에, 이제 사건에 대해 설명하고 해석하고자 할 수 있다.
3. 다른 예비교사들(또는 협력교사나 교사교육자)을 정기적으로 만난다면, 이 사건과 사건에 대한 자신의 해석을 공유하고, 그들과 같은 생각인지 확인해 볼 수 있다.

아래에 제시된 결정적 사건 보고서는 문법 수업에서 일어난 사건을 묘사한다.

전 한 고등학교에서 평균 이상의 영어능력을 가졌다고 생각되는 학급을 가르쳤습니다. 학급에는 40명의 학생들이 있었고, 저는 수업 전에 OHP에 주어-동사 일치에 관한 문장 예시를 준비했습니다. 수업을 진행하며 학생들에게 준비한 질문에 대해 제가 답하고 있을 때(학생들이 대답하지 못했기에), 전 갑작스럽게 – 너무나 두렵게도 – 문법 교수에 너무 혼란이 왔고, 그 자리에서 문법 규칙을 제시해야 할지 말지 또는 그냥 수업을 진행할지 고민했습니다. 수업을 계속 진행하기로 했지만, 수업이 진행되며 더 집중할 수 없었습니다. 제 수업 목표가 다소 애매모호했고, 학생들이 서로 더 많이 상호작용하도록 하지 못했다는 걸 깨달았기 때문입니다. 사실 학생들은 수업을 전혀 이해하지 못하는 듯 보였습니다. 어쩌면 수업을 시작하기 전에, 주어-동사 일치에 대한 학생들의 기존 지식을 확인했어야 했는데, 제 협력교사가 너무 바빠 수업 전에 그녀에게 수업계획서를 보여주지 못했습니다. – Jacinta, 말레이시아

행동 연구

교생실습을 하는 동안, 예비교사는 행동 연구를 수행할 기회를 가질 수도 있다. 비록 이는 예비교사의 교육실습 기간에 달려 있을 테지만 말이다. 행동 연구는 실제적 교수활동 이슈와 문제를 명료화하고 해결하고자, 교사가 진행하는 소규모의 교실 연구를 말한다. 행동 연구는 일반적으로 예비교사가 해결하고자 하는 이슈나 문제를 구체화하고, 이를 다룰 전략을 개발하고 수업에 도입한 후, 그 결과를 관찰하는 것을 수반한다. 아래에 교생실습 기간에 연구될 수 있는 이슈 유형의 예시가 제시되어 있다.

- 언어의 4기능 가르치기(읽기, 쓰기, 듣기 또는 말하기를 가르치는 방식에 있어 변화와 관련된 이슈)

- 교실 역학(언어 교실에서 일어나는 상호작용 유형 및 이러한 상호작용이 어떻게 변화될 수 있는지와 관련된 이슈)
- 학습자 언어(수업 활동을 완수할 때 학생들이 사용하는 언어의 유형 및 학생들이 생성하는 언어의 양과 관련된 이슈)
- 모둠 배정(서로 다른 모둠 배정—예를 들어 짝, 모둠 또는 학급 전체 활동—이 어떻게 학습자 동기와 언어사용에 영향을 주는지와 관련된 이슈)
- 교재의 사용(교재가 활용되는 다양한 방식 및 어떻게 이 방식이 수업에 영향을 주는지와 관련된 이슈)
- 문법과 어휘(문법과 어휘 교수 및 다양한 교수 전략 활용의 효과와 관련된 이슈)
- 평가(사용된 평가 방식의 변화와 관련된 이슈)

행동 연구는 네 단계로 이루어져 있다: *계획, 행동, 관찰, 그리고 성찰.* 계획 단계는 예비교사가 탐구하고자 하는 이슈를 구체화하는 것(예, 특정한 오류 수정 전략 사용의 효과)과 이 이슈를 다룰 행동 계획을 개발하는 것(예, 일주일 동안 전략을 도입하기)을 포함한다; 이후 계획을 실행하고; 결과를 관찰하며; 행동 계획에 대해 성찰한다. 때로 행동 사이클은 계획을 약간 변경한 후, 다시 진행될 수 있다. 일본에서 한 일본인 영어교사가 수행한 행동 연구의 예시가 아래 제시되어 있다:

> 제가 영어수업에서 일본어를 너무 많이 사용하는 습관이 있다는 것을 알게 되었고, 사용하는 영어의 양을 늘릴 뭔가를 할 수 있을지 확인하고 싶었어요. 이를 위해 먼저 제가 일본어를 얼마나 많이 사용하는지, 그리고 어떤 목적으로 사용하는지를 살펴봤습니다. 몇몇 수업을 녹음했고, 2주의 기간 동안 서로 다른 시기에 녹음한 3개의 녹음테이프를 확인했습니다. 먼저, 영어와 일본어의 비율을 확인하기 위해 테이프를 들어보았죠. 대략 70%의 영어와 30%의 일본어였습니다. 그리고 나서 제가 일본어를 사용하는 목적을 찾기 위해 다시 테이프를 들

었습니다. 제가 두 가지 주요 목적을 가지고 일본어를 사용하는 것을 알게 되었어요: 수업 운영과 피드백 주기. 이후 이러한 목적에 사용하는 일본어의 양을 줄이기 위한 계획을 세웠습니다. 먼저 교실에서의 영어사용에 대한 안내서를 확인했습니다(Jane Willis, 1981: Teaching English Through English, Longman). 그리고 수업 운영과 피드백에 활용할 수 있는 영어 표현에 익숙해지고자 했어요. 3×5인치 카드에 일련의 표현과 전략을 적고, 제 책상 위 눈에 잘 띄는 곳에 놓았습니다. 이 카드는 제 계획을 상기시켜 준 것뿐만 아니라, 제가 사용하고자 했던 표현들 몇 가지를 기억하게 해 주었습니다. 매일 파일 위에 다른 카드를 올려놓았어요. 그리고 전 계속해서 제 수업을 녹음했고, 몇 주 후에 테이프를 확인했습니다. 제 일본어 사용은 상당히 줄어들었습니다. - Satoshi, 일본

예비교사 지원 모임

교생실습 기간 동안 예비교사에게 지원을 제공할 수 있는 활동은, 예비교사 지원 모임을 구성하는 것이다. 이 모임은 한 무리의 동료 예비교사들이 정기적으로 만나 자신의 교육실습 경험을 공유하고, 목표, 문제점 및 우려 사항을 논의하며, 모임이 관심을 가지는 프로젝트에 협력한다. 이 모임이 중점을 두고자 하는 활동에는 다음과 같은 것들이 있을 수 있다.

- 교수 전략 시도하기: 모임의 한 예비교사가 자원하여 교수 전략(예, 직소 읽기 방식)을 시도하고, 어떻게 이 전략이 작동했는지 보고한다.
- 동료 참관: 모임의 구성원들은 서로의 수업을 돌아가며 참관할 수 있다.
- 녹화본 관찰하기: 모임은 교사교육 비디오나 다른 수업 비디오를 보고, 이에 대해 논의할 수 있다.
- 행동 연구: 모임은 행동 연구 프로젝트를 계획하고 실행할 수 있다.

- 수업 계획 및 교재 개발: 모임은 협력하여 수업과 교재를 계획하고, 이를 바탕으로 가르친 후 결과를 논의한다.

다음은 한 예비교사 지원 모임에 대한 보고서이다.

> 교육실습 기간 동안 예비교사 지원 모임을 만들기로 했습니다. 이 모임을 하는 동안 우리가 협력하기로 한 주요 이유는, 문법, 쓰기, 그리고 읽기에 관한 짧은 수업을 하며 함께 교수활동을 연습해서, 교생실습에 준비하고자 함이었습니다. 이 모임은 우리가 각자 준비한 수업계획서와 교수 자원을 서로 교환할 기회를 제공해 주었습니다. 그리고 우리가 지원과 자원이 필요할 때는 언제나 바로 서로에게 기댈 수 있다는 걸 알았기에, 교육실습을 할 때 부담감을 덜 수 있었습니다. 저희가 모두 같은 학교 지구에 배정되어 비슷한 교육과정을 사용했기 때문에, 이 모임에서 많은 토론을 진행했고, 문법과 쓰기에 관한 서로의 수업을 평가하기도 했습니다. 어떤 경우에는 저희 중 2명이 같은 학교에 배정되기도 했거든요. 저에게는, 교육실습 동안 제 지원 모임에서의 경험이 정말 구세주였고, 말할 필요도 없이 교사로서 제 전문성 개발의 시작이었습니다. - Bearnie, 미국

<표 11.1>에는 교사가 어떻게 자신의 교수활동을 탐구할 수 있는지가 요약되어 있다.

1. 수업의 녹음 또는 녹화	• 교수활동의 서로 다른 측면을 살펴보기 위해 수업을 녹음 또는 녹화
2. 수업의 서면 기록	• 체크리스트와 내러티브를 활용한 수업의 서면 기록
3. 교수 일지	• 공책, 책 또는 전자 형식에 작성한 교수 경험에 대한 지속적인 기록
4. 사례 보고서	• 일정 기간 동안 수집된 교수활동 사건 또는 경험에 대한 설명

5. 교수활동 포트폴리오	• 교수활동 기록, 성찰과 검토를 위한 정보의 원천, 그리고 예비교사가 어떤 유형의 교사인지에 대한 그림을 제공하는 문서의 모음집
6. 결정적 사건	• 수업 중에 발생한 예기치 못한 사건에 대한 서면 설명
7. 행동 연구	• 실제적 교수활동 이슈와 문제를 명료화하고 해결하고자 교사가 진행하는 소규모의 교실 연구
8. 예비교사 지원 모임	• 교육실습 경험을 공유하고, 목표, 문제점 및 우려 사항을 논의하며, 관심 있는 프로젝트에 협력하기 위해 정기적으로 만나는 동료 예비교사들 모임

〈표 11.1〉 교수활동 탐구

요약과 결론

교육실습을 하며, 예비교사는 협력교사와 교사교육자로부터 자신의 교수활동에 대한 피드백을 받을 것이다. 하지만, 예비교사는 교사학습에 있어 스스로의 향상도를 검토하기 위해 자신의 수업을 모니터하고 수집한 정보를 활용할 수도 있다. 서로 다른 검토 과정은 모두 어떤 방식으로든 예비교사의 수업에 대한 정보를 모으는 것을 수반하는데, 여기에는 수업을 녹음/녹화하는 것, 수업 및 수업에서 벌어진 사건에 대해 서면으로 작성하는 것, 교수활동 포트폴리오나 교수 일지를 모으는 것 또는 다른 예비교사들과 지원 모임을 형성하는 것들이 있다. 예비교사는 또한 소규모의 행동 연구를 진행할 기회를 가질 수도 있다.

자신의 교수활동을 돌아보는 것은 예비교사 교육실습 경험의 중요한 부분인데, 이는 예비교사가 자신의 교수활동에서 인지하지 못한 부분들을 드러내 주기 때문이다. 이를 통해 얻은 결과는 협력교사가 예비교사의 교수활동에 대해 제공하는 관점과는 다른 시각을 제공할 수 있고, 논의나 성찰의 기반을 제공할 것이다. 자신의 교수활동을 탐구하는 것은 또한 스스로의 교수활동으로부터 이론화하고, 교사로서 더 큰 자신감을 줄 지식과 원칙을 개발하는 과정의 일부이다. 먼저 일지 쓰기나 수업 녹음하기와 같은 활용하기에 간단한 절차부터 시작하여, 이를 통해 무엇을 배웠는지에 따라 이 장에서 논의한 다른 절차를 시도해 보기를 추천한다.

추천 참고 도서

Bowens, T., & Marks, J. (1994). *Inside teaching*. Oxford: Macmillan.
Burns, A. (2010). *Doing action research in English language teaching: A guide for practitioners*. New York: Routledge.
Gebhard, J., & Oprandy, R. (Eds.) (1999). *Language teaching awareness*. New York: Cambridge University Press.
Wallace, M. (1998). *Action research for language teachers*. Cambridge: Cambridge University Press.

토론 질문

1. Steven이 작성한 사례 보고서(290쪽)를 검토 후, 어떻게 그가 그의 문제 -학생들이 그를 진짜 교사로 인지할 수 있도록 하기-를 해결했는지 논의하라. 학생들이 여러분을 진짜 교사로 볼 수 있도록 하기 위한 다른 방법에는 무엇이 있는가?
2. 교수활동 포트폴리오에 포함하면 유용할 것이라고 생각되는 아이템 및 각각의 아이템은 교사로서 여러분에 대해 무엇을 드러낼 수 있는지를 논의하라.

3. 이 장에서 설명한 예비교사의 교수활동을 탐구할 다양한 방법 중, 어떤 것이 여러분에게 가장 유용하다고 생각하는가? 왜 그런가?
4. 예비교사 지원 모임을 만들기로 계획한다면 어떻게 할지와 이 모임의 초점은 무엇이 될지, 그리고 이 모임이 어떻게 기능할지를 논의하라.

후속 활동

1. 자신의 수업 중 하나를 녹음 또는 녹화하고 이를 검토하라. 자신의 교수활동에 대해 뭔가 놀라운 것을 알게 되었는가? 그 외 무엇을 알게 되었는가?
2. 수업의 특정 측면 또는 수업 전체를 기록할 때 활용할 수 있는 체크리스트를 준비하라.
3. 자신의 수업 중 하나 또는 그 이상에 대한 수업 내러티브를 작성하고, 다른 예비교사들과 공유하라. 이 수업 내러티브가 제기하는 이슈에 대해 논의하라.
4. 자신의 교육실습에서 발생한 결정적 사건에 대해 기술하라. 이후 다른 예비교사들과 이를 공유하고 논의하라.
5. 교생실습 기간 동안, 여러분이 관심이 있으며 행동 연구 프로젝트의 기반이 될 수 있는 주제를 선정하라. 이후 이를 어떻게 탐구할 것인지 제안하라.

12장
교육실습을 마친 후

서론

교생실습 과정은 예비교사에게 교실 수업의 현실과 언어교사가 일상에서 다루는 문제 중 일부를 경험할 기회를 제공할 것이다. 또한 교사교육 과정이나 프로그램에서 학습한 많은 것을 실제의 현장에 적용할 기회를 제공한다. 하지만 당연하게도 예비교사는, 많은 책을 읽고 공부하고 전문가로부터 강의를 듣는 그 어느 것도, 언어 교수활동이 수반하는 모든 범주를 망라하는 이슈들을 해결하도록 온전히 자신을 준비시켜 줄 수 없다는 사실을 파악하게 되었을 것이다. 이러한 이슈 중 어떤 것들은 다양한 문화적, 언어적, 교육적 배경을 가진 학습자들을 가르치는 것에서 기인할 수 있다; 다른 이슈들은 새로운 언어를 학습하는 일의 본질적 어려움의 결과일 것이다; 또는 어려운 삶을 경험하고 있거나 긴급한 교육적 또는 다른 필요를 가진 학습자들과 일함에서

올 수도 있다. 교육실습 현장에서 마주한 이슈 중 어떤 것들은 교사교육 과정에서 학습하지 못한 것일 수 있다. 이러한 이슈들을 어떻게 다룰지 배우는 것은 상당한 기술과 경험을 요하고, 교육실습은 이러한 학습 과정의 시작일 뿐이다. 이 장에서 우리는 예비교사가 교직에 입문했을 때 마주하게 될 어려움을 탐구하고, 교사의 지속적인 전문성 개발을 지원할 몇 가지 방법을 고려하고자 한다. 아래에는 교생실습을 막 마친 예비교사의 성찰이 제시되어 있다.

> 제 교수 능력을 개발하는 과정을 막 시작한 느낌입니다. 아직 갈 길이 멀지만, 적어도 어떤 방향으로 가야 할지는 알게 되었어요. 이론을 배웠고, 교수 경험과 이를 통한 성찰을 가지게 되었습니다. 이러한 경험과 성찰은 향후 더 많은 학습과 발전을 위한 기반으로 사용할 수 있을 거예요. 교생실습을 하기 전에는 가지지 못했던, 제 미래의 교수활동에 대한 강력한 발판을 가지게 되었다고 느낍니다. - Eldri, 인도네시아

교육실습을 마친 후

교생실습을 마치면, 예비교사는 이러한 경험을 돌아보기 위해 협력교사 및 교사교육자와 실습 경험에 대해 살펴보고자 할 것이다. 이러한 대화에서, 예비교사는 다음과 같은 것들을 논의할 수 있다. 무엇이 잘 진행되었는지, 어떤 것들은 잘 준비되었고, 어떤 것들은 제대로 준비되지 못했다고 느끼는지, 가장 즐겼던 것과 그렇지 못한 것, 경험을 통해 배운 것, 그리고 여전히 더 배워야 한다고 생각하는 것들 말이다. 다음은 캐나다의 한 예비교사가 자신의 교생실습 경험에 대해 이야기한 것이다.

> 처음에는 하나의 과업에서 다음으로 전환하는 것이 너무 힘들었지만, 어떻게 효과적이고 적절하게 이를 할 수 있는지를 경험을 통해, 그리고 협력교사의 조언

을 통해 배우게 되었습니다. 그저 한 활동을 던져주고 다음으로 넘어갈 수 없고, 첫 번째 활동의 중요성에 대해, 그리고 이 활동이 다음 활동과 어떻게 연결되어 있는지를 언제나 설명해 주어야 한다는 걸 배웠습니다. 그렇지 않다면 학생들은 첫 번째 과업은 잊고, 과업의 목적을 이해하지 못한 채 여러 과업을 하는 것에 지루함을 느끼는 듯하거든요. 이는 수업을 끝낼 때도 마찬가지입니다. 수업에서 무엇을 학습했는지, 이 내용이 왜 중요하며, 어떻게 학습해야 할 전체 과정의 일부인지를 교사가 짚어 주는 그런 일종의 "결론"이 필요합니다. 앞서 설명한 이러한 수업 루틴의 모든 단계는 경험과 시행착오를 통해 배웠습니다. 이러한 것들을 배우기에는, 교수님으로부터 이들이 어떻게 작동하는지를 듣는 것보다 실습이 가장 좋은 방법인 듯합니다. ESL 교수에 대해 제가 대학에서 배운 대부분은, 교수님께서 특정 교수 과업을 어떻게 실행하고 성취하는지에 관해 설명해 주시거나 또는 요약해 주시는 것이었습니다. 하지만, 결국 제 교육실습에서 이들을 실제로 경험하고 시도해 보면서, 교실 루틴과 절차에 대해 가장 잘 알게 되었다고 생각합니다. – Ruben, 캐나다

초기 교수활동 기간의 경험

교사의 초기 교수 경험은, 교사교육 프로그램에서 교사가 학습한 것을 특정 교수 상황에 적용하고자 하면서, 필연적으로 적응의 기간을 포함한다. 3장에서 살펴보았듯이, 학교 상황과 학교 문화는 교실에서의 교수활동과 학습에 지대한 영향을 미치고, 교사가 도입하고자 하는 몇 가지 혁신적 방법과 전략에 대한 필터 역할을 할 것이다. 따라서 교직 1년 차는 불안을 유발하는 경험이 될 수 있는데, 이는 가르치기 배우기(즉, 교사교육 과정과 교육실습 동안 시작된 것을 발전시키기)와 학교의 기존 문화와 관행 안에서 "진정한" 교사가 되기 위한 시도 간의 균형 잡기를 수반하기 때문이다(Farrell, 2008g). 다음의 인용문에는 교직 1년 차 교사들이 경험한 문제 몇 가지가 제시되어 있다:

어려움의 일부는 결국 일종의 평정심을 유지하는 것, 즉 제 자신의 평점심을 찾는 것임을 1년 차에 알게 되었습니다. 너무 많은 이슈들이 제게 던져졌고, 제겐 교생실습 때 경험했던 지원이나 보호 같은 것들이 전혀 없었거든요. - Carla, 미국

1년 차 동안, 학교의 새로운 동료들과 잘 지내는 데 어려움을 겪었습니다. 그들이 생각하기에는 제가 모든 것에 조금 너무 열심이어서, 그들을 안 좋게 보이게 했거든요. - Vic, 싱가포르

정규교사로 임용되어 새로운 학교에 갔을 때, 전 교장선생님과의 첫 만남 외에는 아무런 공식적인 소개 절차 없이 교실에 던져졌습니다. 첫 7주 동안 교사 회의가 전혀 없었습니다. - Sarah, 캐나다

전 비원어민 ESL교사이기 때문에, 첫해에는 제 자신에 대한 의구심으로 가득찼었고, 스스로 인식하는 전문적 역량 때문에 자신감이 부족했습니다. 또한, 제가 일한 학교에서 임용 시, 영어능력과 직결된 차별을 경험했고, 이는 제가 학교에 정착하는 데 더욱 도움이 되지 않았습니다. - Heesung, 한국

제가 근무한 학교에서는 시험 위주 문화가 학교의 교수법에 과도하게 영향을 주며 완전히 장악했기 때문에, 전 교생실습과 교사교육 프로그램에서 학습한 것들을 교직 1년 차에 모두 잊어버려야 했습니다. - Yoko, 일본

초보교사들은 교수활동을 시작하면서, 몇 가지 발달 단계를 거치게 된다: *초기 이상주의기*(early idealism), *생존기*(survival), *어려움 인지기*(recognizing difficulties), *안정기*(reaching a plateau), 그리고 *전진기*(moving on) (Maynard & Furlong, 1995)가 그것이다. *초기 이상주의기* 단계에서 교사는 자신이 경험한 최신식의 교사교육을 바탕으로 전통적 교사와 자신은 다르다고 믿으며, 학생들과 강력한 일체감을 느낄 수 있다. *생존기* 단계는, 교사가

매일의 교수 환경 현실에 반응하기 시작하고 교수 환경의 복잡성에 압도 당하는 시기이다. 다음 단계에서 교사는 자신의 교수 환경에 대해 더 잘 이해하기 시작하고, 성공적 교수활동의 *어려움*과 자신이 성취할 수 있는 것의 한계에 대해 *인식하기* 시작하게 된다. 이는 자신에 대해 의구심을 품는 시기로 이어질 수도 있다. 교사가 이를 극복하게 되면, 이제 *안정기에 도달했*음을 느끼게 되는데, 이 시기에 교사는 매일의 교수활동 루틴에 더 잘 적응할 수 있지만, 학생들의 학습보다는 성공적인 수업 운영에 더 초점을 둘 수도 있다. 이 단계에서 어느 정도 시간이 지난 후 교사는 앞으로 *나아가고*, 수업에서 학생들의 학습 질에 초점을 맞추기 시작한다. 다음에는 초보교사들이 자신의 초기 교수 경험에 대해 묘사하는 인용문이 제시되어 있다.

> 이 글을 쓰는 것이 부끄럽지만, 가르치기 시작했을 때 전 모두를, 특히 제 학생들을 정말 기쁘게 하고 싶었습니다. 제가 그들의 삶에 변화를 줄 수 있다고 느꼈거든요. 제가 전달하고 싶은 것들이 머릿속에 너무나 많았고, 전 제가 자랄 때 경험했던 몇몇 선생님처럼은 되지 않을 거라 다짐했습니다. 전 재미있고, 에너지 넘치며, 언제나 학생들을 들을 준비가 되어 있었어요. 음, 첫 2주 후에 이는 완전히 바뀌었습니다. 전 활동의 폭풍 속으로 빠져든 것 같았고, 이 모든 계획하기, 가르치기, 회의, 시험 만들기, 스포츠 기획하기 등을 하며 3주 차까지 버틸 수 없다고 생각했어요. 제가 유일하게 원한 건 그저 매 수업을 겨우 마치는 것이었습니다. 첫 학기 중간고사가 좀 지나고, 경험이 많은 선생님 몇 분과 이야기를 나눈 후 좀 더 안정을 찾기 시작했고, 교사로서 저의 바쁜 생활에 적응하기 시작했습니다. 하지만, 어느 것도 이 첫 몇 주를 준비시켜 주지는 못했습니다. — Neil, 미국

> 영어교사로서 첫해에 스스로에 대해 의구심이 들기 시작한 건 8주 차 즈음이었습니다. 네, 첫 몇 주는 정말 바빴지만, 이 기간 동안 멘토교사가 도움을 주셨어요. 하지만, 두 반에서 80개의 작문을 수정하고 난 후, 전 제가 ESL 교사로서 정말 적합한지를 고민하기 시작했습니다. 전 늘 육체적으로 피로함을 느꼈고,

> 학생들이 진짜 뭘 배우고 있을까 생각하며 아침에 일어나서 학교에 가는 걸 두려워하기 시작했습니다. 한 묶음의 작문이 진짜 저의 의욕을 사라지게 했다고 생각해요. 학생들은 여러 차례 수업에서 가르쳐 준 것들에 대해 계속해서 같은 실수를 반복했거든요. 멘토교사의 도움과 지도가 없었다면, 전 벌써 그만두었을 거예요. – Vic, 싱가포르

학교의 다른 교사로부터 받는 지원은 전입교사로서의 전환에 중요한 역할을 한다. 아래 교사가 설명하는 것처럼 말이다:

> 분위기가 정말 좋았어요. 많은 것을 배웠고, 이전에는 이런 조직 분위기를 경험한 적이 없었습니다. 누군가가 저를 보고, "아, 그것에 문제가 있나요?"라고 묻고는, 와서 제안을 하거나 또는 다른 대체할 것들을 주곤 합니다. 그리고 교사들이 수업을 하고 창의적인 것들을 하거나 카드를 만들고 나면, 모든 교사가 사용할 수 있도록 파일에 넣어 두었어요. 따라서 모든 교사가 공유하고, 공유하고 또 공유했어요. 그곳에는 이런 공유의 분위기가 가득했습니다. 교수활동에 있어 소통 스타일에 대해서 배우고 교사로서 발전할 수 있는 멋진 방법이었습니다.
> – Senior(2006, p. 66)에서 인용한 교사

학교는 보통 교사들이 첫해에 경험하게 될 어려움을 예측하고, 초보교사들이 교사로서의 첫 역할에 적응하는 것을 도울 지원 체제를 마련해 놓는다. 잘 설계된 교사 입문 프로그램은 초보교사가 따라야 할 학교의 실행 규범과 기대치에 대해 소개한다. 예를 들어, 교사는 학생들의 학부모를 만나야 할 수도 있고, 학교는 이러한 회의가 어떻게 조직되고, 회의에서 보통 일어나는 상호작용의 유형 및 발생할 수 있는 이슈들을 어떻게 처리하는지에 대한 절차를 가지고 있다. 또한 초보교사는 멘토 또는 "단짝" 교사가 배정될 수 있는데, 이들은 초보교사가 학교 루틴에 익숙해지고 학교 문화에 정착할 수 있도록 도울 것이다. 하지만 어떤 상황에서는, 초보교사가 혼자 남겨져, 스스로 먼저

경험이 많은 교사와 연락을 취해 당면한 문제를 논의할 안내자로 삼아야 할 수도 있다.

아래의 인용문은, 한 초보교사가 학교가 규정한 교수요목에 맞도록 어떻게 자신의 교수 스타일을 조정하고자 했는지를 설명한다.

> 이제 1년 차이기에, 제게 주어진 교수요목의 목적은 학생들이 필요한/바람직한 언어능력에 노출되도록 보장하는 것임을 깨닫게 되었습니다. 따라서 만약 학생들의 특정 능력을 향상시키기 위해 시간을 더 많이 쓸 필요가 있다면, 교사는 이러한 필요에 초점을 두는 수업을 계획해야만 합니다. 하지만, 전 영어수업에서 더 이상 수업계획서를 쓰지 않습니다. 교생실습을 할 때는 썼지만, 그때는 교사교육자가 필수로 했기 때문이었어요. 영어수업은 단계적이라고 생각하지 않고, 너무 구체적인 수업계획서는 제한적이라고 생각해서 저는 머릿속에만 계획을 세워둡니다. 교사는 수업을 잘 계획해야 하지만, 너무 구체적이지는 않게 해야 한다고 생각해요. 구체적인 계획을 따르는 것이 어려울 수 있거든요. 따라서 제 수업은 어느 정도 구체적이지만 융통성 있게 사용될 수 있도록 계획되었습니다. 물론 교수요목에서 벗어나지 않도록 하면서요. 이 학교의 다른 교사들도 하는 방식인 듯합니다. - Deng, 홍콩

문제 발생 시 할 일

처음 교편을 잡게 되면, 교사는 교실과 학교 문화의 실제 세계로 들어가게 되고, 이때 직면하게 될 전형적인 문제들에는 대규모 수업을 가르치는 것, 어려운 학생들(그리고 때때로 어려운 동료들!)을 다루는 것, 그리고 전임교사의 업무량을 감당해 내는 것들이 있다. 많은 학교에서 초보교사에게 멘토교사를 지정해 주는데, 이들은 "요령을 알려주고", 많은 새로운 사람 및 활용가능한 자원을 소개시켜 주며, 발생할 수 있는 문제들을 풀 수 있도록 도움을 줄 것이다. 초보교사는 또한 "단짝" 교사-초보교사가 자신감을 쌓아 가는 동안,

다양한 유형의 조언과 지원을 제공할 경험이 많은 교사-를 찾아 낼 수도 있다. 이러한 지원에 대한 필요성은 다음 캐나다 초보교사의 인용문에 강조되어 있다.

> 어떤 교과이든 1년 차 교사의 높은 감소율을 고려해 보았을 때, 모든 초보교사가 초반에는 경험이 많은 교사로부터, 수많은 교수법적 충고보다는-아무리 좋은 의도였다 하더라도-좀 더 포괄적이고 전반적인 지원과 격려를 필요로 할 것이라 생각합니다. - Martin, 캐나다

실행공동체 참여하기

앞서 제시한 초보교사가 경험하는 발달 단계는, 교사학습을 개인적 활동으로 보는 관점을 나타내며, 교수활동 초반기에 교사가 직면하게 될 문제는 교사 스스로 해결해야 함을 시사한다. 하지만 교사가 일단 학교에서 가르치기 시작하면, 목표와 가치 및 관심사를 공유하는 교사 공동체의 일원이 되고, 이러한 공동체에 참여하며 얻을 수 있는 배움과 성장의 잠재력을 활용할 수 있을 것이다. 학교나 교육기관은 학습공동체가 되고, 그 구성원들은 *실행공동체*를 구성한다(Lave & Wenger, 1991). 실행공동체에는 두 가지 특징이 있다:

1. 실행공동체는 공통의 관심사를 가진, 그리고 공유된 목표를 성취하기 위해 관계 맺고 상호작용하는 한 무리의 사람들을 포함한다.
2. 공동체 구성원이 참여하는 직장 관행과 관련된 이슈들을 탐구하고 해결하는 데 초점을 둔다.

언어교사라는 직업에서 이러한 특징은, 교실에서 일어나는 교수와 학습의 본질을 더 잘 이해하기 위해, 지식과 기술을 공유하기 위해, 필요시 실행에 변화를 가져오기 위해, 그리고 팀워크와 그룹 협력이 가져올 수 있는 잠재력을

활용하기 위해, 타 교사들과의 협력의 형태를 띨 수 있다. 학교가 실행공동체로 간주되면, 학교의 교사들이 공동체 지향성 활동에 참여하도록 함으로써, 함께 일하고 학습할 수 있는 기회가 주어져야 한다. 이때 교사들은 목표와 책임을 공유하고, 공동으로 당면한 문제를 해결하고자 한다. 독서 모임, 실행 연구, 팀티칭, 동료 참관, 그리고 동료 코칭과 같은 다양한 형태의 전문성 개발은 실행공동체 의식을 증진하도록 도울 수 있다(Richards & Farrell, 2005). 교사들 간의 이러한 협력 의식은 그들에게 팀지도자, 교사훈련가, 멘토 또는 비평적 친구와 같은 새로운 역할을 만들어 낼 것이다. 아래에 이러한 협력적 동료 관계 속에서 일하는 한 교사의 인용문이 제시되어 있다:

> 아침에 차를 마시며 만약 누군가가 문제에 대한 이야기를 꺼낸다면, 모든 구성원이 관심을 가지고, 서로 논의하고 서로를 지원합니다. "이런 방식이 효과가 있어요", "이런 방식도 생각해 보세요"라고 말하고, "이런 방식을 시도해 보면 어때요?"라고 제안하면서요. - Senior(2006, p. 65)에서 인용한 교사

이러한 유형의 협력이 어떻게 일어나는지에 대한 예시로는, 일본에서 광범위하게 도입되어 온 수업 연구 접근법(Lesson Study Approach)이 있다(Lewis & Tsuchida, 1998). 여러 명의 교사들로 이루어진 한 팀은 함께 수업을 계획하고, 이때 수업은 특정 내용이나 학습 단위에 초점을 둔다. 수업 계획의 과정에서 교사들은 교과서, 연구, 교수 이론을 포함하여 외부의 자료들을 활용하고 학생들의 학습과 특정 결과의 개발에 초점을 두며 오랜 시간 대화에 참여한다. 수업계획서가 만들어지면, 팀의 한 교사가 자원하여 이를 가르치고, 이때 다른 교사들은 참관한다. (때로 팀원이 아닌 외부인들도 참관하도록 초대된다.) 수업 후 교사들은 세미나나 토론회 형태로 결과를 논의한다. 수업을 계획한 교사들은 일반적으로 그들이 어떻게 수업을 계획했는지에 대한 근거와 수업이 어떻게 진행되었는지에 대한 평가—특히 학생들의 학습에 집중하

며—에 초점을 둔다. 수업을 계획한 교사팀은 수업을 검토하기 위해 다시 모여 수업계획서를 다시 쓰고, 이후 다른 교사가 새로운 수업계획서를 바탕으로 다른 학급을 가르친다. 이 사이클은 수업계획서, 학습자 행동 관찰, 교사 성찰, 그리고 팀 논의의 요약본을 포함하는 보고서를 출판하며 마무리된다. 이러한 보고서는 다른 교사들이 사용할 수 있도록 해둔다.

다음의 비네트는 교사 모임의 장점에 대해 설명한다.

ESL 교사들의 모임으로 정기적으로 만나기로 했습니다. 교사로서 우리의 경험을 공유하는 것뿐만 아니라 우리가 가르치는 이들의 희망, 고통, 열망을 공유하기 위해서요. 교수활동을 성찰하기 위해 이 모임을 시작했고, 한 학기 동안 매주 만나는 것뿐만 아니라 일지를 쓰고, 가능하다면 서로의 수업을 참관하기로 했습니다. 그래서 일주일에 한 번 소모둠으로 만났고, 서로가 읽을 수 있도록 일지를 가져왔어요. 일지 쓰기를 통해, 수업에서 한 일에 대해 우리의 생각과 기분을 작성할 수 있었고, 전체 모임에서 논의할 수 있었습니다.

모든 회의는 서로를 격려했고, 다음과 같은 다양한 주제들을 나눴습니다. 삶의 경험, 대규모 학급 다루기의 어려움, 질문에 대한 학생들의 반응, 참여하지 않는 학생 다루기, 대화 수업을 위한 교재, 피드백 주기, 그리고 ESL 교사가 무엇인지에 대한 개념. 그리고 이 모임에서 나온 대답에는 다음과 같은 것들이 있었습니다. 학생들이 모둠으로 일하도록 독려하기, 지시 사항 명확하게 전달하기, 질문을 개방형으로 하기, 칠판에 활동 방법 쓰기, ESL 교재를 학습하여 지식을 더 쌓기, 그리고 정기적으로 만나기. 학기 중 모든 참여자는 매우 바빴고, 일주일에 25시간의 수업량을 가진 구성원도 있었어요. 스트레스를 유발하는 상황이었고, 구성원들이 원하는 만큼의 노력을 쏟지 못하기도 했습니다. 그럼에도 회의는 평균적으로 매번 2.5시간 지속되었고, 이는 우리가 지정한 시간을 초과하는 것이었습니다.

처음에는 제 일정이 너무 빡빡해서 이 모임에 참여하기를 주저했어요. 하지만 이 모임에서 무엇을 하게 될지 알게 된 후, 참여해서 수업에 관해 이야기하고, 다른 교사들에게 어떤 일들이 일어나는지 알 필요를 느꼈습니다. 참여하지 않을 수 없었어요. 모임의 교사들은 정말 좋았습니다. 특히 교수에 대한 그들의 태도와 열정에 감동받았습니다. 그들은 자신들이 어떻게 생각하는지, 어떻게 수업을 준비하며 가르치는지를 보여주는 걸 꺼리지 않았고, 서로 간의 다른 점도 받아들였습니다. 이 모임이 만나는 시기 동안에는, 사실 전 이러한 것들을 깨닫지 못했어요. 마치 숲을 여행하면서 나무를 보지 못하는 것처럼요. ESL 교사로서 저를 알게 되고, 마음을 열고 다른 교사들과 더 좋은 관계를 만드는—따라서, 학생들과도 더 좋은 관계를 만들도록 하는—그리고 스스로를 인식하는 좋은 기회였습니다. 그다음 학기에 저는 이러한 자기 인식에 대한 느낌을 학생들과 공유하고자, 학생들로 하여금 제게 음성 편지를 쓰도록 했습니다. 이후 학생들이 이를 다시 듣고, 자신의 능력과 문제점을 파악하도록, 그리고 저와 나누고픈 이야기를 논의할 수 있도록 했습니다. 생각과 경험을 공유하는 것은, 우리가 개인적으로 그리고 직업적으로 성장할 수 있도록 한다고 생각합니다. 이 모임에 참여함으로써 저는 더 나아졌다고 생각해요. 이 모임은 서로가 더 발전하도록 도왔고, 우리는 정말 더 나은 교사가 되었습니다. – Greg, 한국

교사교육에서 교사개발로

교육실습은 예비교사에게 "교사교육"이라고 여겨지는 경험을 제공한다. 이는 예비교사가 교사교육자나 협력교사의 지도하에 교과과정 수업에서 학습한 내용을 바탕으로 교수 테크닉이나 전략을 시도해 봄으로써, 실제 교직의 길로 준비하는 기회를 가지게 된다는 의미이다. 예비교사는 이를 통해 교실에서 자신의 장점과 한계에 중점을 둔 피드백을 받고, 교육실습이 끝나면 어떻게 전임교사로서의 교수활동을 해낼 수 있을지에 대한 조언을 받았을 것이다. 전임교사로서 교수활동을 시작하고, 경험을 통해 자신감, 기술 및 융통성을 개발하게 되면, 언어교사로서 지속적인 발달을 위해 좀 더 장기적 목표를 고

려할 수 있다. 이 단계의 성장은 "교사개발"이라 불린다. 교사개발은 시간이 지나며 교수활동에 대한 교사의 이해와 기술이 증가하고, 이와 함께 교사로서 자신에 대해 더 깊이 이해하게 됨을 의미한다. 교사개발은 교사로서 자신에 대한 개인적이고 개별적인 성찰을 수반하지만, 이를 넘어 언어교수에 있어 새로운 경향과 이론을 탐구하고, TESOL 분야의 새로운 발전과 교수활동의 특수화된 분야(예, 시험, 블랜디드러닝, 교사장학, 교재 집필, 학습 기술)에서의 발전을 탐구하는 것도 포함한다.

성찰적 실천가 되기

장기적 전문성 개발의 핵심은 자신의 교수 경험에 대해 의식적이고 체계적으로 성찰할 수 있는 능력이다. 성찰이란 자신의 교수활동에 대해 다음과 같은 질문을 하는 것을 의미한다.

1. 나는 어떤 유형의 교사인가?
2. 스스로와 학습자들을 위해 무엇을 성취하려고 노력하는가?
3. 언어교사로서 나의 장점과 한계는 무엇인가?
4. 학생들과 동료들은 나를 어떻게 보는가?
5. 나는 어떤 방식으로 가르치고, 왜 이런 방식으로 가르치는가?
6. 교수활동을 시작한 이래로 나는 교사로서 어떻게 발전해 왔는가?
7. 내 지식에는 어떤 공백이 있는가?
8. 나는 학교에서 어떤 역할을 하고 있고, 나의 역할은 의미가 있는가?
9. 나의 교수철학은 무엇이며, 이는 어떻게 나의 교수활동에 영향을 주는가?
10. 동료들과의 관계는 어떠하며, 이는 얼마나 생산적인가?

11. 나는 경험이 부족한 교사를 어떻게 멘토링할 수 있는가?

교사 경력 전반에 걸쳐, 자신의 교수활동을 비판적이고 성찰적으로 돌아볼 수 있는 많은 방법이 있다(Richards & Farrell, 2005; Richards & Lockhart, 1994 참조). 예를 들어, 결정적 사건 분석하기, 교사 지원 모임, 교수 일지 쓰기, 토의 모임, 실행 연구, 포트폴리오 및 이 책의 다른 장에서 설명한 자기 관찰의 다른 절차 등(11장 참조)을 통해서 말이다. 성찰은 교수 경험을 돌아보는 것뿐만 아니라 미래를 생각하고 새롭거나 변화된 방향으로 목표를 설정하는 것을 수반한다. Dewey(1933)는 성찰적 사고 과정을 촉진할 수 있는 세 가지 속성을 제안했다: *개방성(open-mindedness)*, *책임감(responsibility)*, 그리고 *진정성(wholeheartedness)*. 개방성은 이슈의 한 면보다는 다양한 면에 대해 듣고자 하고, 대안적 관점에 관심을 가지고자 하는 열망이다. 책임감은 교수활동이 낳는 결과를 신중히 고려하는 것을 의미한다. 진정성은 의미 있는 변화를 가져오기 위해 우리가 두려움과 불확실성을 극복하고 비판적으로 자신의 교수활동을 평가하는 것을 암시한다. 아래의 인용문은 이제 막 교생 실습을 마친 인도네시아의 두 명의 예비교사들의 이야기이다:

> 성찰 활동은 그 자체만으로 교수 기술을 향상시키는 너무나도 귀중한 방법입니다. 성찰은 제 교수활동의 다양한 측면에 대해 매우 유용한 통찰력을 제공했고, 제 전반적인 교수 기술을 향상시킬 수 있는 자극제였습니다. – Mark, 인도네시아

> 개인적으로 성찰은 저에게 동기를 부여해 주었습니다; 만약 성찰이 긍정적이라면, 다음에 더 잘할 수 있는 자극제 역할을 합니다. 만약 성찰이 그렇게 긍정적이지 않다면, 특정 기술을 향상시키는 안내자 역할을 합니다. 학생들의 학습이 흥미롭고 재미있어지는 것을 보장하면서요. – Kikke, 인도네시아

언어교수 전문가 되기

교사의 학업 과정과 교육실습 경험은, 언어교수가 언어를 구사할 수 있는 사람이라면 누구나 할 수 있는 일은 아니라는 증거이다. 즉 언어교수는 전문직업 분야, 다시 말해 교육 전문화 분야의 직업이라는 의미이다. 언어교수는 학업과 실제 경험을 통해 획득한 전문화된 지식 기반을 요하며, 자격요건과 기준에 근거하여 일원이 될 수 있는 직업 분야이다. 언어교수의 전문자격을 취득하기로 한 결정은, 이러한 사실에 대해 개인이 인지하고 있음을 의미한다. 오늘날 언어교수의 전문화는, 언어교사에게 전문적 교육과 자격을 제공하고자 하는 성장산업의 증가를 통해, 언어교수활동 및 언어교사를 위한 기준을 개발하고자 하는 지속적인 시도에서, 전문적 학회지와 교사 잡지, 학회 및 전문 기관들의 급증을 통해, 그리고 언어교사에게 요구되는 더 높아진 수준의 언어교수에 대한 지식에서 찾아볼 수 있다. 영어교사가 된다는 것은 목표, 가치관, 담론과 실제를 공유하는 전 세계 전문가 공동체의 일원이 되는 것을 의미하지만, 이와 함께 이러한 공동체는 스스로의 실행에 대해 자기비판적 시각을 유지하며, 공동체 역할에 대해서도 변화를 지향하는 접근법을 견지한다.

전문성에는 두 가지 서로 다른 측면이 있다(Leung, 2009). 첫 번째는 제도적으로 규정된 전문성이라고 할 수 있다. 이는 전문성에 대한 관리적 접근인데, 교육부, 교육기관, 규제 기관, 학교장 등의 관점을 대표하며, 교사가 알아야 하는 것과 양질의 교수활동은 무엇으로 구성되어 있는지를 구체화하여 제시한다. 보통 교수활동의 질을 유지하기 위해 책임과 과정에 대한 절차가 있으며, 이는 언어교사로서 교사들의 일에 상당한 영향을 미칠 것이다. 이러한 구체적 조건은 나라마다 그리고 교수 환경마다 다를 수 있다.

전문성의 두 번째 측면은 독립적 전문성인데, 이는 교수에 대한 교사 자신의 관점, 그리고 교사가 자신의 가치관, 신념 및 실행에 대한 성찰에 참여하는 과정-즉 *성찰적 실행가*가 되는 것-을 말한다.

교사는 또한 TESOL(Teaching English to Speakers of Other Languages)이나 IATEFL(International Association of Teachers of English as a Foreign Language)과 같은 전문적 언어교수 단체에 가입하거나, 언어교사를 위한 다양한 전문적 출판물을 구독하거나, 온라인 교사토론모임에 참여하거나, 또는 워크숍이나 세미나-만약 자신의 지역에 이러한 것들이 있다면-에 참여하는 것이, 많은 혜택을 줄 수 있음을 발견하게 될 수도 있다. 지금까지 받아 온 학업적, 전문적 교육과 교육실습 경험이, 언어교수 전문가로서 예비교사의 커리어를 시작하는 데 훌륭한 기초가 되었기를 바란다. 다음의 인용문에는 캐나다의 초보교사들이 전문성 개발에 대한 자신의 장기 목표에 대해 성찰하는 내용이 제시되어 있다:

> 제 분야에서 어떤 일들이 일어나고 있는지에 대해 꾸준히 접하기 위해 지역의 다른 교사들과 네트워크를 만들어 볼 생각이에요. 지역 회의가 있거나, 전문성 개발 기회가 생길 때마다 참여해 보면서 이런 네트워크를 형성해 볼 겁니다. ― Faith, 캐나다

> 다른 교사들과 정기적으로 소규모 회의를 하고 싶습니다. 모든 구성원이―영어교사와 다른 전문가들, 심지어 행정직원들까지―자신의 경험을 공유하고 문제점을 논의할 거예요. 협력하게 되면, 교수활동은 더 이상 자원 없이 진행하는 개별적 활동이 아닙니다. 오히려 그룹으로서 많은 자원을 가지게 되고, 어떻게 스트레스를 관리하고, 균형 있는 삶을 유지하며, 교수활동을 즐길 수 있는지를 알게 될 겁니다. 캐나다에 오기 전, 대만에서 전 대만교사협회의 회원이었어요. 협회는 교육정책의 변화나 최근 이슈와 같은 중요한 뉴스에 대해 회원들에게 정보를 주는 정기적 간행물을 제공했습니다. ― Shiang-Ru, 캐나다

요약과 결론

교생실습 기간 중의 교수 경험은, 예비교사에게 교실 수업의 현실을 간략히 소개하는 역할을 했다. 이제 예비교사는 언어교사가 매일 다루어야 하는 다양한 이슈들-수업을 계획하고 교재를 디자인하는 것에서 수업의 여러 단계를 진행하는 것까지-에 익숙해졌을 것이다. 동시에 학습자, 교수활동, 교실의 역동성, 그리고 교사로서 자신에 대해 더 폭넓게 이해하게 되었을 것이다. 하지만, 교사교육 과정을 마치고 학교나 교육기관의 전임 언어교사로서 일하게 되었을 때, 예비교사는 여전히 배워야 할 것들이 많으며, 교생실습이 전임교사로서의 교수활동 현실에 완벽히 준비시켜 줄 수 없음을 바로 깨닫게 된다.

언어교사는, 헌신적인 교수 전문가라는 대규모 국제 공동체를 형성한다. 이 공동체의 일원이 되면, 교사들은 동료 간 지원과 전문성 개발뿐만 아니라 전문 기관과 인터넷을 통한 지역적, 국제적 네트워킹이라는, 이러한 국제적 공동체가 제공하는 기회를 활용해야 한다. 이러한 방식으로 교사는 자신의 직업 및 지속적인 전문성 개발을 유지할 수 있다. 언어교사는 또한 사람들에게 삶의 가장 중요한 능력 중 하나-새로운 언어를 학습하고 사용할 수 있는 능력-를 습득하도록 도움을 주는 데서 오는 만족감을 경험할 수 있을 것이다.

추천 참고 도서

책

Bailey, K. M., Curtis, A., & Nunan, D. (2001). *Pursuing professional development: The self as source.* Boston, MA: Heinle & Heinle.

Johnson, K., & Golombek, P. (2002). *Teachers' narrative inquiry as professional development.* New York: Cambridge University Press.

Richards, J. C., & Farrell, T. S. C. (2005). *Professional development for language teachers.* New York: Cambridge University Press.

논문집과 잡지

English Language Teaching Journal(ELTJ) － http://eltj.oxfordjournals.org

English Teaching Professional － www.etprofessional.com

Humanizing Language Teaching － www.hltmag.co.uk/sep01/idea.htm

TESOL Essential Teacher －
  www.tesol.org/s_tesol/seccss.asp?CID=206&DID=1676

TESOL Journal － www.tesol.org

The Teacher Trainer Journal － www.tttjournal.co.uk

토론 질문

1. 교생실습을 막 시작하게 될 예비교사에게 어떤 조언을 주고자 하는가?
2. 언어교사로서의 장기적 전문성 개발 측면에서, 자신을 위해 어떤 목표를 세울 수 있는가?
3. 전임교사가 되었을 때, 타 교사와 어떤 형태의 협력이 유용할 것이라고 생각하는가?
4. 언어교사를 위한 전문 단체 중 익숙한 단체는 무엇인가? 이러한 전문 단체에 속하는 것의 혜택은 무엇이라고 생각하는가?
5. 여러분이 학교나 언어교육 기관에 자산이 되도록 만드는, 여러분이 가진 독특한 장점과 기질은 무엇인가?

6. 어떤 유형의 전문성 개발 활동이, 언어교사로서 여러분의 지속적 발전을 촉진하는 데 유용할 것이라고 생각하는가?

후속 활동

다음의 인터넷 사이트를 보고(David Deubelbeiss의 정보 제공에 감사를 표한다), 다음의 몇몇 사이트가 여러분의 교수활동에 얼마나 유용할지 논의하라.

1. http://eflclassroom.ning.com
   EFL Classroom 2.0: 교실에서 테크놀로지 활용을 위한 다양한 자원, 게임, 토론, 그리고 조언. 학생과 교사를 위한 사이트.
2. http://breakingnewsenglish.com
   BreakingNewsEnglish: 상급 수준의 학생들 또는 교사를 위한 사이트. 연습문제와 듣기를 위한 기사.
3. http://mes-english.com
   MES English: 어린 학습자들을 위한 플래시카드, 연습문제지.
4. http://bogglesworldesl.com
   Bogglesworld: 어린 학습자, 중학생/고등학생들을 위한 수업계획서, 활동.
5. http://teachingrecipes.com
   Teaching Recipes: 교사를 돕기 위한 짧고 간단한 테크닉, 아이디어 및 자원.
6. www.de.mingoville.com/content/view/13/29/lang,en
   Mingoville: 어린 학습자들에게 적합한 온라인 학습. 무료, 연습 활동에 좋음.
7. http://acacia.pntic.mec.es/agip0002/auro/inicio.html
   Click N Learn: 좀 더 나이가 든 학생들에게 적합한 온라인 학습. 무료,

연습 활동에 좋음.

8. www.diigo.com/list/eflclassroom

   동료 영어교사들이 분류하고 저장한 다양한 사이트 목록. 보물상자!

9. www.voicethread.com

   Voicethread: 계정을 만들고 사진을 올린 후, 학생들이 방문하도록 해서 말하기를 연습하고 메시지를 녹음하도록 하라. 말하기 연습에 정말 훌륭함.

10. http://voxopop.com

    Voxopop: Vociethread와 거의 비슷하나 사진은 없다. 일련의 녹음만 있음. 질문을 제시하면, 학생들이 사이트를 방문하여 답하고 영어로 말할 수 있다. 자신의 수업 모둠을 생성하라.

11. https://plans.pbworks.com/academic

    Wikis: 자신의 수업에 대한 무료 wiki를 만들어서, 학생들이 편집하고 아이디어를 공유하도록 하라.

12. http://writeboard.com

    Writeboard: 수업 Writeboard는 모든 학생이 수업 문서를 작성하고, 추가 및 편집하며 변화된 사항을 볼 수 있도록 한다. 교사에게 친절한 사이트이다!

13. http://pageflakes.com

    Pageflakes: 수업을 위해 웹에 있는 모든 정보 중 교사가 원하는-학생들이 필요로 할 수 있는-모든 RSS 피드를 최신화하는 페이지를 신속히 만든다.

14. http://quizlet.com

    Quizlet: 학생들이 연습을 위해, 그리고 스스로 퀴즈를 볼 때 사용할 수 있는 단어 목록을 교사가 만들도록 해 준다.

15. http://tarheelreader.org

Tar Heel Reader: 그림이 있는 책을 만들 수 있다. 책을 읽는 목소리도 있다! 책을 PPT로 다운로드할 수 있고 바로 수업에서 활용할 수 있다!

16. http://eslvideo.com

    ESL Video: 학생들 또는 교사가 유튜브 비디오를 활용해서 퀴즈를 만들 수 있다!

17. http://real-english.com

    Real English: 자막이 있는 비디오를 본다. 모든 레벨에 사용 가능. 독특하다!

18. http://englishcentral.com/teachers

    English Central: 교사로 가입한 후, 학생들이 실제 비디오에 자신의 목소리를 녹음할 수 있도록 초대하라. 학생들의 향상도를 관리하라!

19. http://edu20.org

    Edu 2.0: 이 매우 쉬운 LMS(Learning Management System)를 활용하여 교실 공동체를 만들라. 학급을 등록하면, 학생들은 채팅을 하거나 블로그를 만들고 비디오나 음악을 공유할 수 있다. 모두 무료!

20. http://penzu.com

    Penzu: 학생들이 온라인 일지나 일기를 쓸 수 있는 매우 매력적이고 간편한 사이트. 학생들은 교사나 급우들과 이를 공유할 수 있다. 만들기 매우 쉽다.

참고문헌

Aljaafreh, A., & Lantolf, J. P. (1994). Negative feedback as regulation and second language learning in the zone of proximal development. *The Modem Language Journal, 78*, 465-483.

Allwright, D., & Bailey, K. M. (1991). *Focus on the language classroom: An introduction to classroom research for language teachers*. Cambridge: Cambridge University Press.

Aiends, R. (2004). Learning to teach (6th ed.). Boston: McGraw Hill.

Bailey, K. M. (1996). The best laid plans: Teachers' in-class decisions to depart from their lesson plans. In K. Bailey & D. Nunan (Eds.), *Voices from the language classroom* (pp. 15-40). New York: Cambridge University Press.

Bailey, K. M. (2006). *Language teacher supervision: A case-based approach*. New York: Cambridge University Press.

Bailey, K. M., Curtis, A., & Nunan, D. (2001). *Pursuing professional development: The self as source*. Boston, MA: Heinle & Heinle.

Baird, B. (2008). *The internship, practicum and field placement handbook* (5th ed.).

New Jersey: Pearson/Prentice Hall.

Bell, D. M. (2007). Do teachers think that methods are dead? *ELT Journal, 61*(2), 135-143.

Benson, P. (2001). *Teaching and researching autonomy in language learning*. London: Longman.

Benson, P. (2003). Learner autonomy in the classroom. In D. Nunan (Ed.), *Practical English language teaching* (pp. 289-308). New York: McGraw Hill.

Benson, P. (2005). (Auto)biography and learner diversity. In P. Benson & D. Nunan (Eds.), *Learners' stories: Difference and diversity in language learning* (pp. 4-21). Cambridge: Cambridge University Press.

Benson, P. (2012). Learner-centered teaching. In J. C. Richards & A. Burns (Eds.), *The Cambridge guide to pedagogy and practice in second language teaching*. New York: Cambridge University Press.

Borg, S. (2006). *Teacher cognition and language education: Research and practice*. London: Continuum.

Bowens, T., & Marks, J. (1994). *Inside teaching*. Oxford: Macmillan.

Brenes-Carvajal, M. G. del C. (2009). *Initial development of English language teachers in Mexico*. Doctorate in Applied Linguistics Thesis, Macquarie University, Sydney, Australia.

Brindley, G. (1984). *Needs analysis and objective setting in the adult migrant education program*. Sydney, N.S.W. Migrant Education Service.

Burns, A. (2010). *Doing action research in English language teaching: A guide for practitioners*. New York: Routledge.

Burns, A., & Richards, J. C. (Eds.). (2009). *The Cambridge guide to second language teacher education*. New York: Cambridge University Press.

Calderhead, J. (1992). Induction: A research perspective on the professional growth of the newly qualified teacher. In J. Calderhead & J. Lambert (Eds.), *The induction of newly appointed teachers* (pp. 5-21). General Teaching Council for England and Wales.

Cazden, C. (1988). *Classroom discourse: The language of teaching and learning*.

Portsmouth, NH: Heineman.

Cooke, M., & Simpson, J. (2008). *ESOL: A critical guide*. Oxford: Oxford University Press.

Crawford, J. (1995). The role of materials in the language classroom: Finding the balance. *TESOL in Context, 5*(1), 25-33.

Crookes, G. (2003). *The practicum in TESOL: Professional development through teaching practice*. New York: Cambridge University Press.

Dewey, J. (1933). *How we think*. Madison, WI: University of Wisconsin Press.

Domyei, Z. (2001). *Motivational strategies in the language classroom*. Cambridge: Cambridge University Press.

Doyle, W. (1986). Classroom organization and management. In M. C. Wittrock (Ed.), *Handbook of research on teaching* (3rd ed.) (pp. 392-431). New York: Macmillan.

Duncan, M., & Biddle, B. (1974). *The study of teaching*. New York: Holt Rinehart and Winston.

Farrell, T. S. C. (2002). Lesson planning. In J. C. Richards & W. A. Renandya (Eds.), *Methodology in language teaching: An anthology of current practice* (pp. 30-39). New York: Cambridge University Press.

Farrell, T. S. C. (2007). Failing the practicum: Narrowing the gap between expectation and reality with reflective practice. *TESOL Quarterly, 41*(1), 193-201.

Farrell, T. S. C. (2008a). Promoting reflective practice in language teacher education with microteaching. *Asian Journal of English Language Teaching (AJELT), 18*, 1-15.

Farrell, T. S. C. (2008b). "Here's the book, go teach the class": ELT practicum support. *RELC Journal, 39*(2), 226-241.

Farrell, T. S. C. (2008c). *Teaching reading to English language learners: A reflective approach*. Thousand Oaks, CA: Corwin Press.

Farrell, T. S. C. (2008d). *Reflective language teaching: From research to practice*. London, UK: Continuum Press.

Farrell. T. S. C. (Ed.). (2008e). *Classroom management*. Alexandria, VA: TESOL Publications.

Farrell, T. S. C. (2008f). Critical incidents in ELT initial teacher training. *ELT Journal, 62*(1), 3-10.

Farrell, T. S. C. (Ed.). (2008g). *Novice language teachers*. London: Equinox.

Freeman, D. (1982). Observing teachers: Three approaches to inservice training and development. *TESOL Quarterly, 16*(1), 21-28.

Freeman, D. (1989). Teacher training, development and decision making: A model of teaching and related strategies for language teacher education. *TESOL Quarterly, 23*(1), 27-45.

Freeman, D., & Richards, J. C. (Eds.). (1996). *Teacher learning in language teaching*. Cambridge: Cambridge University Press.

Fujiwara, B. (1996). Planning an advanced listening comprehension elective for Japanese college students. In K. Graves (Ed.), *Teachers as course developers* (pp. 151-175). New York: Cambridge University Press.

Fuller, F. F., & Brown, O. H. (1975). Becoming a teacher. In K. Ryan (Ed.), *Teacher education: The seventy-fourth yearbook of the National Society for the Study of Education* (pp. 25-51). Chicago: National Society for the Study of Education.

Gaies, S. (1991). ELT in the 1990s. *JALT Journal, 13*, 7-21.

Gay, G. (2006). Connections between classroom management and culturally responsive teaching. In C. M. Evertson & C. S. Weinstein (Eds.), *Handbook of classroom management: Research, practice, and contemporary issues* (pp. 343-370). Mahwah, NJ: Lawrence Erlbaum Associates.

Gebhard, J. G. (2006). *Teaching English as a foreign or second language: A teacher self-development and methodology guide* (2nd ed.). Ann Arbor: The University of Michigan Press.

Gebhard, J. G. (2009). The practicum. In A. Burns & J. C. Richards (Eds.), *The Cambridge guide to second language teacher education* (pp. 252-260). New York: Cambridge University Press.

Gebhard, J., & Oprandy, R. (Eds.) (1999). *Language teaching awareness*. New York: Cambridge University Press.

Good, T. L., & Power, C. (1976). Designing successful classroom environments for different types of students. *Journal of Curriculum Studies, 8*, 1-16.

Guyton, E., & McIntyre, D. J. (1990). Student teaching and school experiences. In W. R. Houston (Ed.), *Handbook of research in teacher education* (pp. 514-534). New York: MacMillan.

Hadfield, J. (1992). *Classroom dynamics*. Oxford: Oxford University Press.

Johnson, K. E. (1995). *Understanding communication in second language classrooms*. New York: Cambridge University Press.

Johnson, K. E. (1996). The vision versus the reality: The tensions of the TESOL practicum. In D. Freeman & J. C. Richards (Eds.), *Teacher Learning in language teaching* (pp. 30-49). New York: Cambridge University Press.

Johnson, K. E. (2009). *Second language teacher education: A sociocultural perspective*. New York: Routledge.

Johnson, K. E., & Golombek, P. (2002). *Teachers' narrative inquiry as professional development*. New York: Cambridge University Press.

Katz, A., & Snow, M. A. (2009). Standards and second language teacher education. In A. Burns & J. C. Richards (Eds.), *The Cambridge guide to second language teacher education* (pp. 66-76). New York: Cambridge University Press.

Ko, J., Schallert, D., & Walters, K. (2003). Rethinking scaffolding: Negotiation of meaning in an ESL storytelling task. *TESOL Quarterly, 37*(2), 303-324.

Kornblueth, L., & Schoenberg, S. (1990). Through the looking glass: Reflective methods in teacher training. *TESOL Newsletter, 24*, 17-18.

Kumaravadivelu, B. (1994). The postmethod condition: Emerging strategies for second/foreign language teaching. *TESOL Quarterly, 28*(1), 27-48.

Lamb, T. E. (2003). Individualising learning: Organising a flexible learning environment. In M. Jimenez Raya & T. Lamb (Eds.), *Differentiation in the modern languages classroom* (pp. 177-194). Frankfurt am Main: Peter Lang.

Lantolf, J. P., & Thorne, S. L. (2006). *Sociocultural theory and the genesis of second language development*. Oxford: Oxford University Press.

Lave, J., & Wenger, E. (1991). *Situated learning*. Cambridge: Cambridge University Press.

Leung, C. (2009). Second language teacher professionalism. In A. Burns & J. C. Richards (Eds.), *The Cambridge guide to second language teacher education* (pp. 49-58). New York: Cambridge University Press.

Lewis, C., & Tsuchida, I. (1998). A lesson is like a swiftly flowing river: How research lessons improve Japanese education. *American Educator, 22*(4), 12-17.

Lewis, M. (2002). *Giving feedback in language classes*. Singapore: RELC.

Lynch, T. (2001). Promoting EAP learner autonomy in a second language university context. In J. Flowerdew & M. Peacock (Eds.), *Research perspectives on English for Academic Purposes* (pp. 390-403). Cambridge: Cambridge University Press.

MacDonald, R. E. (1991). *A handbook of basic skills and strategies for beginning teachers*. White Plains, NY: Longman.

Master, P. (1983). The etiquette of observing. *TESOL Quarterly, 17*(3), 497-501.

Maynard, T., & Furlong, J. (1995). Learning to teach and models of mentoring. In T. Kerry & A. S. Mayes (Eds.), *Issues in mentoring* (pp. 10-24). London: Routledge.

McCombs, B. L., & Pope, J. E. (1994). *Motivating hard to reach students*. Washington, DC: American Psychological Association.

Medgyes, P. (2001). When the teacher is a non-native speaker. In M. Celce-Murcia (Ed.), *Teaching English as a second or foreign language* (3rd ed.) (pp. 429-442). Boston, MA: Heinle & Heinle.

Mehan, H. (1979). *Learning lessons: Social organization in the classroom*. Cambridge: Cambridge University Press.

Miller, L. (2009). Reflective lesson planning: Promoting learner autonomy in the classroom. In R. Pemberton, S. Toogood, & A. Barfield (Eds.), *Maintaining control: Autonomy and language learning* (pp. 109-124). Hong Kong: Hong Kong University Press.

Mishra, P., & Koehler, M. J. (2006). Technological pedagogical content knowledge: A new framework for teacher knowledge. *Teachers College Record, 108*(6), 1017-1054.

Morris, P. (1994). *The Hong Kong school curriculum.* Hong Kong: Hong Kong University Press.

Nunan, D. (1987). Communicative language teaching: Making it work. *ELT Journal, 41*(2), 136-145.

Nunan, D. (1992). The teacher as decision-maker. In J. Flowerdew, M. Brock, & S. Hsia (Eds.), *Perspectives on second language teacher education* (pp. 135-165). Hong Kong: City University of Hong Kong.

Nunan, D. (1999). *Second language teaching and learning.* Boston, MA: Heinle & Heinle.

Nunan, D., & Lamb, C. (1996). *The self-directed teacher: Managing the learning process.* Cambridge: Cambridge University Press.

Oprandy, R. (1999). Exploring with a supervisor. In J. Gebhard & R. Oprandy (Eds.), *Language teacher awareness* (pp. 99-121). New York: Cambridge University Press.

Prabbu, N. S. (1992). The dynamics of the language lesson. *TESOL Quarterly, 26*(2), 225-241.

Randal, M., & Thornton, B. (2001). *Advising and supporting teachers.* Cambridge: Cambridge University Press.

Reinders, H. (2009). Technology and second language teacher education. In A. Burns & J. C. Richards (Eds.), *The Cambridge guide to second language teacher education* (pp. 230-237). New York: Cambridge University Press.

Reppen, R. (2002). A genre-based approach to content writing instruction. In J. C. Richards & W. Renendya (Eds.), *Methodology in language teaching: An anthology of current practice* (pp. 321-327). New York: Cambridge University Press.

Richard-Amato, P. A. (2009). *Making it happen: From interactive to participatory language teaching: Evolving theory and practice* (4th ed.). New York: Pearson.

Richards, J. C. (1998). *Beyond training.* New York: Cambridge University Press.

Richards, J. C. (2001). *Curriculum development in language teaching.* New York: Cambridge University Press.

Richards, J. C., & Crookes, G. (1988). The practicum in TESOL. *TESOL Quarterly, 22*(1), 9-27.

Richards, J. C., & Farrell, T. S. C. (2005). *Professional development for language teachers.* New York: Cambridge University Press.

Richards, J. C., Ho, B., & Giblin, K. (1996). Learning how to teach in the RSA Cert. In D. Freeman & J. C. Richards (Eds.), *Teacher Learning in language teaching* (pp. 242-259). New York: Cambridge University Press.

Richards, J. C., & Lockhart, C. (1994). *Reflective teaching in second language classrooms.* New York: Cambridge University Press.

Richards, J. C., & Renandya, W. (Eds.) (2002). *Methodology in language teaching: An anthology of current practice.* New York: Cambridge University Press.

Richards, J. C., & Rodgers, T. S. (2001). *Approaches and methods in language teaching* (2nd ed.). Cambridge: Cambridge University Press.

Richards, J. C., & Schmidt, R. (2010). *Longman dictionary of applied linguistics and language teaching* (4th ed.). Harlow: Pearson.

Roberts, J. (1998). *Language teacher education.* London: Arnold.

Saville-Troike, M. (2006). *Introducing second language acquisition.* New York: Cambridge University Press.

Scharle, A., & Szabo, A. (2000). *Learner autonomy: A guide to developing learner responsibility.* Cambridge: Cambridge University Press.

Senior, R. (2006). *The experience of language teaching.* New York: Cambridge University Press.

Shulman, L. S. (1987). Knowledge and teaching: Foundations of the new reform. *Harvard Educational Review, 57*(1), 1-22.

Silver, R. E. (2008). Monitoring or observing? Managing classroom peer work. In T. S. C. Farrell. (Ed.), (2008e). *Classroom management* (pp. 45-55). Alexandria, VA: TESOL Publications.

Stauffer, R. G. (1969). *Directing reading maturity as a cognitive process.* New York: Harper & Row.

Swain, M. (2000). The output hypothesis and beyond: Mediating acquisition through collaborative dialog. In J. P. Lantolf (Ed.), *Sociocultural theory and second language learning* (pp. 97-114). Oxford: Oxford University Press

Tarone, E., & Yule, G. (1989). *Focus on the language learner.* Oxford: Oxford University Press.

Taylor, S. V., & Sobel, D. (2008). Supporting culturally responsive classroom management. In T. S. C. Farrell. (Ed.), (2008e). *Classroom management* (pp. 7-18). Alexandria, VA: TESOL Publications.

Thornbury, S. (1991). Watching the whites of their eyes: The use of teaching-practice logs. *ELT Journal, 45*(2), 140-146.

Thornbury, S. (2005). Speaking to learn. In J. Foley (Ed.), *New dimensions in the teaching of oral communication.* Singapore: Regional Language Centre.

Thornbury, S. (2006). *An A-Z of ELT.* Oxford: Macmillan.

Tudor, I. (2001). *The dynamics of the language classroom.* Cambridge: Cambridge University Press.

Ur, P. (1996). *A course in language teaching.* Cambridge: Cambridge University Press.

Wajnryb, R. (1992). *Classroom observation tasks.* Cambridge: Cambridge University Press.

Wallace, M. (1991). *Training foreign language teachers: A reflective approach.* Cambridge: Cambridge University Press.

Wallace, M. (1998). *Action research for language teachers.* Cambridge: Cambridge Universit Press.

Williams, A., Prestage, S. A., & Bedward, J. (2001). Individualism to collaboration: The significance of teacher culture to the induction of newly qualified teachers. *Journal of Education for Teaching, 27*(3), 253-267.

Wong-Fillmore, L. (1985). When does teacher talk work as input? In S. Gass & C. Madden. (Eds.), *Input in second language acquisition* (pp. 17-50). Rowley, Mass: Newbury House.

Woodward, T. (2001). *Planning lessons and courses.* Cambridge: Cambridge University Press.

Wright, A. (2005). *Classroom management in language education.* Basingstoke: Palgrave.

Zeichner, K., & Grant, C. (1981). Biography and social structure in the socialization of student teachers. *Journal of Education for Teaching, 1*, 198-314.

옮긴이 최수정

현재 연세대학교 미래캠퍼스 영어영문학과에 재직 중이며, 미국 University of Illinois에서 영어교육(TESOL)으로 M.A.와 Ph.D.를 취득했다. 주요 연구 분야는 교사교육, 비판이론, 언어정책, 국제어로서의 영어교육이며, 연세대학교 학부와 대학원 과정에서 영어교육론, 영어교육방법론, 영어교재개발론 및 질적연구방법론 등을 가르치고 있다. 『영어교육연구』, 『영어어문교육』, 『외국어교육』, 『응용언어학』 등의 학회지에 교사교육 및 비판적 영어교육 관련 다수의 논문을 출간했으며, 역서로『교재와 EFL/ESL 교사의 역할: 실제와 이론』, 『제2언어 교육에서 교사의 성찰』이 있다. 현대영미어문학회 및 한국멀티미디어언어교육학회의 편집이사를 역임했으며, 현재 한국중앙영어영문학회의 연구이사로 활동 중이다.

교육실습 ― 성찰적 접근

초판1쇄 발행일 • 2025년 2월 20일
옮긴이 • 최수정 / 발행인 • 이성모 / 발행처 • 도서출판 동인
주소 • 서울시 종로구 혜화로3길 5 118호 / 등록 • 제1-1599호
Tel • (02) 765-7145 / Fax • (02) 765-7165
E-mail • donginpub@naver.com

ISBN 979-11-990718-2-7　　정가 23,000원